Verwaltungsressourcen und Verwaltungsstrukturen

herausgegeben von:

Prof. Dr. Hermann Hill, Universität Speyer und
Prof. Dr. Dieter Engels,
Präsident des Bundesrechnungshofs Bonn

Band 24

Prof. Dr. Hermann Hill/Prof. Jochen Dieckmann (Hrsg.)

Moderne Justiz

Nomos

Die Deutsche Bibliothek verzeichnet diese Publikation in der Deutschen Nationalbibliografie; detaillierte bibliografische Daten sind im Internet über http://dnb.ddb.de abrufbar.

ISBN 978-3-8487-0638-9

1. Auflage 2013

Vorwort

Nicht zuletzt die 2009 in das Grundgesetz eingefügte sog. Schuldenbremse führt dazu, dass in Bund und Ländern alle Ressorts sparen müssen. Grundsätzlich besteht Einvernehmen: Dazu muss auch die Justiz ihren Beitrag leisten. Gleichzeitig sollen jedoch richterliche Unabhängigkeit (Art.97 GG) sowie Funktionsfähigkeit und Qualität der Rechtsprechung nicht beeinträchtigt werden.

Dieses Spannungsfeld war Gegenstand einer Tagung am 18./19. Oktober 2012 an der Universität Speyer, bei der aktuelle Modernisierungsansätze und Perspektiven vorgestellt und diskutiert wurden.

Der vorliegende Band enthält Referate aus dieser Tagung (teilweise überarbeitet und mit Anmerkungen versehen) sowie einen weiteren Beitrag (*Hagen Hof*), der in einem Seminar „Rechtliche Gestaltung und Rechtswirkung – Strategisches Denken für Juristen" im Wintersemester 2012/13 an der Universität Speyer gehalten wurde.

Wir danken Frau Ass. iur. Afia Asafu-Adjei für die Unterstützung bei der Tagung sowie für die Redaktion des Tagungsbandes.

Speyer, im April 2013

Hermann Hill　　　　Jochen Dieckmann

Inhaltsverzeichnis

Gute Rechtsprechung trotz Sparzwangs
Erich Künzler 9

Court Administration
Johannes Riedel 19

Qualitäts- und Prozessmanagement in Gerichten
Johannes Keders 31

Begleitung der Gerichte des Bezirks bei Veränderungsprozessen
Peter Götz v. Olenhusen 49

Moderne Justiz und Neue Steuerungsmodelle in Gerichten – eine Zusammenhangsbetrachtung
Carsten Schütz 57

E-Justice in Deutschland – Ein kurzer Überblick
Ralf Köbler 75

Vom Gerichtsmediator zum Güterichter im Verwaltungsprozess
Karsten-Michael Ortloff 85

Moderne Strafrechtspflege
Erich Jung 99

Rechnungshof und Gerichte
Brigitte Mandt 113

Richterliche Ethik
Konstanze Görres-Ohde 123

Wirkungen von Recht
Hagen Hof 131

Autorenverzeichnis 179

Gute Rechtsprechung trotz Sparzwangs

Erich Künzler

Als Professor Hill den Titel „Gute Rechtsprechung trotz Sparzwangs“ für das Referat vorschlug, habe ich angemerkt, ob am Ende ein Fragezeichen stehen sollte. Er hat das mit dem ihm eigenen Optimismus abgelehnt, woraus man eine inhaltliche Richtung entnehmen könnte: Gute Rechtsprechung ist auch in Zeiten des Sparzwangs möglich. Die Frage des Zusammenhangs zwischen Sparzwang und guter Rechtsprechung wird uns aller Voraussicht nach bis auf Weiteres beschäftigen.

Wir werden uns angesichts des Ausmaßes der Verschuldung der öffentlichen Haushalte bei der ein Staat wie die Bundesrepublik Deutschland mit einem Schuldenstand von über 2 Billionen € und rund 80 % des Bruttoinlandsprodukts als europäischer Musterknabe gilt, keine realistischen Hoffnungen machen können, dass zukünftig der Sparzwang geringer werden wird.

„Justiz und Geld“ war schon immer ein besonderes Thema. Die frühen Theoretiker der Gewaltenteilung stellten fest, dass die dritte Gewalt die schwächste aller Gewalten sei, weil sie im Unterschied zu den anderen Gewalten keine Geldbörse habe. Nun könnte man daraus in Zeiten der gegenwärtigen Finanznot folgern, dass diese naturgegebene Schwäche der Justiz sich inzwischen deutlich relativiert hat, da die anderen Gewalten zwar noch eine Geldbörse haben, die aber - wenn überhaupt - nicht mehr viel zur freien Verteilung enthält. Ob daraus sogar folgt, dass die Macht der dritten Gewalt nunmehr größer ist als die Macht von Legislative und Exekutive, weil diese mehr als die Justiz auf eine volle Geldbörse angewiesen sind um ihre Gestaltungsmacht zu demonstrieren, dürfte allerdings zweifelhaft sein.

Jedenfalls kann man getrost von einem dauerhaften Verteilungskampf zwischen den drei Gewalten ausgehen, der nach dem Motto „Jeder ist sich selbst der Nächste“ geführt werden wird. Letztlich handelt es sich bei diesen Verteilungskämpfen um Abwehrkämpfe gegen Sparmaßnahmen die regelmäßig nicht akzeptiert werden. In einem ersten Teil möchte ich auf dieses Akzeptanzproblem näher eingehen. In einem zweiten Abschnitt werde ich dann einige Merkmale einer guten Rechtsprechung ansprechen und versuchen im Blick zu behalten, ob sie vom Sparzwang bedroht oder davon unabhängig sind.

I. Sparmaßnahmen in der Justiz

Zunächst wird man bei der Frage nach der Akzeptanz von Sparmaßnahmen in der Justiz feststellen können, dass die Problematik in weiten Teilen der Justiz anders gesehen wird als etwa in Staatskanzleien oder Finanzministerien. Letztere werden in aller Regel davon ausgehen, dass die Justiz wegen der Notwendigkeit von Einsparungen Sparmaßnahmen akzeptieren muss. In der Justiz besteht dagegen mehrheitlich die Auffassung, dass weitere Sparmaßnahmen nicht akzeptabel seien.

Diese gegenteiligen Auffassungen entsprechen dem üblichen Argumentationsschema bei Spardiskussionen, auch in anderen Bereichen. Sparen ist ein in hohem Maß fremdnütziger Begriff: Sparen ist eine bevorzugt von anderen vorzunehmende Handlung und ein zu vermeidendes Ärgernis für das eigene Dasein. Die Argumentationen sind im Wesentlichen immer gleich: Die Befürworter von Sparmaßnahmen argumentieren, dass der jeweils andere Sparmaßnahmen ablehne, weil er in Wahrheit alte Besitzstände bewahren wolle. Die von den Sparmaßnahmen Betroffenen argumentieren dagegen, dass eine ordnungsgemäße Aufgabenerledigung bei Einsparungen nicht mehr gewährleistet sei. Die Diskussionen bewegen sich mit diesen Argumentationen im Kreis, jeder versucht dem anderen nachzuweisen, dass die Argumente für das Sparen zwar richtig seien aber für den eigenen Bereich nicht gelten würden: Zum einen die justiziellen Besitzstandswahrer und zum anderen diejenigen, die der Dritten Gewalt mit immer neuen Sparforderungen das Wasser abgraben wollen.

Der Begriff der Besitzstandswahrung in der Justiz hat natürlich ein gewisses Provokationspotenzial – wird damit doch zum Ausdruck gebracht, dass Sparmaßnahmen nur deshalb abgelehnt würden, weil die Justizbeschäftigten sich in der Ruhe und mit den Privilegien, die die Justiz nicht zuletzt wegen ihrer Unabhängigkeit genieße, behaglich eingerichtet hätten und diese wohlige Nische in einem ansonsten turbulenten gesellschaftlichen und wirtschaftlichen Umfeld beibehalten wollten.

Wenn man im Interesse der Sachdienlichkeit das Provokationspotenzial der Argumentation einmal beiseite lässt, dann wird man im Kern zugeben müssen, dass Einsparungen in allen Bereichen und auch in der Justiz einen gleichsam natürlichen Abwehrreflex hervor rufen, weil sie letztlich eine Veränderung des Arbeitsverhaltens einfordern.

Einsparungen – in der Justiz oder in anderen Bereichen – bedeuten im Wesentlichen Personalabbau. Das Umfeld in dem der Einzelne bislang der Arbeit nachging, verändert sich durch Einsparungen: Die Arbeitsmenge muss von einem kleineren Personalkörper bewältigt werden – der Einzelne sieht sich einer gestiegenen Arbeitsbelastung gegenüber. Wenn er seine bisherige Arbeitsweise beibehält, kommt er damit nicht zurecht. Er muss den Zeitaufwand für die Arbeit vergrößern und/oder sonstige Strategien entwickeln, wie er die gestiegene Arbeitsmenge effektiver bewältigen kann. Forderungen nach Sparen sind daher immer auch Forderungen nach Veränderungen des eigenen Arbeitsverhaltens und Aufgabe des bislang Gewohnten.

Eigenes Verhalten zu verändern ist ein schwieriges Unterfangen, dem sich erfahrungsgemäß die wenigsten freiwillig aussetzen. Die Kunst durch Selbstkritik eigenes Verhalten zu hinterfragen und freiwillig zu ändern, ist gemeinhin eher unterdurchschnittlich entwickelt. Im Regelfall sind es äußere Einflüsse, die den Einzelnen zu einer Verhaltensänderung zwingen. Sparmaßnahmen sind für den Einzelnen ein solcher Einfluss, weil er gezwungen wird, seine Arbeitsweise an die geänderten Rahmenbedingungen anzupassen.

Das ist in aller Regel für die Betroffenen schwierig. Den wenigsten gelingt das reibungslos. Daher ist die Abwehr ohne Weiteres nachvollziehbar und sollte Anlass sein, dem Mitarbeiter – so er denn dafür offen ist – Hilfen anzubieten, um diese Anpassung an die geänderten Rahmenbedingungen zu erreichen.

Aber man sollte gegenüber den Mitarbeitern nicht um das Problem herum reden: Auch der Arbeitsalltag in der Justiz ist und wird, wie in allen Bereichen heute und erst recht zukünftig, in ungleich stärkerem Ausmaß als früher von ständigen Veränderungen geprägt sein. Die Anforderungen werden nicht kleiner, sondern größer werden. Man kann trefflich darüber streiten, ob alle Erscheinungen des gegenwärtigen Arbeitsalltags begrüßenswert oder abzulehnen sind, aber man kann sie nicht ignorieren.

Die Strategie, im dunklen Wald die Augen zu schließen um die Dunkelheit nicht zu sehen, wird wenig erfolgreich sein.

Noch ein Zweites: Die fehlende Akzeptanz von Sparmaßnahmen hat nach meinem Eindruck einen nicht unwesentlichen Grund auch darin, dass viele den Eindruck haben, dass sich einige dem Sparen erfolgreich verweigern oder davon von vornherein ausgenommen werden. Das ist in besonderem Maß ärgerlich, wenn es sich dabei um diejenigen handelt, die Einsparungen von anderen einfordern. Wenn es einen Sparzwang gibt dann muss er natürlich für alle gelten.

Wenn beispielsweise ein Rechnungshof, ein Finanzministerium, eine Staatskanzlei oder ein Landtag Einsparungen einfordern, dann können eigene Einsparungen nicht mit dem Argument verweigert werden, dass die Aufgaben komplexer und daher kein Potenzial für Personaleinsparungen gegeben sei. Dass es schwieriger und komplexer wird, können nahezu alle und erst recht die Justiz für sich beanspruchen. Wer mit zweierlei Maß misst, macht sich offensichtlich um die Akzeptanz von Sparmaßnahmen keine weiteren Gedanken.

In diesem Zusammenhang noch ein weiterer Punkt: Vielen drängt sich auch der Eindruck auf, dass es eine Tendenz gibt, Sparmaßnahmen bevorzugt im staatlichen Pflichtbereich und zumindest weniger deutlich im staatlichen Kürbereich durchzusetzen. Das mag vielleicht seinen Grund darin haben, dass der Pflichtbereich nicht den Glamour verbreitet, der gemeinhin mit dem staatlichen Kürbereich einhergeht. Gelegentlich bekommt man aber schon den Eindruck, dass der Personalabbau etwa bei Immissionsschutzbehörden oder Rechtsabteilungen deutlich stringenter durchgesetzt wird als in Referaten die sich mit der Öffentlichkeitsarbeit beschäftigen.

II. Was gute Rechtsprechung ausmacht

Über die Frage, was gute Rechtsprechung ausmacht, kann man endlos philosophieren. Hohes richterliches Fachwissen, gute juristische Entscheidungen sind für eine gute Rechtsprechung natürlich erforderlich. Aber gute Rechtsprechung ist mehr als hohe Fachqualifikation. Je nachdem, was der einzelne als besonders wichtig empfindet, können die Antworten, was zur guten Rechtsprechung gehört höchst unterschiedlich sein. Und die Auffassungen dazu verändern sich im Lauf der Zeit auch.

In meinen richterlichen Anfangsjahren war es beispielsweise wichtig – und wurde in Beurteilungen als gute Rechtsprechung gewertet – wenn die Formulierungen in einer Entscheidung bis in das kleinste Detail Ergebnis sorgfältiger Abwägungen waren. Sollte man etwa in einer Entscheidung schreiben, dass sich eine Frage „stellt" oder sie sich „erhebt" – oder sollte man nach der gelegentlich praktizierten Regel verfahren, dass sich Fragen in der ersten Instanz „stellen" und in der zweiten Instanz „erheben" – war etwas „zweifelhaft" oder „fraglich", sollte man in Entscheidungen überhaupt das Wort „beinhaltet" verwenden, weil darin die Gefahr gesehen wurde, dass ein Leser das e und i im ersten Wortteil nicht getrennt aussprach, sondern zusammen und damit ein zum Gehen und Stehen benutztes Körperteil ansprechen könnte, was dann natürlich überhaupt keinen Sinn mehr ergeben würde? Solche und ähnliche gewichtige Fragen wurden selbst in Beratungen des gesamten Spruchkörpers mit großer Ernsthaftigkeit und teilweise sehr kontrovers diskutiert.

Das änderte sich dann später aus zwei Gründen: Zum einen hatte man nicht mehr die Zeit sich lange mit diesen Dingen zu beschäftigen. Zum anderen fragten sich mehr und mehr Richter, ob das eigentlich irgendjemand außer den Richtern selbst interessiere und sie fanden dann auch relativ schnell heraus, dass das nicht der Fall sei.

Das Beispiel zeigt nicht nur, dass mitunter kuriose Qualitätsmerkmale aufgestellt werden, sondern vor allem, dass Richter nicht vergessen sollten, für wen sie tätig sind. Gute Rechtsprechung wird ja nicht im Interesse der jeweiligen richterlichen Befindlichkeit oder einer befriedigenden Selbsterfahrung betrieben, sondern der Prozessbeteiligten wegen.

Eine weitere Bemerkung – kurz zusammen gefasst: Gute Rechtsprechung erfordert, dass Rechtsprechung überhaupt stattfindet. Ich denke, die Justiz hat in diesem Bereich ein Problem, das sie unterschätzt.

Es scheint, dass wir uns daran gewöhnt haben, eine Vielzahl von Verfahren nicht mehr durch begründete Rechtsentscheidungen, sondern auf andere Art und Weise, durch Vergleich u.a. zu erledigen. Damit kein Missverständnis entsteht: Ich spreche nicht gegen den Vergleich oder die Mediation. Beide haben ihren guten Sinn gerade deshalb, weil sie im Einzelfall gerechtere Lösungen bringen können als das Recht, dessen Verwirklichung ja nicht gleichbedeutend mit Gerechtigkeit ist. Aber sie verlieren ihren eigentlichen Sinn, wenn sie dazu dienen, der Pflicht, Entscheidungen zu treffen, zu entgehen. Wenn der Weg des Vergleichs, der Mediation und der – m. E. ohnehin problematischen – strafrechtlichen Verfahrensabsprache oder der Massenverfahrenseinstellungen nur gewählt sein sollte, weil anders der Verfahrensberg nicht mehr bewältigt werden kann, dann hat das eher mit einer richterlichen Notwehrhandlung aber nichts mit guter Rechtsprechung zu tun.

Wer Gespräche mit betroffenen Bürgern führt, bekommt einen Eindruck davon, welch verheerenden Ansehensverlust die Justiz erleidet und welche Auswirkungen es auf das Rechtsbewusstsein des Bürgers hat, wenn sich eine Justiz mehr und mehr darauf einlässt, Verfahren nicht mehr zu entscheiden, sondern sie auf andere Art und Weise – im wahrsten Sinn des Wortes – zu erledigen. Wenn dafür verantwortlich sein sollte, dass nicht mehr genügend Personal für die Rechtsprechung vorhanden ist, dann wirkt der Sparzwang nicht nur einer guten sondern einer Rechtsprechung an sich entgegen. Sollten dafür andere Gründe verantwortlich sein, wäre es sicherlich im Interesse einer guten Rechtsprechung wieder deutlich zu machen, dass nicht die Erledigung an sich das Ziel richterlichen oder staatsanwaltschaftlichen Handelns ist, sondern der juristisch richtig – vielleicht sogar gerecht – behandelte Rechtsfall.

Meine dritte Bemerkung zielt darauf ab, dass sich eine gute Rechtsprechung nicht auf den gerichtlichen Schlussakkord – die verfahrensbeendende gerichtliche Entscheidung – beschränken darf.

Der Rechtsstaat zeigt sich nicht nur mit formaljuristisch gelungenen Entscheidungen, sondern auch in dem zur Entscheidung hin führenden Verfahren. Das

Porzellan, das vor einer Entscheidung zerschlagen wird, bekommen sie mit keiner noch so guten Entscheidung wieder gekittet. Verfügt ein Richter nicht über die – um nur ein einige Eigenschaften zu nennen – notwendige Gelassenheit, Fähigkeit zum Abwägen und Ausgleich, Sensibilität für andere, die richtige Selbsteinschätzung wie sein Verhalten auf andere wirkt und die erforderliche Selbstkritik, die ihn vor Selbstgerechtigkeit bewahrt, dann wird auch ein hervorragendes juristisches Fachwissen keine gute Rechtsprechung gewährleisten.

In nachhaltiger Erinnerung ist mir der Verlauf einer mündlichen Verhandlung bei der der Vorsitzende so ziemlich alles getan hat um gar nicht erst den Eindruck einer nach meinem Verständnis guten Rechtsprechung aufkommen zu lassen. In dem Verfahren ging es um einen Streit zwischen einer kleinen Gemeinde und einem ihrer Bürger. Auf weitere Einzelheiten kommt es jetzt nicht an. Anwesend war auch der ehrenamtlich tätige Bürgermeister der Gemeinde.

Der Vorsitzende hatte von Anfang an deutlich gemacht, dass er allein als Verhandlungsleiter die Entscheidung habe, ob er das Wort erteile oder nicht. Der Bürgermeister versuchte mehrfach etwas zu sagen. Der Zeigefinger ging dabei zaghaft in Halbhöhenlage und er begann mit den Worten: „Herr Vorsitzender, wenn ich bitte einmal schildern könnte wie die damalige Situation in der Gemeinde war.“ Weiter kam er nicht, da der Vorsitzende ihm mitteilte, dass er nur zu sprechen habe, wenn er gefragt werde. Beim letztmaligen Versuch, kam der Bürgermeister über ein „Herr Vorsitzender dürfte ich bitte …“ dann nicht mehr hinaus. Die Faust des Vorsitzenden fuhr krachend auf den Richtertisch, begleitet mit der unmissverständlichen Aufforderung endlich Ruhe zu geben und der Feststellung, dass dem Vorsitzenden die Situation in der Gemeinde egal sei weil, das rechtlich keine Rolle spiele. Den Rest der Verhandlung hat der Bürgermeister dann auch keinerlei Versuche mehr unternommen etwas zu sagen. Für den Vorsitzenden war das alles kein Problem: Er hatte dafür gesorgt, dass die Verhandlung stringent und straff, einzig am Norminhalt orientiert abgelaufen war.

Es ist von großer Bedeutung für eine gute Rechtsprechung, dass der Richter den Beteiligten nicht nur den Eindruck vermittelt, dass er den Rechtsfall unvoreingenommen und unparteiisch betreibt, sondern auch, dass er sich bemüht, die unterschiedlichen Sichtweisen und Anliegen zu verstehen und nicht einfach vom Tisch zu wischen. Auch wenn die Situation der Gemeinde für das Vorliegen eines rechtlichen Anspruchs unerheblich war, hatte dieser Gesichtspunkt für den Bürgermeister offensichtlich wesentliche Bedeutung und er hoffte darauf, dass das Gericht das wenigstens zur Kenntnis nimmt. Dass daneben auch ein unannehmbarer Umgangsstil herrschte, machte das Ganze natürlich noch schlimmer.

Für ein weiteres Erfordernis möchte ich Ihnen zunächst etwas vorlesen:

$$1{,}08 \times (M - (a + b \times M + c \times Y) \times Y) \text{ Euro}$$

Aus dem letzten Wort Euro kann man immerhin entnehmen, dass es sich nicht um die Formel zur Erschaffung der Welt handelt. Es handelt sich um eine Formel in der Regelung zur Höhe des Wohngeldes, § 19 des Wohngeldgesetzes. Dort wird zur Erklärung weiter ausgeführt, dass M die gerundete zu berücksichtigende Miete oder Belastung, Y das gerundete monatliche Gesamteinkommen, a, b und c nach der Anzahl der zu berücksichtigenden Haushaltsmitglieder unterschiedliche Werte seien, die sich wiederum aus der Anlage 1 zum WoGG ergäben.

Das Wohngeldgesetz ist ein schönes Beispiel dafür, dass die Verständlichkeit von Gesetzestexten offenbar nicht unbedingt als erforderlich angesehen wird. Es ist leider kein Einzelfall sondern nur ein Regelungsbereich der der Tendenz folgt, Gesetze und Normen den Entwicklungen des Steuerrechts anzupassen und zur Unverständlichkeit zu bringen.

Die Problematik ist bekannt und es gibt immer mal wieder Versuche das zu ändern. Ich sehe aber nicht, dass sich da etwas ändert. Wir haben im Gegenteil mehr und mehr Bereiche, deren Komplexität rasant zunimmt, die für den Bürger undurchschaubar sind und auch von Juristen nur noch bewältigt werden können, wenn sie sich das entsprechende Spezialwissen angeeignet haben.

Für die Gerichte hat das zwei wesentliche Folgen: Zum einen werden Richter mehr denn je nicht nur als Gesetzesanwender, sondern als Gesetzesübersetzer gebraucht. Die Fähigkeit, den Beteiligten verständlich den Inhalt etwa der Wasserrechtsrahmenrichtlinie oder des Bundesnaturschutzgesetzes zu erklären, ist eine Herausforderung. Sie ist aber für eine gute Rechtsprechung von immer größerer Bedeutung. Wenn dem Richter die Übersetzung der immer komplexeren Normen in eine verständliche Sprache nicht gelingt, wenn er nicht dazu in der Lage ist, einen Rechtsstreit in seinem Kern und seinen rechtlichen Voraussetzungen verständlich darzustellen, dann wird Recht und Rechtsprechung immer unverständlicher. Und natürlich sollte auch die Justiz selbst darauf achten, nicht Entscheidungsüberlegungen anzustellen, die in ihren diffizilen Verästelungen kaum noch verständlich sind.

Die zweite Folge der Komplexität ist, dass die Rechtsgebiete zunehmen, die Richter ohne Spezialwissen nicht mehr bewältigen können. Die Forderung, dass jeder Richter alles können und jederzeit überall einsatzbereit sein muss, hat mit der Realität nichts zu tun. Die Spezialisierung schreitet fort und atomisiert sich angesichts der wachsenden Komplexität immer mehr.

Waren es etwa zunächst auf das Umweltrecht spezialisierte Anwälte, bezieht sich die Spezialisierung heute schon häufig nur noch auf einen Teil davon, wie etwa das Wasserrecht oder Naturschutzrecht. Ich habe einmal mit einem Anwalt gesprochen, der in einem lebensmittelrechtlichen Verfahren auftrat und der – es ging damals um die Zusammensetzung von Zwiebelwurst – ein außergewöhnliches Wissen über Entscheidungen und Literatur zur Zwiebelwurst hatte. Nach der mündlichen Verhandlung sagte ich ihm, dass ich beeindruckt sei über sein enormes Wissen zur Zwiebelwurst, worauf er sagte, er mache nichts anderes als Lebensmittelrecht; er wisse alles über Fischstäbchen, Kühltemperaturen, Dosensuppen usw. – aber er habe keine Ahnung ob man in Deutschland eigentlich noch eine Baugenehmigung brauche wenn man ein Haus bauen wolle.

Insbesondere für die kleineren Gerichte ist es nicht einfach, mit dieser Entwicklung hin zu immer mehr Spezialisierung Schritt zu halten. Wenn sie an einem Verwaltungsgericht nur eine Handvoll Spruchkörper haben, muss jeder Spruchkörper natürlich einen erheblichen Teil all dessen, was das Besondere Verwaltungsrecht ausmacht, abdecken. Bislang konnten, wenn ich es richtig sehe, auch die kleinen Gerichte mit der zunehmenden Spezialisierung auf Anwaltseite im Wesentlichen noch Schritt halten. Aber es wird mit immer weiter fortschreitender Spezialisierung natürlich schwieriger werden – erst recht wenn diese Entwicklung noch durch einen Stellenabbau begleitet wird.

Mein letzter Punkt bezieht sich auf die Verfahrensdauer und in diesem Zusammenhang auf die Berechnung, wie viel Personal ein Gericht eigentlich braucht. Gute Rechtsprechung erfordert natürlich auch, dass die Beteiligten eine Entscheidung innerhalb angemessener Zeit bekommen.

Entscheidungen sind zwar nicht schon gut, wenn sie schnell getroffen werden – sind sie inhaltlich schlecht, nützt die Schnelligkeit auch nichts mehr – aber sie sind in aller Regel schlecht, wenn sie nicht innerhalb angemessener Zeit ergehen; auch dann, wenn sie inhaltlich gut sind.

Dass nicht nur eine inhaltlich schlechte Entscheidung, sondern auch eine inhaltlich gute Entscheidung, die erst nach langer Zeit getroffen wird, schlechte Rechtsprechung ist, wird wohl ernstlich nicht bezweifelt werden können. Und die Anstrengungen der Verwaltungsgerichtsbarkeit, eine Verbesserung bei der Verfahrensdauer zu erzielen, sind ja erfolgreich. Manche Gerichte sind inzwischen bei Verfahrensdauern angekommen, die durchaus angemessen sind, andere sind noch nicht da, konnten aber in den letzten Jahren deutliche Verkürzungen erreichen.

Die Verkürzung von Verfahrensdauern ist zum einen von entsprechenden gerichtsinternen Maßnahmen und zum anderen von einer ausreichenden Personalausstattung abhängig.

Ab einem bestimmten Punkt können sie eine fehlende Personalausstattung nicht mehr mit gerichtsinternen Maßnahmen kompensieren. Sie können nicht unendlich nach dem Motto verfahren: Immer bessere Rechtsprechung erproben mit immer weniger Roben. Wenn Sie bei einem Auto ein Rad abmontieren, ist es gleichgültig ob der Fahrer gut oder schlecht ist, weil das Auto nicht mehr fährt.

Die Frage wie viel Personal erforderlich ist, wird bevorzugt nach dem Personalbedarfsberechnungssystem Pebb§y ermittelt; gelegentlich greifen Rechnungshöfe und Finanzministerien auch schon einmal zu anderen Berechnungen, bei denen man sich wünschen würde, sie würden zunächst mal bei den Rechnungshöfen und den Finanzministerien selbst erprobt. Die Anwendung von Pebb§y in den einzelnen Ländern ist unterschiedlich – manche wenden es stringent an, andere orientieren sich daran. Die Vor- und Nachteile von Pebb§y oder anderer Methoden wäre ein Thema für sich.

Ich möchte auf einen anderen Punkt hinweisen: Ich habe eine natürliche Abneigung gegen jede Art von Personalberechnung, die mit zwei Stellen hinter dem Komma festschreiben will, was angemessen ist oder was nicht. Und Gespräche, in denen der eine sagt, es bestehe ein Personalbedarf an einem Gericht von 22,87 und der andere erwidert, er habe 22,56 errechnet, sind schon nahe an einer Satireveranstaltung.

Dieses unerschütterliche Vertrauen in die Richtigkeit von Zahlen habe ich ebenso wenig, wie den Glauben, dass wir überhaupt mit irgendeinem System in der Lage sind oder jemals sein können, exakt einen Personalbedarf zu ermitteln. Wir können Orientierungswerte aufstellen – und Pebb§y war ja ursprünglich einmal nur als das gedacht: Es sollte ein Annäherungswert an den tatsächlich erforderlichen Personalbedarf sein.

Die Gefahr all dieser Berechnungssysteme ist – neben dem Umstand, dass in ihrem Gefolge ganze Heerscharen von umfangreichen Kommissionen und Arbeitsgruppen gebildet werden, die ständig tagen und umfangreiche Papiere erstellen –, dass wir auf die jeweiligen Gegebenheiten vor Ort nicht mehr angemessen reagieren, sondern überall den Rechenschieber drüber legen und allein danach entscheiden. Da wird dann jedes Gericht mit dem rechnerisch für die Gerichtsbarkeit ermittelten bestimmten Ausstattungsgrad von x% belegt und alles andere ausgeblendet. Dass ein Gericht etwa wegen besonders leistungsfähiger Mitarbeiter ohne weiteres mit deutlich weniger zu Recht kommen könnte, wohingegen ein anderes Gericht wegen der dortigen Struktur deutlich mehr benötigen würde, spielt dann keine Rolle mehr.

Berechnungssysteme welcher Art auch immer sind kein Ersatz für inhaltlich orientierte Bedarfserwägungen. Die Ermittlung des Bedarfs kann jenseits aller rechnerisch ermittelten Werte nicht daran vorbei, dass große Teile der Justiz dringend auf die Einstellung junger Juristen angewiesen sind.

Die Überalterung in weiten Teilen der Justiz ist eines ihrer größten Probleme. Zynisch könnte man sagen, dass die Justiz – bei der öffentlichen Verwaltung ist es in weiten Teilen nicht anders - gegenüber der allgemeinen demographischen Entwicklung einen Vorsprung hat. Nach den Prognosen soll im Jahre 2060 die Hälfte der um 25 % geschrumpften Bevölkerung in Deutschland älter als 51 Jahre sein. Da kann man nur sagen: Die Justiz geht hier mutig voran – wir haben das in vielen Gerichtsbarkeiten schon erreicht.

Wenn in der Justiz mit der Begründung, rechnerisch sei sie ausreichend ausgestattet, mitunter kaum noch Neueinstellungen junger Juristen erfolgen, dann werden wir in naher Zukunft massive Probleme vielfältiger Art bekommen.

Zum Schluss möchte ich nochmals auf meine Eingangsbemerkung mit dem Fragezeichen zurückkommen: Ich würde es nicht ganz weglassen, weil ab einem bestimmten Punkt Sparmaßnahmen gute Rechtsprechung unmöglich machen.

Andererseits ist gute Rechtsprechung in vielerlei Hinsicht unabhängig von Sparmaßnahmen, weil es zu einem guten Teil auf die entsprechenden unbezahlbaren richterlichen Fähigkeiten und Eigenschaften ankommt. Vielleicht wäre ein in Klammer gesetztes Fragezeichen ein gangbarer Kompromiss.

Court Administration

Johannes Riedel

Nach dem Programm soll ich heute zu Ihnen über „Court Administration" sprechen. In den Vorgesprächen mit Herrn Professor Dieckmann haben wir uns darüber ausgetauscht, dass mein Beitrag ein wenig den Blick über die deutschen Grenzen richten und über das berichten soll, was sich jenseits dieser Grenzen unter dem Generalthema dieser Tagung, also unter dem Stichwort „Moderne Justiz" bewegt. Ich werde Ihnen somit jetzt nicht einen Vortrag über „court administration" im engeren Sinne, also über interne Gerichtsorganisation, Geschäftsverteilung, Geschäftsleitung, halten, sondern der Anglizismus, auf den wir uns verständigt haben, soll eigentlich nur besagen, dass es um den Blick auf Bemühungen um moderne Justiz jenseits der deutschen Grenzen geht.

Dabei kann ich schon aus Zeitgründen nicht über Einzelmaßnahmen in bestimmten Ländern berichten. Ich werde auch nicht berichten über alle die guten Taten, die von deutschen Justizangehörigen bei Beratungstätigkeiten im Ausland vollbracht worden sind. Hier denke ich insbesondere an die verdienstvolle Arbeit der Stiftung für internationale rechtliche Zusammenarbeit,[1] aber auch an die vielfältigen Projekte der Gesellschaft für internationale Zusammenarbeit (früher: GTZ),[2] der politischen Stiftungen und anderer mehr. Diese Beratungstätigkeiten sind, auch wenn sie vielfach wenig abgestimmt erscheinen und mitunter in einem problematischen Konkurrenzverhältnis zu entsprechenden Projekten der Justiz anderer Staaten, vor allem der USA[3] stehen, höchst verdienstvoll und nach meinem Eindruck vielfach auch recht erfolgreich. Es geht dort aber weniger um einen Diskurs über moderne Justiz sondern um Aufbau und Entwicklung einer funktionierenden rechtsstaatlichen Justiz.

Das bedeutet, dass ich mich in meinem Beitrag auf zwei Bereiche beschränken möchte. Dies ist einmal der supranationale europäische Bereich im engeren Sinne, insbesondere derjenige des Europarats. Zum anderen möchte ich Ihren

1 Vgl. http://www.irz-stiftung.de/.

2 Vgl. http://www.giz.de/.

3 Hier ist insbesondere USAID – United States Agency for International Development - zu nennen, vgl. http://www.usaid.gov/; auch die Weltbank ist in diesem Bereich sehr aktiv, vgl. http://web.worldbank.org/WBSITE/EXTERNAL/TOPICS/EXTLAWJUSTINST/0,,contentMDK:23138640~menuPK:1974078~pagePK:210058~piPK:210062~theSitePK:1974062,00.html.

Blick auf einige Gruppierungen und Einrichtungen lenken, in denen die deutsche Justiz bisher so gut wie nicht vertreten ist.

I. Aktivitäten auf europäischer Ebene

Auf der europäischen Ebene befassen sich die Europäische Union und der Europarat seit langem mit der Justiz. Dabei geht es nicht nur um die Vereinheitlichung von Vorschriften des materiellen und des Verfahrensrechts sondern auch um die Qualität der Rechtsgewährung.

1. Aktivitäten der Europäischen Union

Für die Europäische Union kennen Sie alle die entsprechenden Stichworte, die unter dem Schlagwort des Aufbaus eines einheitlichen EU-weiten Rechtsraumes verbreitet werden: Charta der Grundrechte, Schutz vor Diskriminierung, Schutz personenbezogener Daten, justizielle Zusammenarbeit in der Bekämpfung von Korruption, Drogenhandel und Terrorismus, europäischer Haftbefehl, Anerkennung und Vollstreckung von Entscheidungen in Zivilsachen usw.. Diese Felder sind, so kann man sagen, inzwischen auch Arbeitsfelder der nationalen Rechtsentwicklung. Jedenfalls beschäftigen die jeweiligen Projekte der Rechts- und Verfahrensvereinheitlichung die Verantwortlichen der Justiz in den deutschen Ministerien, Gerichten und Staatsanwaltschaften bereits seit langem. Sie betreffen nicht nur die Schaffung von Rechtsnormen auf der Ebene der Union oder im nationalen Recht. Vielmehr geht es in zunehmendem Maße auch um die Entwicklung einheitlicher technischer Lösungen zum grenzüberschreitenden Datenabgleich, zur Einführung elektronischer Verfahrensschritte etwa im Handelsregister und im Mahnverfahren. Die Stichworte E-Justice und E-Codex mögen hier genügen. Die jeweiligen Verfahrensprojekte im Einzelnen zu erläutern, würde diesen Beitrag sprengen.[4] Auch das ist Entwicklung moderner Justiz, angestoßen durch die Europäische Union.

Es gibt aber auch eine Reihe von Netzwerken, welche die Europäische Union ins Leben gerufen hat oder wenigstens unterstützt und die durchaus auch die Qualität der Rechtsgewährung und die Organisation der Justiz betreffen.

4 Einen guten Überblick über die sogenannten large scale projects gab es kürzlich beim IT-Forum unter dem Titel „Europe Goes Online“ im Oberlandesgericht Köln, vgl. http://www.e-codex.eu/index.php/news-and-press-calendar/icalrepeat.detail/2012/09/24/33/-/it-forum-nrw-koeln.

a) European Judicial Network

An erster Stelle ist hier das EJN, das European Judicial Network, zu nennen.[5] Dieses Europäische Justizielle Netz ist eigentlich auf die Strafjustiz beschränkt. Es soll dazu dienen, die Kontakte zwischen den Justizbehörden der Mitgliedstaaten zu erleichtern und vor allem Informationen zur Verfügung zu stellen, die für die Strafjustiz, insbesondere für die Rechtshilfe, bedeutsam sind. Dieses zuletzt durch Beschluss des Europäischen Rates vom 16.12.2008 aktualisierte Aufgabengebiet wird bearbeitet von nationalen Anlaufstellen, weiteren Kontaktstellen in den einzelnen Ländern und einem in Den Haag bei Eurojust angesiedelten Sekretariat. Wenn man sich das Informations- und Dienstleistungsangebot auf der Webseite des EJN ansieht, so hat sich hier eine beeindruckende Palette von Informationen und Möglichkeiten etabliert, die innerhalb der Europäischen Union die justizielle Zusammenarbeit im Einzelfall erheblich verbessert hat. Wie so oft, gehen Europäische Einrichtungen dann auch einmal über ihren engen Auftrag hinaus. So wirbt z.B. auch das EJN für die sogenannte Kristallwaage selbst dann, wenn der Preis für besonders innovative Projekte der Ziviljustiz ausgeschrieben ist.

Die Kristallwaage ist ein erster Punkt, bei dem ich maßgebliche deutsche Beteiligung oder auch nur die entsprechende Wahrnehmung nicht erkennen kann. Es handelt sich um einen Preis, den Europäische Kommission und Europarat seit 2005 gemeinsam Jahr für Jahr ausschreiben, um innovative Projekte in Justizsystemen auszuzeichnen.[6] Zeitweise ist der Preis nur für den Bereich der Ziviljustiz, zeitweise nur für die Strafjustiz, mitunter für beide Bereiche ausgeschrieben worden.[7] Ich habe nicht feststellen können, dass ein deutsches Gericht diesen Preis schon einmal gewonnen hat oder dass man sich auch nur nennenswert, dem olympischen Gedanken folgend, an dem Wettbewerb beteiligt hat.[8] Hierzu könnte durchaus Anlass bestehen, denn es gibt in Deutschland eine Fülle guter Initia-

5 Vgl. http://www.ejn-crimjust.europa.eu/ejn/.

6 „A competition to discover and highlight innovative and efficient practices used in European courts for court organisation or for the conduct of judicial proceedings (for example, initiatives devised by a court president, a registry, a Bar) and deserving to be drawn to the attention of policy-makers and the judicial community so as to improve the functioning of the public justice system".

7 Vgl. http://ec.europa.eu/justice/newsroom/civil/events/121025_en.htm; http://www.coe.int/t/dghl/cooperation/cepej/events/edcj/cristal/default_en.asp.

8 Mit der löblichen Ausnahme des Justizministeriums Nordrhein-Westfalen, das sich offenbar 2005 eingebracht hatte (vgl. http://www.coe.int/t/dghl/cooperation/cepej/events/edcj/cristal/Cristal2005Candidats_en.asp), und der Generalstaatsanwaltschaft Brandenburg mit einem Projekt über Automatisierte Erstellung von Schreibwerk im Jahre 2010, vgl. http://www.coe.int/t/dghl/cooperation/cepej/events/edcj/cristal/2009/08Crystal2009Brandenburg.pdf.

tiven zur Modernisierung der Justiz, wie wir auf dieser Tagung schon gehört haben und noch hören werden.

b) European Judicial Training Network

Ein zweites Netzwerk ist das vielen hier bekannte European Judicial Training Network (EJTN), also ein Richterfortbildungsnetzwerk.[9] An den sehr mühevollen Geburtswehen dieser Einrichtung habe ich selbst vor Jahren teilgenommen. Sie waren deshalb so mühevoll, weil die Vertreter der Justiz aus manchen Ländern Bedenken hatten, sich unter das Dach der EU-Kommission als einer exekutiven, jedenfalls nicht als dritter Gewalt zu begeben. Die Mühen endeten mit der etwas kurios anmutenden Lösung der Gründung eines Vereins nach belgischem Recht. Belgisches Recht wurde gewählt, weil es gestattet, dass Behörden und Einrichtungen ohne Rechtspersönlichkeit ihrerseits Mitglieder eines Vereins sein können. EJTN ist die Plattform für Fortbildung und Wissensmanagement innerhalb der Justiz der Europäischen Union. Dieses EJTN hat mit den Jahren beträchtliche Aktivitäten entfaltet und eine große Bandbreite von Fortbildung im internationalen Rahmen etabliert. Es stellt Curricula für Fortbildungsmaßnahmen zur Verfügung, kooperiert mit den Aus- und Fortbildungseinrichtungen der Mitgliedsstaaten und veranstaltet Wettbewerbe unter den Anwärtern für den Beruf des Richters und des Staatsanwalts.[10] Ferner organisiert das Netzwerk Austauschaufenthalte einzelner Richter und Richtergruppen. Gerade die Hospitationen werden in großem Umfange nachgefragt, erfreulicherweise auch in Deutschland, und sind eine vorzügliche Basis für die künftige Zusammenarbeit. Deshalb halte ich es für sehr wichtig, die Förderung des EJTN auch auf Hospitationen im Rahmen gewachsener Gerichtspartnerschaften zu erstrecken, was heute leider noch nicht möglich ist.

2. Aktivitäten des Europarats

Weniger bekannt sind die Aktivitäten des Europarats, wobei Europäische Union und Europarat in vielen Bereichen der Förderung der Qualität der Justiz gemeinsame Projekte durchführen – z.B. in der Organisation des Europäischen Tags der

9 Vgl. http://www.ejtn.net/.

10 Erfreulicherweise habe ich hier auch deutsche Beteiligung feststellen können, obgleich natürlich die Teilnehmer an den Ausbildungsgängen zentraler nationaler Richterausbildungsinstitute eher Anlass zur Beteiligung haben, vgl. http://www.ejtn.net/en/About/THEMIS11/THEMIS-2006-2009/; http://www.ejtn.net/en/About/THEMIS11/THEMIS-2010/.

Ziviljustiz,[11] aber übrigens auch in der Beratung von Drittländern. Was den Europarat anbelangt, so sind die beratende Versammlung, der Ministerrat und natürlich der Europäische Gerichtshof für Menschenrechte allgemein bekannte Institutionen.

a) Commission européenne pour l'efficacité de la justice

Unter der Generaldirektion „Human Rights and Legal Affairs" ist seit 2002 aber auch die „Commission européenne pour l'efficacité de la justice" ins Leben gerufen worden.[12] Diese Einrichtung hat den Auftrag, die Justizsysteme der Mitgliedstaaten zu analysieren, Schwierigkeiten zu identifizieren, Vorschläge zu machen sowie Unterstützung bei den Bemühungen um Verbesserung anzubieten. Diese etwas prosaische Beschreibung hat indessen in ganz konkreten Arbeitsergebnissen ihren Niederschlag gefunden. CEPEJ, wie die Abkürzung heißt, hat in unterschiedlichen Arbeitsgruppen eine Reihe von Empfehlungen zur Qualität der Justiz erarbeitet, die vor allem denjenigen Ländern, die sich noch im Aufbau eines rundum rechtsstaatlichen Systems befinden, als Handreichung dienen können.[13] Die sogenannten CEPEJ-Studies betreffen Themen wie Verfahrensdauer in Rechtsmittelverfahren, vertragliche Elemente im gerichtlichen Betrieb (und zwar von Zielvereinbarungen bis zum plea bargaining oder, wie wir sagen, dem „deal"), das Erarbeiten brauchbarer Befragungen von Gerichtsbesuchern, Qualitätsmanagement und dergleichen mehr.[14] Gelegentlich haben hierbei deutsche Vertreter mitgearbeitet; ich habe selbst an einer Reihe von Projekten mitgewirkt, als ich noch im Justizministerium gearbeitet habe. Aus meiner Sicht könnte das Engagement hier höher sein, auch wenn der Europarat immer nur für die in die jeweilige Arbeitsgruppe gewählten Vertreter die Reisekosten übernimmt. Ich werde mich jedenfalls bemühen, für die eine oder andere Arbeitsgruppe deutsche Kolleginnen und Kollegen zu gewinnen, damit unsere Erkenntnisse hier einfließen können.

Ganz besonders wichtig und nach meiner Meinung auch in Deutschland viel zu wenig zur Kenntnis genommen sind die Statusberichte über die Justizsysteme in den Ländern des Europarats, die CEPEJ alle zwei Jahre erarbeitet.[15] Sie bieten

11 Vgl. http://www.coe.int/t/dghl/cooperation/cepej/events/edcj/default_EN.asp.

12 Vgl. http://www.coe.int/t/dghl/cooperation/cepej/presentation/cepej_en.asp.

13 Vgl. http://www.coe.int/t/dghl/cooperation/cepej/series/default_en.asp.

14 Für Zwecke dieser Tagung von Interesse sein dürfte die Studie „Quality management in courts and in the judicial organisations in 8 Council of Europe member States", CEPEJ Studies No. 13, 2010.

15 Vgl. den soeben erschienenen jüngsten Bericht auf der Basis des Zahlenwerks von 2010, http://www.coe.int/t/dghl/cooperation/cepej/evaluation/2012/Rapport_en.pdf.

unter dem Titel „European judicial systems" eine wahre Fundgrube statistischen Materials, von den Kosten des Justizsystems über die Zugangshürden, das Ansehen der Justiz, die Gerichtsorganisation, die Verfahrensdauer bis hin zum Berufsrecht der Richter, Staatsanwälte, Rechtsanwälte, Notare. Obgleich vielfach kaum Vergleichbares verglichen wird, sind die Unterschiede sehr sorgfältig dokumentiert. Die Ergebnisse eignen sich vorzüglich für die innenpolitische Diskussion über die Qualität der deutschen Justiz, wie sie erfreulicherweise aus Anlass anderer sogenannter „Rankings", etwa der Weltbank oder des Forums in Davos,[16] zur Kenntnis genommen worden ist. Leider ist auch hier zu beklagen, dass der Mitarbeit an diesem CEPEJ-Bericht in Deutschland nicht immer genügende Aufmerksamkeit gewidmet worden ist. So heißt es im Bericht aus dem Jahr 2010 auf der Basis der Daten des Jahres 2008 einleitend, nur Deutschland und Liechtenstein hätten keine Daten zur Verfügung gestellt. Deutschland habe angemerkt, dass man wegen der durch das föderale System vervielfachten Arbeitslast nicht alle zwei Jahre die Daten zusammenstellen könne. Als Ergebnis fand sich auf zahlreichen Seiten des Berichts in den Abbildungen der jeweiligen Europakarten an zentraler Stelle jeweils ein weißer Fleck. Schöner kann ein Land sein Desinteresse nicht unter Beweis stellen, zumal dieser Bericht auch dem europäischen Gerichtshof für Menschenrechte als Informationsquelle dient. Es ist deshalb erfreulich festzustellen, dass in dem soeben erschienenen Bericht des Jahres 2012 Deutschland wieder vorkommt, dass also Bundesjustizministerium und Landesjustizverwaltungen offenbar bemüht sind, eine Wiederholung dieser Blamage zu vermeiden.

b) Conseil consultatif de juges européens

Ein drittes und etwas eigenartiges Gremium des Europarats, das sich mit Justizorganisation befasst, ist das Conseil consultatif de juges européens (CCJE), also ein beratendes Richtergremium.[17] Von dessen Existenz hatte ich auch keine Kenntnis, bis ich 2011 zum deutschen Vertreter berufen wurde. Es handelt sich um ein Gremium hochgestellter Richter der Länder des Europarats, die als völlig

16 http://www.doingbusiness.org/Rankings (Deutschland hat einen Spitzenplatz in der Rubrik „Enforcement of Contracts"); http://www.doingbusiness.org/~/media/FPDKM/Doing%20Business/Documents/Annual-Reports/English/DB12-FullReport.pdf; kritisch hierzu *Mohando*, The World Bank Doing Business, Ranking of Quality of Justice: Critical Analysis, vgl. http://www.juridicainternational.eu/public/pdf/ji_2009_1_203.pdf; vgl. für das World Economic Forum (Davos) http://reports.weforum.org/global-competitiveness-report-2012-2013/, (wo ebenfalls der deutschen Justiz ein Spitzenplatz bescheinigt wird).

17 Vgl. http://www.coe.int/t/dghl/cooperation/ccje/presentation/ccje_en.asp.

unabhängige Individuen agieren. Jedes Land entsendet einen Vertreter. Die Aufgabe besteht darin, sich beratend zu Fragen der Unabhängigkeit, der Unparteilichkeit und der Kompetenz von Richtern zu äußern. Dies geschieht vornehmlich durch Erarbeitung sogenannter „opinions". Das sind grundsätzliche Stellungnahmen zu bestimmten Themen. Bislang sind 14 solcher opinions veröffentlicht worden. Sie reichen von Fragen des Richterrechts über IT und Justiz, Spezialisierung von Richtern und Gerichten usw.[18] Auch hier gilt, dass diese opinions vor allem für die sogenannten Aufbaustaaten eine wesentliche Handreichung darstellen. Sie münden aber vielfach auch in förmlichen Empfehlungen des Ministerrats des Europarats. Daneben äußert sich das sogenannte Büro des CCJE, also eine Art Vorstand, durchaus auch auf Anfragen von Richtern oder Richterverbänden zu bestimmten Einzelfragen. So ist z.B. zuletzt zur Beendigung der Amtszeit von Richtern in Serbien Stellung genommen worden, und zwar in einer sehr deutlichen Weise.[19]

Nun kann man sich fragen, welchen Nutzen alle diese Netzwerke und Institutionen für die deutsche Justiz haben. Die Frage ist durchaus berechtigt. Abgesehen von dem allgemeinen Erkenntnis- und Erfahrungsgewinn, den internationale Kontakte mit sich bringen, habe ich nur relativ selten aus diesen Begegnungen Anregungen für die Verbesserung der Organisation in deutschen Gerichten oder für Veränderungen im Justizorganisations- und Richterdienstrecht bekommen. Die Frage ist aber nach meiner Meinung falsch gestellt. Immer wieder habe ich die Erfahrung gemacht, dass der Rat und die Meinung erfahrener deutscher Richter geradezu händeringend gesucht werden. Insbesondere die im europäischen Raum selten anzutreffende Kombination, dass deutsche Gerichtspräsidenten zugleich gelernte und oftmals erfahrene Richter sind und meist über viele Jahre Erfahrung in der Gerichtsverwaltung verfügen, macht sie in den Augen Vieler zu

18 Vgl. die Liste unter http://www.coe.int/t/dghl/cooperation/ccje/textes/Avis_en.asp.

19 Vgl. http://www.coe.int/t/dghl/cooperation/ccje/cooperation/default_en.asp „Declaration: 1. The CCJE reiterates that the termination of tenure of Serbian judges violates the principle of irremovability of judges, and infringes the international standards; 2. While a full remedy for these infringements would necessitate a legislation which re-installs the judges concerned or at least a review procedure regarding the judges who have not been reelected by an independent judicial body applying a procedure by which the guarantees contained in Article 6 of the European Convention on Human Rights would be exercised; 3. The CCJE regrets that there are serious doubts that the re-view procedures which have been exercised by the High Judicial Council have actually followed the requirements expressed in Article 6 of the Convention; 4. The CCJE therefore underlines once more the necessity of Serbia amending its legal framework to remedy the violations of international standards which has been caused by the non-re-election of judges, who enjoyed previously permanent tenure, and by the shortcomings in the review procedures that have been followed; 5. The CCJE stands ready to assist the Serbian authorities by giving its opinion if so requested. The CCJE will follow the further developments with interest and ask its Serbian member to give a report at the next plenary meeting."

interessanten Hinweisgebern. Dass wir uns dabei mit unserem Rat nicht zu verstecken brauchen, wird durch die im Vergleich der großen Gerichtsbarkeiten vorzüglichen Werte der deutschen Justiz in den internationalen Rankings belegt.[20] Ich meine daher, dass es dringend erforderlich ist, sich in diesen Gremien stärker zu engagieren. Wenn z.B. Italien in die Arbeitsgruppen von CEPEJ mehrere Vertreter entsenden kann, müsste dies auch Deutschland möglich sein. Hier investierte Reisekosten für einige wenige Personen dürften sich in dem entsprechenden Gewinn an Ansehen und Einfluss mehr als amortisieren.

II. Weitere internationale Aktivitäten auf dem Gebiet der Justiz

Der zweite Bereich, über den ich berichten möchte, sind internationale Aktivitäten auf dem Gebiet der Justiz oder besser vielleicht der Justizforschung. Bedauerlicherweise ist es um das Feld der Justizforschung in Deutschland sehr still geworden, seit in den 70er Jahren des vorigen Jahrhunderts erste Aktivitäten einer Justiztatsachenforschung stattgefunden haben. Wenn man heute an deutschen Universitäten nach möglichen Partnern für entsprechende internationale Projekte sucht, sucht man oft vergeblich. Dabei nehme ich die Institute für Anwaltsrecht ausdrücklich aus. Meine Bemerkung bezieht sich auf die Justiz und Justizorganisation im engeren Sinne.

Außerhalb von Deutschland ist die Entwicklung aber nicht stehen geblieben. Länder wie die Niederlande, Italien, aber auch Frankreich und selbst England entfalten manche Aktivitäten mit dem Ziel internationaler Vergleiche. Dabei sind meist die zentralen Richterausbildungseinrichtungen beteiligt, für die es in Deutschland nichts Vergleichbares gibt.[21] Es gibt vor allem aber einige Forschungseinrichtungen, die sich mit Justizforschung im weitesten Sinne befassen und vielfach beachtliche vergleichende Untersuchungen durchführen. Ich nenne

20 S.o. Fn.16.

21 Dies gilt vor allem für Frankreich, dessen ecole nationale de la magistrature eine eigene Fortbildungs- und Auslandsabteilung unterhält; Ähnliches gilt für Spanien, die Niederlande und Italien. Deutschland ist hier wegen seines föderalen Systems ungenügend aufgestellt. Die Deutsche Richterakademie als reine Fortbildungseinrichtung verfügt nicht über das Fachpersonal, um in Projekten der internationalen Richterfortbildung initiativ zu werden; für die einzelnen Justizministerien gilt das Gleiche; erst recht sind die Gerichte kaum in der Lage, Personalkapazitäten für solche Projekte oder gar für umfangreichere internationale Forschungsvorhaben abzustellen. So hat in dem oben Fn. 14 genannten Projekt ein Bericht über Niedersachsen nur deshalb aufgenommen werden können, weil Prof. Langbroek aus Utrecht auf entsprechende Vermittlung hin den Beitrag übernommen hat.

hier nur Professor Langbroek von der Universität Utrecht,[22] das Istituto di Ricerca sui Sistemi Giudiziari in Bologna[23] und neuerdings das Kompetenzzentrum für Public Management der Universität Bern,[24] die immer wieder auf der Suche nach deutschen Projektpartnern sind.

Über zwei weitere internationale Vereinigungen möchte ich Ihnen zudem berichten. Es sind dies die International Association for Court Administration und die European Group of Public Administration.

1. International Association for Court Administration

Die International Association for Court Administration ist 2004 gegründet worden.[25] Sie ist eine US-amerikanisch dominierte, aber weltweit agierende Vereinigung von Gerichtsmanagern, in unserer Terminologie also am ehesten vergleichbar mit Geschäftsleitern. Dabei muss man allerdings wissen, dass in den anglo-amerikanischen Rechtssystemen in aller Regel die Richter, auch die Gerichtspräsidenten, praktisch keine Verwaltungsaufgaben wahrnehmen. Das Management der Gerichte, vom Einsatz der personellen Ressourcen und Verteilung der Geschäfte über Haushalt, Beschaffung, Gebäudemanagement usw., obliegt den court managern oder court system executives. Sie befassen sich auch mit allen Fragen der systemischen Modernisierung, Evaluation, Kundenorientierung und dergleichen mehr. Seitens der Richter werden diese Prozesse in der Regel nur begleitet aber meist nicht steuernd koordiniert. Auch wenn die Strukturen mit denen in Deutschland mithin nicht vergleichbar sind, ist es natürlich für unsere Zwecke durchaus interessant zu sehen, welche Verbesserungen im Gerichtsmanagement weltweit erwogen und umgesetzt werden. Manches ist dabei mit unserem Verständnis von richterlicher Unabhängigkeit nicht vereinbar, vom praktisch nur in Deutschland sehr prinzipiell umgesetzten Grundsatz des gesetzlichen Richters ganz zu schweigen.[26] Forum der Vereinigung ist eine elektroni-

22 Vgl. http://www.uu.nl/faculty/leg/EN/organisation/schools/schooloflaw/research/ Pages/ default.aspx; ein Produkt ist z.B. eine vergleichende Studie zum gesetzlichen Richter, „The Right Judge for Each Case“, Antwerpen-Oxford 2007.

23 Vgl. http://www.irsig.cnr.it/index.php?lang=en; ein Produkt der Arbeit ist ein Band zum Thema „Recruitment, Professional Evaluation and Career of Judges and Prosecutors in Europe“, Bologna, 2005, mit einem Beitrag des *Verfassers* zu Deutschland.

24 Vgl. http://www.kpm.unibe.ch/content/zentrum/ueber_uns/index_ger.html; derzeit ist ein Forschungsprojekt "Grundlagen guten Justizmanagements in der Schweiz" begonnen worden, vgl. Lienhard-Kettiger, Justice -Justiz-Giustizia 2012/2, www.richterzeitung.ch

25 Vgl. http://www.iaca.ws/.

26 IACA hat kürzlich eine Konferenz in Den Haag abgehalten, in der sehr informative Beiträge aus aller Welt präsentiert wurden. Der Gedankenaustausch zwischen Gerichtsmana-

sche Zeitschrift, in der auch über die alle zwei Jahre stattfindenden Konferenzen der Vereinigung berichtet wird.[27]

2. European Group of Public Administration

Noch interessanter erscheint aber die European Group of Public Administration.[28] Hier handelt es sich formal um eine europäische Untergruppe des International Institute for Administrative Sciences, also einer Einrichtung für die öffentliche Verwaltung. EGPA selbst hat seinen Schwerpunkt in der Verwaltungswissenschaft. Die Gruppe ist sehr stark akademisch ausgerichtet und dominiert, sucht aber den Kontakt mit Verwaltungspraktikern und natürlich den verschiedensten Nachbarwissenschaften der Verwaltungswissenschaft. Seit kurzem ist dort eine Untergruppe „Justice and Court Administration" eingerichtet,[29] die dem Gedankenaustausch von Justizmodernisierungsprojekten in Europa dient. Hierzu hat es kürzlich auf einer Konferenz der EGPA in Norwegen eine ganze Fülle von Beiträgen aus vielen Ländern gegeben.[30] Sie zeigen wiederum, dass man sich in anderen Ländern mit ähnlichen Fragestellungen wie bei uns beschäftigt. Mit einigen Kollegen aus Niedersachsen und Nordrhein-Westfalen haben wir diese Konferenz besucht und festgestellt, dass auch hier die Erfahrungen deutscher Praktiker der Gerichtsverwaltung außerordentlich nachgefragt sind.[31]

gern, Justizforschern und – einigen wenigen – Richtern kann als durchaus fruchtbar bezeichnet werden.

27 http://www.iaca.ws/iaca-journal.html; die oben genannten Justizforscher erscheinen hier wieder im Beirat dieser Vereinigung bzw. der elektronischen Zeitschrift, ein Beleg dafür, dass es sich um eine kleine Schar von Experten handelt, die indessen auch manchen Trend bestimmen dürften.

28 http://www.iias-iisa.org/egpa/e/Pages/default.aspx.

29 Permanent Study Group XVIII, vgl. http://www.iias-iisa.org/egpa/e/study_groups/justice/Pages/default.aspx.

30 Die Beiträge sind noch nicht vollständig dokumentiert, werden aber in Kürze wohl auf der Website der Arbeitsgruppe vorliegen. Sie reichten von allgemeinen Fragen der Verwaltungsgerichtsbarkeit in Polen und Ungarn über Entwicklungen und Konzepte im niederländischen Strafjustizsystem, die Justiz-Inspektion in Tschechien, das Verhältnis von Justizadministration und Parlament in England, das National Centre for State Courts in den USA, einen Bericht zu CEPEJ, Modernisierungsprojekte mit balanced score card in Italien bis hin zu einem Projekt mit Citizen Report Cards als vertrauensbildender Maßnahme in der Ukraine.

31 Die Deutsche Universität für Verwaltungswissenschaften war, ihrem allgemeinen Auftrag entsprechend, auf der Konferenz stark vertreten. Die übernächste Konferenz von EGPA im Jahr 2014 wird in Speyer stattfinden.

III. Fazit

Damit bin ich am Ende dieses kleinen Überblicks, der notwendigerweise nicht in die Einzelheiten der vielen in anderen Ländern anzutreffenden Projekte gehen konnte. Als Fazit aus meinem Bericht möchte ich Ihnen aber mitgeben, dass es aus meiner Sicht eine große Nachfrage nach unseren Projekten, unseren Erfahrungen gibt, weil man eben wissen möchte, mit welchen Methoden man die recht guten internationalen Vergleichswerte der deutschen Justiz erreicht. Die Sicht der deutschen Praktiker der Gerichtsverwaltung ist hierbei besonders gefragt. Dies sollte Ermunterung sein, Kolleginnen und Kollegen mit entsprechender Erfahrung und den erforderlichen Kenntnissen der englischen Sprache an diese mit Justizforschung befassten Gruppen heranzuführen. Noch schöner wäre es, wenn sich in Deutschland die eine oder andere Einrichtung finden würde, die eigene Projekte der Justizforschung auflegt und mit entsprechenden personellen Ressourcen begleitet. Vielleicht kann der Umstand, dass die Deutsche Universität für Verwaltungswissenschaften die Konferenz der European Group of Public Administration im Jahre 2014 in Speyer ausrichten wird, hierfür ein Anreiz sein.

Qualitäts- und Prozessmanagement in Gerichten[1]

Johannes Keders

I. Einleitung

„Qualitäts- und Prozessmanagement in Gerichten“ heißt das Thema, umfassender könnte es kaum sein. Es gibt eine unüberschaubare Zahl unterschiedlicher Ansätze und Bemühungen in den verschiedenen Gerichtsbarkeiten, in den einzelnen Bundesländern und oft auch noch in den verschiedenen Gerichten einer Gerichtsbarkeit in einem Bundesland.

Gestatten Sie mir einen Blick aus der eingeschränkten Perspektive eines OLG-Bezirks. Die Vorbereitung hat gezeigt, dass schon die Schilderung unseres Ist-Zustandes, unserer Erfahrungen, unserer Problemstellungen und Lösungsansätze unschwer tagesfüllend ausgestaltet werden kann. Die Beschränkung beruht nicht zuletzt darauf, dass es eine breitere Öffentlichkeit, ein Wissensmanagement im Bereich der Gerichtsbarkeiten nicht gibt, so dass keine hinreichend valide Basis für eine allgemeine Darstellung besteht. Mit anderen Worten, ich kenne zwar Bemühungen an verschiedenen Gerichten, weiß aber Ausgangslagen, Arbeit und Ergebnisse für eine systematisierende Darstellung nicht zu bewerten.

II. Gründe für die Einführung von Qualitäts- und Prozessmanagement

Über Qualitäts- und Prozessmanagement zu reden, heißt auch, über die Gründe für Qualitäts- und Prozessmanagement zu reden. Insoweit gibt es gute Gründe, indes auch weniger Gute.

Ein weniger guter Grund ist aus meiner Sicht der Satz in dem Flyer für unsere Veranstaltung:

„Die Schuldenbremse führt dazu, dass alle Ressorts sparen müssen. Dazu muss auch die Justiz ihren Beitrag leisten, ohne dass ihre Funktionsfähigkeit und Qualität beeinträchtigt werden.“

Das hört sich zunächst vernünftig, ja fast alternativlos an. Doch ist es so? Das Zitat enthält zwei Kerngedanken, erstens, die Justiz sei ein Ressort wie jedes andere und zweitens, die Justiz sei adäquater Adressat eines Sparauftrags, der sich aus allgemeinen Haushaltszwängen ergebe. Ich halte dies für unrichtig:

1 Die Vortragsform wurde im Wesentlichen beibehalten.

1. „Justiz als ein Ressort unter vielen"

Unser Staat stellt seinen Bürgerinnen und Bürgern, aber auch Unternehmen und Institutionen, eine Vielzahl höchst unterschiedlicher Leistungen aus sehr unterschiedlichen Erwägungen und Motiven bereit. Viele Aufgaben zieht er an sich, viele Ausgaben leistet er sich, weil er aus guten wie aus schlechten Gründen meint, er müsse bestimmte gesellschaftliche Entwicklungen fördern oder anderen entgegensteuern. Beides kostet in der Regel sehr viel Geld, oft genug nehmen teure Entwicklungen ihren Ausgang in partikularen Forderungen beteiligter Gruppen, einzelnen Veröffentlichungen etc.

Für die Justiz, aber auch für große Bereiche der Innenverwaltung und manch anderes Ressort, gelten diese Ansätze nicht in gleichem Maß. Justiz muss sein, der Justizgewährungsanspruch ist zwingende Voraussetzung für den demokratischen Rechtsstaat. Daraus folgt für mich zunächst, dass für die von uns wahrgenommenen Aufgaben andere Regeln gelten, als sie in den Bereichen, aus denen sich der Staat vergleichsweise problemlos auch wieder zurückziehen könnte.

2. Justiz als Adressat des Sparauftrags

Dies führt mich zum zweiten Kerngedanken, die Justiz sei adäquater Adressat des Sparauftrags. Dies ist sie zu Teilen zu Recht, zu gewichtigen Teilen aber auch nicht. Es gibt viele Aufgaben in der Justiz, die einer kritischen Prüfung durch den Gesetzgeber, nicht selten auch durch die Landesjustizministerien, unterzogen werden könnten. Vielfach lässt sich darüber streiten, ob sie überhaupt – und wenn ja, in der geregelten, oft sehr anspruchsvollen und wenig ressourcenschonenden Weise – erledigt werden müssen. Indes: Adressat dieses Sparauftrags sind der Gesetzgeber und die Ministerien. Wenn gespart werden muss, sähe ich hierfür durchaus Raum; allein, darüber zu entscheiden habe ich nicht. Warum betone ich dies?

Weil ich der Auffassung bin, dass viele Aufgaben nur deshalb von der Justiz zusätzlich geschultert werden müssen, weil der Bundes- und die jeweiligen Landesgesetzgeber und oft auch Landesjustizministerien meinen, sie könnten immer weitere Ausdifferenzierungen zum Nulltarif haben, immer neue Dienstleistungen der Justiz einführen, ohne sich um den Grundsatz zu kümmern, dass wer bestellt die Zeche zu zahlen hat. Vor allem aber, weil ich meine, dass immer neue Belastungen der Justiz ebenso schaden wie die Forderung, dass die Justiz ihren Beitrag zu den Sparzwängen eines aus gänzlich anderen Gründen überschuldeten Gemeinwesens leisten und deshalb Modernisierungsansätze erarbeiten muss.

Als noch problematischer empfinde ich die Verknüpfung des Gedankens, der Zwang zur Modernisierung ergäbe sich aus allgemeinen Haushaltszwängen. Schon der Zusammenhang zwischen Modernisierung und Einsparung ist nicht valide zu belegen, sie kann vielmehr auch zu einem erheblichen Ressourcenverbrauch führen.

Mein Ansatz zum Qualitäts- und Prozessmanagement ist ein grundlegend anderer. Der gesamte öffentliche Dienst, alle vom Staat bereitgestellten Leistungen, werden von den Bürgerinnen und Bürgern dieses Landes auf unterschiedlichste Art und Weise durch Steuern, Gebühren, Abgaben etc. finanziert. Das Erfordernis, Funktionsfähigkeit und Qualität unter schonender Inanspruchnahme der Ressourcen zu sichern und wo immer möglich zu optimieren, ergibt sich für mich schon daraus und damit völlig unabhängig von der finanziellen Großwetterlage.

III. Qualitäts- und Prozessmanagement in der Justiz

Kommen wir nun von Gründen zu Inhalten. In dem zitierten Flyer heißt es weiter:

> „Die Tagung soll einen Überblick über die aktuellen Modernisierungsansätze in der Justiz geben und ein Forum zum Erfahrungsaustausch bieten."

Das Qualitäts- und Prozessmanagement werden seit etwa 15 Jahren zu den aktuellen Modernisierungsansätzen der öffentlichen Verwaltung gezählt. Sie sind es in einer ganz spezifischen Ausgestaltung auch, es sind hoch interessante Ansätze, die einzelne Bereiche der Justiz weiter gebracht haben und noch sehr viel weiter bringen können. Die oftmals sehr engagierten Bemühungen einzelner stecken in meinen Augen indes immer noch in den Kinderschuhen, eine Systematisierung findet kaum statt, die Verbreitung erfolgt nach meinem Eindruck eher ungesteuert, zufällig. Hier gilt es anzusetzen; die zu schildernden Modernisierungsansätze müssen stärker systematisiert und zu einem einheitlichen, zugleich die herkömmlichen Ansätze umfassenden, Qualitäts- und Prozessmanagement ausgebaut werden.

1. Begrifflichkeiten

Doch ich will nicht den zweiten Schritt vor dem ersten tun. Vor der Systematisierung steht die Begriffsbildung. Was also bedeutet Qualitäts- und Prozessmanagement?

a) Qualitätsmanagement

aa) Grundlagen

Qualität ist das Maß, in dem das betrachtete Produkt oder der betrachtete (Arbeits-) Prozess den Anforderungen und - immer mitzudenken -, den Erwartungen des Abnehmers / des Kunden, genügt. Maß setzt dabei sowohl einen Maßstab als auch die Messbarkeit der Arbeitsergebnisse voraus.

Den Maßstab bilden die Anforderungen, die in Form einer organisationseigenen Qualitätspolitik definiert sind oder werden. Die Messbarkeit erfolgt mittels eines Kennzahlensystems, indem die Arbeitsabläufe mit aussagekräftigen und steuerungsrelevanten Messgrößen hinterlegt werden.[2] Ein solches Kennzahlensystem liefert ein objektives System von Zahlen, Daten, Fakten, das als transparente, nachvollziehbare und sachgerechte Entscheidungsgrundlage dienen kann.

Die so messbaren Produkte und Arbeitsprozesse (Ist-Zustand) werden nun – im Sinne eines vom Qualitätsmanagement (QM) geforderten kontinuierlichen Verbesserungsprozesses, nicht nur ständig, sondern auch objektiv mit den definierten Zielen – dem Soll-Zustand – verglichen. Die Arbeitsabläufe selbst sind dabei auf der ersten Ebene der Ist-Aufnahme nach QM-Gesichtspunkten zu dokumentieren, d.h., es muss nachvollziehbar sein – sei es durch aussagekräftige Flussdiagramme, den sog. Workflows, oder (häufig auch ergänzend) durch Beschreibungen – wer was wann wie innerhalb seiner Organisationseinheit macht.

Das Management umfasst dann all die – organisierten – Maßnahmen, die der Verbesserung der Qualität dienen, also die Diskrepanz zwischen „Soll“ und „Ist“ verringern.

bb) Standards

Formal betrachtet wird QM durch verschiedene „QM-Systeme“ bzw. „QM-Ansätze“ näher konkretisiert. In Wirtschaft und Verwaltung hat sich hierbei das QM-System nach der DIN ISO 9001 in der Ausgabe aus dem Jahr 2008 durchgesetzt.[3] In der öffentlichen Verwaltung sind darüber hinaus das EFQM[4]/TQM[5]-Modell und das CAF[6]-Modell verbreitet.

2 *Wagner/Käfer*, Prozessorientiertes Qualitätsmanagement, 5. A. 2010, S. 83 ff.

3 DIN = Deutsches Institut für Normung, ISO = International Organization for Standardization. „9001“ bezeichnet die Nummer der ISO Norm.

4 European Foundation for Quality Management.

5 Total-Quality-Management.

6 Common Assessment Framework.

Hinter diesen drei Modellen stehen jeweils unterschiedliche Organisationen. Inhaltlich unterscheiden sich die Modelle nicht (mehr) grundlegend. Die Gemeinsamkeit besteht zum einen in der Ausrichtung auf die Grundsätze der Kunden-, Mitarbeiter- und Prozessorientierung sowie der Kultur der ständigen Verbesserung. Im Wesentlichen sind selbst definierte Ziele und Arbeitsabläufe system- bzw. normgemäß zu dokumentieren, ihre Einhaltung nachzuweisen. Eine weitere Gemeinsamkeit liegt in einem ganzheitlichen Ansatz zur methodischen und durchdachten Planung sowie der Durchführung und Bewertung der Qualitätsziele.

Unterschiede bestehen vor allem in der Bandbreite, im Detaillierungsgrad und in der Gewichtung der Bewertungskriterien. Der wichtigste Unterschied zwischen dem QM-System nach der Normenreihe DIN ISO 9001 einerseits und dem EFQM/TQM und CAF-Modellen andererseits liegt in der Vorgehensweise.

Bei dem Einsatz der letztgenannten Modelle führt die Organisation anhand vorgegebener Kriterien eine qualitätsorientierte Selbstbewertung hinsichtlich der eigenen Stärken und Schwächen durch; eine Zertifizierung entfällt. Im Gegensatz dazu wird bei einem QM-System nach der DIN ISO 9001 die Konformität des praktizierten QM mit den in der Norm geforderten Mindestanforderungen an das QM-System durch eine externe Zertifizierungsstelle bewertet - mit dem Ziel einer förmlichen Zertifizierung. Ein weiterer Unterschied ist, dass die QM-Modelle nach der DIN ISO 9001 und das EFQM/TQM-Modell kommerziell betrieben werden, also Kosten verursachen, während das CAF-Modell keiner kommerziellen Bindung unterliegt.

b) Verbindung zum Prozessmanagement

Nun zum Prozessmanagement: Ihm fällt die Aufgabe zu, alle oder doch die hauptsächlichen Geschäftsprozesse (sog. Kernprozesse) oder Arbeitsabläufe einer Organisation zu identifizieren, auf Optimierungsmöglichkeiten zu untersuchen, optimierungsbedürftige und optimierungsfähige - das wären nach meinem Grundverständnis Synonyme - zu gestalten, zu dokumentieren, zu implementieren und dauerhaft zu steuern. Dies stellt schon angesichts des Wandels der Produkte und der Veränderungen, dem die Prozesse u.a. durch die Technik unterworfen sind, eine dauerhafte Aufgabe dar. In diesem Verständnis ist das Prozessmanagement (nur) eine organisierte Maßnahme des Qualitätsmanagements.

Die DIN ISO 9001 implementiert konsequent das Prozessmanagement und verfolgt von vornherein einen prozessorientierten Ansatz. Damit ist gemeint, dass das gesamte Handeln einer Organisation als Kombination von ineinandergreifenden Prozessen betrachtet wird, ihre Wechselwirkungen und Schnittstellen sollen erkannt und einem ständigen Verbesserungsprozess unterworfen werden. Prozessorientierung bedeutet zugleich die Abkehr vom streng funktionsgebundenen Abteilungsdenken hin zur funktions- und abteilungsübergreifenden Zusammenarbeit unter Einbeziehung der Kunden- und Lieferantenbeziehungen.[7]

In diesem Zusammenhang empfiehlt die DIN ISO 9001:2008 unter Ziffer 0.2 zur Umsetzung dieses prozessorientierten Ansatzes die sog. PDCA-Methode. „PDCA“ steht für die vier Begriffe Plan, Do, Check, Act. Mit „Plan“ ist das Festlegen der Ziele und Prozesse in Übereinstimmung mit den Kundenerwartungen gemeint. „Do“ steht für das Durchführen der Prozesse, „Check“ für das Überwachen und Messen von Prozessen anhand zuvor festgelegter Ziele und Anforderungen. Schließlich bedeutet „Act“ das Ergreifen von Maßnahmen zur ständigen Verbesserung der Prozessleistung.

QM führt dabei, auch das ist ein wichtiger Gesichtspunkt in dem Gesamtzusammenhang, nicht zwangsläufig zu einer höherwertigen Qualität des Endproduktes. Moderne QM-Systeme geben in der Regel keine Vorgaben zur Qualität des Endprodukts, diese sind anderweitig durch Normenwerke oder Vereinbarungen zu regeln bzw. vorzugeben. Aber: QM liefert abstrakte Steuerungs- und Kontrollmechanismen, um Arbeitsabläufe, um den Weg hin zum Produkt, möglichst fehlerfrei, möglichst effizient und mit den zuvor selbst gesetzten Qualitätszielen zu durchlaufen. Kurzum: Modernes prozessorientiertes QM zielt darauf ab, durch Prozessqualität zur Ergebnisqualität zu kommen, indem Qualität gezielt herbeigeführt und Risikofaktoren so früh wie möglich erkannt und soweit wie möglich beherrscht werden.

2. Umsetzung in der Justiz

„Was soll daran so neu sein?“ werden Sie fragen. Warum macht es so viel Mühe, die vorbeschriebenen Ansätze in die Arbeit der Gerichte, in herkömmliche Qualitätsbemühungen zu integrieren? Diese Fragen führen zur Rolle und Bedeutung des prozessorientierten QM in der und für die Justiz. Den Antworten will ich mich in drei Schritten nähern.

Zunächst werde ich mich mit den – soeben etwas unscharf so genannten – „herkömmlichen Qualitätsbemühungen“ auseinandersetzen.

7 Instruktiv und ausführlich hierzu *Wagner/Käfer*, Prozessorientiertes Qualitätsmanagement, 5. Aufl. 2010, S. 1-7.

Sodann werde ich – dies ist der zweite Schritt – bereits vorhandene Instrumente vorstellen, die schon stark von den Vorstellungen des „modernen Qualitätsmanagements“ beeinflusst sind oder sich zumindest mit diesem verbinden lassen.

Zuletzt werde ich – dies ist der dritte Schritt – erste Beispiele für „modernes“ Qualitäts- und Prozessmanagement darstellen und für einen integrativen Ansatz werben.

a) Herkömmliche Qualitätsbemühungen

Die herkömmlichen Qualitätsbemühungen könnte man als „eher ungeordnet wirkend“ bezeichnen. Dies schließt nicht aus, dass sie sich systematisieren lassen. Im Folgenden unterscheide ich dabei zwischen solchen Bemühungen, die die Mitarbeiter betreffen und solchen, die stärker das Arbeitsergebnis und/oder den Arbeitsprozess in den Blick nehmen.

Ein „Hinweis“ vorweg: Sie werden bemerken, dass ich nahezu nicht zwischen Justizverwaltungs- bzw. Gerichtsverwaltungsaufgaben einerseits und solchen der Rechtsprechung andererseits differenzieren werde. Dies mag angesichts der Regelung des Art. 97 GG überraschen. Es beruht indes auf der Überlegung, dass in Bezug auf die Rechtsprechung das Qualitäts- und Prozessmanagement (nur) anders eingesetzt werden muss. Nach meinem Eindruck bestehen in der Richterschaft ein großes Interesse und eine große Bereitschaft, sich den Fragen zu stellen. Dies gilt es in dem Bewusstsein der Freiwilligkeit oder, wenn Sie so wollen, der Grenzen, die Art. 97 GG den Verwaltungen aber auch den Richtern untereinander setzt, zu nutzen.

aa) Mitarbeiterbezogene Qualitätsbemühungen

Funktionsfähigkeit und Qualität der Justiz hängen in erster Linie von den Menschen ab, die in der Justiz arbeiten. In demselben Maß, in dem es etwa durch die Bereitstellung attraktiver Arbeitsplätze gelingt, die besten Kräfte für alle Dienstzweige zu gewinnen und durch den Fortbestand attraktiver Arbeitsbedingungen dauerhaft zu motivieren, mache ich mir im Hinblick auf die zukünftige Entwicklung um die Funktionsfähigkeit und Qualität deutlich weniger Sorge als derzeit. Zu den weiteren stark mitarbeiterbezogenen Qualitätsmanagementbemühungen zählen:

- Spezifische Auswahlverfahren, die fortlaufend den Bedürfnissen angepasst werden, wir haben inzwischen für den Wachtmeisterdienst schon Tests, um körperliche Voraussetzungen für diesen nicht ganz einfachen Beruf festzustellen,
- Fortbildungen, beginnend mit Crashkursen für Assessoren vor Amtsantritt, Richterfibeln, Gesprächskreise, kollegiale Beratung und Richterstaffeln,
- besondere Initiativen wie etwa VIP – Verhandlung und Interaktion in der gerichtlichen Praxis - beim OLG Stuttgart,
- Verwaltungszusatzausbildungen für Rechtspfleger,
- ein offenes und ehrliches Beurteilungs- und Beförderungswesen in allen Dienstzweigen, keine Noteninflation, keine Beförderungen nach Dienstalter,
- Personalentwicklungskonzepte, Anforderungsprofile, Rotationen,
- die Erprobung.

bb) Arbeits- und ergebnisbezogene Bemühungen

In gleichem Maß kennt die Justiz eine Vielzahl von Qualitätsmanagementansätzen, die sich an der Arbeit, ihren Ergebnissen und dem Arbeitsprozess orientieren, wie etwa:

- Rechtsmittel,
- Geschäftsprüfungen,
- die regelmäßige Prüfung der wichtigsten statistischen Daten, um ggf. kurzfristig zu reagieren – das beste Beispiel ist die Beobachtung der Erledigung der Haftsachen,
- Untersuchungen zu Aufbau- und Ablauforganisation,
- Aufgabenkritik (schon in der Festschrift zum 25jährigen Bestehen des OLG Düsseldorf aus dem Jahr 1931 lässt sich diese Methode nachweisen),
- Petitionen, Dienstaufsicht und Disziplinarmaßnahmen, die man indes als einen Zwitter ansehen könnte, da sie oft dem Arbeitsergebnis, gelegentlich der Organisation der Geschäftsabläufe, aber auch der Person gelten.

cc) Prozessmanagement

Die wesentlichen Vorgaben zum Prozessmanagement ergeben sich für die Angehörigen aller Dienstzweige, Richter, Rechtspfleger, Geschäftsstellenbeamte bzw. Servicekräfte aus den Verfahrensordnungen. Danach sind die meisten Arbeitsprozesse in den Gerichten zu organisieren. Dies kann mehr oder weniger zweckmäßig, effizient, arbeits- und zeitintensiv geschehen. Die Justiz- und Gerichtsverwaltungen setzen bestimmte Rahmenbedingungen, die genannten Beteiligten finden unter diesen Vorgaben in der Regel zu optimierenden Vereinbarungen.

Die den Richtern und Rechtspflegern in großem Maß übertragene Verantwortung aber auch die ihnen eingeräumte Möglichkeit, ihre Arbeit und ihre Arbeitsweise und -organisation an den eigenen Vorstellungen und Qualitätsansprüchen auszurichten, hält die Funktionsfähigkeit und Qualität in sehr großen Bereichen durchaus erfolgreich aufrecht. Eine gute Organisation und eine gute Verfügungstechnik können in erheblichem Maß Verfahrensabläufe optimieren, auch hier werden Prozesse gemanagt. Die Landesjustiz- und die Gerichtsverwaltungen kennen und setzen darüber hinaus – vor allem für das Verwaltungshandeln – eine Unzahl von unmittelbaren und mittelbaren Vorgaben zu den Verfahrensabläufen, also zum Prozessmanagement, in den Gerichten.

Alle genannten Verfahrensweisen unterliegen durchaus einem Verbesserungsprozess, da Reaktionen auf Neuerungen, ineffiziente Abläufe etc. festzustellen sind. Ein systematischer, zeitnah organisierter, an bestimmten Vorgaben orientierter kontinuierlicher Verbesserungsprozess im Sinne des Prozessmanagements findet hingegen allenfalls in Ansätzen statt.

b) Modernisierungsansätze mit ausgeprägtem QM-Bezug

aa) Beispiele

Im zweiten Schritt möchte ich Ihnen eine Auswahl von Modernisierungsansätzen vorstellen, die bereits ausgeprägte Bezüge zu einem modernen, prozessorientierten Qualitätsmanagement aufweisen. Viele dieser Modernisierungsansätze nehmen ihren Beginn bei engagierten Angehörigen der Gerichtsverwaltungen, solche, die Probleme oder Verbesserungsmöglichkeiten sehen, sich nicht mit Bestehendem abfinden wollen. Sie gelangen eher ungesteuert in den Gesamtprozess. Es sind Ansätze, die permanent und aus unterschiedlichen Gründen in der Gefahr stehen, aufgegeben zu werden. Aber es gibt diese Ansätze und sie lassen sich immer stärker bewussten Qualitätsmanagementprozessen zuordnen. Ja, die Begrifflichkeiten, die Überschriften, unter denen Landesjustizverwaltungen Veränderungsprozesse anstoßen, wechseln, neue Steuerungsmodelle werden immer seltener erwähnt, der Kosten- und Leistungsrechnung droht wohl ein ähnliches Schicksal. Indes, die Gerichte setzen nach meinem Eindruck in zunehmendem Maß Elemente ein, die für ein QM-System anerkannt sind. In Hamm sind dies u.a. das in Hamm entwickelte Programm MIS (ManagementInformationsSystem). Es stellt für alle Gerichte der ordentlichen Gerichtsbarkeit Kennzahlen in regelmäßigen Zeitabschnitten zusammen und ermöglicht den Gerichten, diese mit Referenzwerten zu vergleichen. Beispiele für derartige Kennzahlen sind: Bestände, Eingänge, Erledigungen pro Richter, durchschnittliche Verfahrensdauern.

Auch führen wir quartalsweise bezirksweit ein Controlling der Erledigungszeiten im Bereich der Servicekräfte des mittleren Dienstes durch. Hierzu wird Monat für Monat mittels der von den Servicekräften vorzunehmenden Eingaben ermittelt, wie viele Arbeitstage zwischen der Verfügung eines Entscheiders und der Ausführung der Verfügung durch die Servicekraft liegen.

Darüber hinaus setzen wir auch mittelbare/„weiche" QM-Instrumente ein, die auf Freiwilligkeit der Beteiligten basieren:

Hinter dem Projekt WIR = Wissen, Ideen, Reflexion steckt ein ausgearbeiteter standardisierter Austauschprozess von Mitarbeitern sämtlicher Dienstzweige aus bestimmten Abteilungen der Amtsgerichte des Bezirks. Im Vordergrund des Projekts steht der wechselseitige Austausch im Rahmen von Workshops und die Vernetzung untereinander sowie der Aspekt des „Best-Practice" („Lernen von den Besten"). Durch Mitarbeiter- und Kundenbefragungen (z.B. Insolvenzverwalter) erhalten die Bediensteten und die Gerichtsleitungen wichtige Informationen über den Zustand ihrer Abteilung. Zum Schluss werden Ergebnisse des Austauschs von übergreifender Bedeutung im Intranet zum Download aufbereitet.

Der wahrscheinlich bundesweit bekannteste Vergleichsring der ordentlichen Gerichtsbarkeit heißt OLIVE (Oberlandesgerichte im Vergleich), es wird niemanden wundern, dass wir auch daran teilnehmen. OLIVE ist ein in der Folge der Bemühungen um Vergleichsringe auf amts- und landgerichtlicher Ebene in Niedersachsen vereinbarter Zusammenschluss von 16 Oberlandesgerichten, die so Möglichkeiten des Vergleichs schaffen und u.a. regelmäßige, freiwillige Workshops für Richter spezieller Fachgebiete anbieten. Auch hier gilt der Aspekt des gegenseitigen Erfahrungsaustausches, der Vernetzung und des „Benchmark"- bzw. „Best-Practice"-Gedankens.

Es besteht ein eigenes Managementinformationssystem, das im OLG Hamm gepflegt wird, in dem Kennzahlen der 16 freiwillig teilnehmenden Oberlandesgerichte gesammelt und ausgewertet werden. Das erleichtert die Bildung von Referenzwerten und die Vergleichsmöglichkeiten. Die Richterschaft des OLG Hamm wird jährlich über die Entwicklung der Kennzahlen unterrichtet.

bb) Schritte zu einem prozessorientierten QM-Ansatz in Reinform?

Sie werden sich fragen, ob damit nicht der Weg für die Implementierung eines modernen, prozessorientierten QM-Ansatzes in Reinform schon bereitet ist, der nur weiter beschritten werden müsste. Insofern bin ich skeptisch. Zwar mag sich – statt der bereits verhandelten Sparzwänge – ein weiterer, „struktureller" Ansatz für ein modernes QM finden lassen. Ich habe aber Zweifel, ob dieser nicht an die durch die Eigengesetzlichkeiten der Justiz gezogenen Grenzen stößt. Doch eins nach dem anderen:

aaa) Vereinheitlichung

Um mit dem „strukturellen" Ansatz zu beginnen: Gemein haben alle herkömmlichen und die neueren Qualitätsmanagementansätze, dass sie in erheblichem Ausmaß nur von einer optimal aufgestellten, gleichmäßig handelnden und bewertenden Verwaltungsorganisation sichergestellt werden können. Die Erkenntnis, dass diese gleichwohl an den höchst unterschiedlichen tatsächlichen Verhältnissen und daraus teilweise abzuleitenden Sichtweisen vor Ort scheitern kann, ist eine Banalität. Hinzu kommt, dass die Akzeptanz für Dezentralität und die sich aus ihr ergebende Unterschiedlichkeit sowie die daraus erwachsenden Risiken zu schwinden scheint.

Der Ruf nach einem fortgeschrittenen Qualitäts- und Prozessmanagement, das Abweichungen vom „Soll" möglichst noch weitergehend verhindert, liegt da nicht fern. Die Betonung des modernen Ansatzes scheint gelegentlich zugleich auf ein schlechtes Gewissen hinzudeuten, mit den herkömmlichen Methoden ein Optimum nicht erreicht zu haben, nicht erreichen zu können. Letzteres mag sein, auszuschließen ist es nicht.

bbb) Eigengesetzlichkeiten der Justiz

Auszuschließen ist indes auch nicht, dass das moderne Qualitätsmanagement jedenfalls unter den besonderen Grundbedingungen des öffentlichen Dienstrechts und der Notwendigkeit der Justiz, dem Justizgewährungsanspruch in jedem einzelnen Fall in dem von Grundgesetz geforderten Umfang und in der spezifischen Ausprägung der Dritten Gewalt gerecht zu werden, in gleichem Maß zum Scheitern verurteilt wäre. Vielleicht vernachlässigen wir die herkömmlichen Ansätze und die Eigenheiten des zu regelnden Systems inzwischen in einem Ausmaß, das dazu zwingt, immer neue Modernisierungsansätze zu entwickeln, statt die herkömmlichen Ansätze mit den modernen zu verschränken.

c) Der integrative Ansatz

Einen solchen „integrativen" Ansatz halte ich für große Bereiche der Justiz für sinnvoll und geboten. Ein modernes, konsequent durchgeführtes Qualitätsmanagement und damit einhergehend ein fortgeschrittenes Prozessmanagement stellen in meinen Augen eine sehr erfolgversprechende Möglichkeit dar, die Funktionsfähigkeit und Qualität der Justiz zu steigern. Idealiter werden die Systeme einander ergänzen. Informationen zur Qualität der Aufgabenerledigung sollten ebenso wie Lösungsansätze in Problembereichen der Aufbau- und Ablauforganisation einfließen. Zugleich sollte so gewährleistet werden können, dass vor allem die vielen mitarbeiterbezogenen Aspekte, die in den herkömmlichen Systemen einen großen Stellenwert haben, auch unter dem Ansatz eines modernen Qualitäts- und Prozessmanagements nicht aus dem Blickfeld geraten. Auf mittlere Sicht denke ich, dass die modernen Ansätze des Qualitäts- und Prozessmanagements die herkömmlichen in erheblichen Teilen verdrängen werden, weil sie eine stärkere Vernetzung ermöglichen und den Mitarbeiterinnen und Mitarbeitern letztlich auch einfacher zu vermitteln sein werden. Mit anderen Worten, für mich stellt sich die Frage des „ob" einer Einführung eines modernen Qualitäts- und Prozessmanagements in weiten Teilen der Justiz nicht ernsthaft. Dies gilt umso mehr, als beim Prozessmanagement ein zusätzlicher, in meinen Augen bislang stark vernachlässigter Aspekt hinzutritt, den ich zunächst kurz umreißen möchte, bevor ich auf die Möglichkeiten der Verschränkung der herkömmlichen und modernen Ansätze zu sprechen komme:

aa) Exkurs

Während sich die Gerichte mit Fragen des Qualitäts- und Prozessmanagement immer zielgerichteter beschäftigen, wird zeitgleich teils bewusst, oftmals eher by the way ein alle Beteiligten immer stärker einengendes Prozessmanagement für große Arbeitsbereiche der Justiz eingeführt. Was meine ich damit?

Der durch die Informationstechnik angestoßene Veränderungsdruck gewinnt auch im Umfeld aller Arbeitsplätze in den Gerichten immer größere Bedeutung. Die sog. IT-Fachverfahren sind die Schrittmacher eines neuen Prozessmanagements. In allen Bundesländern gibt es derartige Fachverfahren, die die Arbeit zunächst vor allem der nichtrichterlichen Kräfte erleichtert und beschleunigt haben. Die größte Durchdringung besteht in meinen Augen nicht einmal in der Gerichtsverwaltung (erste Ansätze zeigen sich etwa in Personalverwaltungsbereichen und im Haushalts- und Kassenwesen), auch (noch) nicht in den Kernbereichen der streitigen Gerichtsbarkeit, sondern in den etwas außerhalb des Fokus der Richterschaft liegenden Massenverfahren, die ganz wesentlich von Rechtspflegern bearbeitet werden. Hier mögen Stichworte wie Grundbuch, Mahnverfahren, Registersachen, Insolvenzverfahren reichen.

Es verwundert nicht, dass derartige IT-Fachverfahren in den genannten Bereichen vor den relativ wenigen Richterarbeitsplätzen nicht Halt machen, sondern sie einbeziehen. Hier werden – ausgerichtet auf ineinander greifende Arbeitsschritte unterschiedlicher Beteiligter – immer stärker prozessorientierte Arbeitsweisen in den gerichtlichen Alltag implementiert. Vergleichbares geschieht, wenngleich noch in geringerem Ausmaß, auch in den großen Bereichen des Zivil-, Straf- und Familienrechts durch Programme, die zunächst stärker auf den Arbeitsbereich der Assistenzkräfte ausgerichtet waren und sind, die aber durchaus vielfältige richterliche Arbeitsschritte vor allem im Bereich der Dezernatsarbeit optional einbinden. Diese Entwicklung wird nach meiner Einschätzung durch die angestrebte Einführung der elektronischen Akte und des elektronischen Rechtsverkehrs deutlich beschleunigt werden. Auch darauf sollten wir vorbereitet sein.

bb) Möglichkeiten der Verschränkung

Kommen wir vom „ob“ zum „wie“. Dazu möchte ich Ihnen abschließend drei durchaus unterschiedliche aktuelle Beispiele aufzeigen, die belegen mögen, wie nah beieinander die herkömmlichen und die modernen Ansätze liegen und wie weiterführend es sein kann, sich beider zu bedienen. Ich bitte Sie dabei um Nachsicht, dass ich keinen großen „theoretischen Überbau“ liefere, nicht den „großen Wurf“. Im OLG Hamm wurde 2002 ein sehr umfassendes, inhaltlich weit in die Zukunft gerichtetes, ambitioniertes Papier zum Qualitätsmanagement erarbeitet, vorgestellt und abgeheftet. Von wenigen Ausnahmen abgesehen hat sich niemand ernsthaft um die Umsetzung gekümmert, ein kontinuierlicher Verbesserungsprozess auf der Grundlage des Papiers fand nicht statt. So stelle ich mir QM nicht vor. Meine Bitte an meine Mitarbeiter ging dahin, Schritt für Schritt vorzugehen. Bei dem aktuellen Ansatz stehen wir auch deshalb noch am Anfang. Ich hoffe und denke aber, dass spürbar wird, dass wir auf dem Weg ein gehöriges Stück weiter kommen könnten.

aaa) Untersuchung langdauernder Zivilverfahren

Im Anschluss an eine von mehreren Oberlandesgerichten durchgeführten Untersuchung der besonderen Umstände, die (mit-)ursächlich für die Belastung erstinstanzlicher Strafkammern und die Dauer der Strafverfahren sein können,[8] wurden im Auftrag der OLG - Präsidentenkonferenz auch die langdauernden Zivilverfahren bei Amts-, Land- und Oberlandesgerichten untersucht.

Die meisten Ergebnisse lagen im Bereich der Erwartungen, einzelne überraschten durch Art und/oder Ausmaß. Aktuelle Modernisierungsansätze folgen hieraus nicht unmittelbar, eher muss man sagen, dass wir die Untersuchungsmethoden durch die zur Verfügung stehenden technischen Mittel deutlich ausdehnen konnten. Das in Hamm aufgebaute Datenauswertungszentrum (DAZ) der Justiz leistet hier vorzügliche Hilfestellung.

Die Erkenntnisse der Untersuchung müssen einer sorgfältigen Bewertung zugeführt werden. Nur so können die richtigen Schlüsse gezogen werden, auch bedürfen Veränderungen allgemeiner Akzeptanz – ich denke, dieser Thematik wird sich Herr Kollege Götz von Olenhusen im Rahmen des nachfolgenden Beitrags widmen.

Für den OLG-Bezirk Hamm wird ein Untersuchungsergebnis recht rasch zu einer Verbesserung eines Qualitätsaspektes zivilrichterlicher Tätigkeit führen. Festgestellt werden konnte, dass die Dauer der Erledigung unmittelbar von der Zahl der Richterwechsel in den langdauernden Verfahren abhängig war und dass in keinem der an der Untersuchung beteiligten OLG-Bezirke die Zahl der Richterwechsel auch nur annähernd so hoch lag wie in meinem Bezirk. Daran werden wir arbeiten, auch wenn es erhebliche Mühen bereiten wird, wenn wir zum Jahresbeginn 2013 deutlich längere Standzeiten für Assessoren einführen werden. Warum halte ich dies für ein erstes Beispiel für die Verschränkung der beiden Ansätze?

Ohne Zweifel handelt es sich um Qualitätsmanagement. Dieses weist jedenfalls in Ansätzen moderne Elemente auf, da uns erst der Einsatz der fortschreitenden Technik umfassendere Untersuchungen – also die Feststellung des „Ist-Zustandes“ (der „Kennzahlen“) ermöglichte. Prozessmanagement war es bislang weniger, da punktuell und anlassbezogen, also eher herkömmlich, ermittelt wurde und noch nicht im Sinne eines kontinuierlichen Verbesserungsprozesses. Allerdings belegen die recht komplexen Überlegungen im OLG Hamm und den Land- und Amtsgerichten des Bezirks, dass jetzt in einer sehr umfassenden Weise neue Formen des Einsatzes der Assessoren gesucht und gefunden werden müssen. Hier wird es zu grundlegenden Festsetzungen kommen, es werden für die Gerichtsverwaltungen Vorgaben entwickelt, die überdies auch in den Präsidien akzeptiert und umgesetzt werden müssen. Hier wird ein Prozessmanagement, ein datengestützter, die vielfältigen und höchst unterschiedlichen dienstli-

8 vgl. *Arenhövel/Otte* in DRiZ 2010, 227 ff., 270 ff. und 2011, 120 ff.

chen Erfordernisse und privaten Vorstellungen berücksichtigender kontinuierlicher Veränderungs- und Verbesserungsprozess eingerichtet werden.

Weitaus komplizierter ist der Umgang mit einem zweiten Ergebnis der Untersuchung: Ursächlich für die lange Verfahrensdauer wurde in vielen Verfahren die durch die Erhebung des Sachverständigenbeweises verstreichende Zeit. Hier wartet ein angesichts der sehr vielen und sehr unterschiedlichen Faktoren ein breites Aufgabenfeld bei der Analyse, der Bewertung und vor allem der Einleitung eines Veränderungsprozesses.

Die Frage, ob insoweit ein QM helfen könnte, möchte ich bejahen, insbesondere, wenn es denn gelingt, suboptimale Prozesse zu identifizieren, woran m.E. kein Zweifel besteht, und bessere mit Erfolg zu implementieren und ständig weiterzuentwickeln, was angesichts der Vielgestaltigkeit der Fragestellungen, der Bearbeitungsweisen der Beteiligten und der anzustoßenden Veränderungsprozesse ein ambitioniertes Vorhaben sein wird.

bbb) Implementierung eines prozessorientierten QM in der Verwaltung des OLG Hamm

Zukunftsweisend sind aktuelle Überlegungen, ein prozessorientiertes QM-System in der Verwaltung des OLG Hamm mit dem Ziel einer Zertifizierung einzuführen. Einige Mitarbeiter meines Hauses haben bereits eine Grundlagenfortbildung zum Thema qualitätsorientiertes QM nach der ISO 9001 durchlaufen und erarbeiten gerade für ein Verwaltungsdezernat testweise, was QM konkret bedeuten würde und welche konkreten Vorzüge die Dokumentation der Arbeitsabläufe nach den Vorgaben der ISO 9001 für die tägliche Arbeit hätte. Der zu diesem Zweck erstellte Entwurf einer Dokumentation eines Kernprozesses im Bereich des Controllings der bereits erwähnten Erledigungszeiten im mittleren Dienst bei den Amtsgerichten ermöglicht ohne weiteres die Feststellung, dass damit die Arbeit wesentlich verbessert werden kann. So werden die Ergebnisse nachvollziehbarer, die gemeinsam mit den betroffenen Gerichten zu ergreifenden Maßnahmen besser und nachhaltiger. Die Einführung des QM wird so den eindeutigen Schluss zulassen, dass die gesteigerte Qualität systematisch, transparent und gewollt herbeigeführt wird.

Ich bin gespannt auf die wohl noch viel weitergehenden Entwicklungsmöglichkeiten, die sich öffnen könnten, wenn die Bemühungen in dem Dezernat, die eigenen Arbeitsabläufe nicht nur probeweise, sondern vollständig und umfassend nach der ISO 9001 zu bearbeiten, in Zukunft weiter voranschreiten. Daneben gibt es erste Überlegungen, auch andere Dezernate – mittel- bis langfristig *alle* Dezernate des OLG Hamm – in ein prozessorientiertes QM-System nach der ISO 9001 einzubeziehen.

Die Frage, ob hier ein modernes QM vorliegt bzw. vorliegen würde, ist wohl eindeutig mit „ja“ zu beantworten. Die Prozessorientierung wird deutlich angelegt und dann vollständig ausgeprägt sein, wenn mehrere – möglichst alle – Kernprozesse und zugleich deren Wechselwirkungen und Schnittstellen in eine Prozessdokumentation aufgenommen werden.

ccc) Elektronische Akte / Fachkonzept IT-Unterstützung des Verwaltungshandelns

Auch für die Einführung der elektronischen Akte im Rechtsprechungsbereich wird als erster Arbeitsschritt eine Ist-Aufnahme der Verfahrens- und Bearbeitungsabläufe und die Überlegung notwendig sein, welche Anforderungen ein vollelektronischer Arbeitsplatz eines Richters bzw. eines Rechtspflegers oder einer Servicekraft künftig erfüllen muss. Nichts anderes gilt auch für die geplante Einführung einer elektronischen Akte in der Justizverwaltung und der Erstellung eines diesbezüglichen Fachkonzepts.

Beide Aufgaben haben gemeinsam, dass sie – für ihr jeweiliges Ziel denknotwendig, aber unbewusst – Grundlagenarbeit für ein prozessorientiertes QM leisten. Diesen Umstand sollten wir offensiv nutzen. Wer einmal gesehen hat, wie akribisch beim Amtsgericht Münster die Kollegen im Projekt „Ergonomie der elektronischen Akte“ untersuchen, welche Arbeitsschritte Richter und Rechtspfleger regelmäßig durchführen und wie sie dies am zweckmäßigsten und – „platt gesagt“ – am liebsten tun, wird das verstehen. Gleiches gilt für die sehr diffizilen Prozesse, die für die Einführung der elektronischen Akte im Justizministerium des Saarlandes erforderlich waren. Zum anderen besteht aber auch in umgekehrter Richtung ein – wie ich meine – beachtlicher Wirkungszusammenhang. Die Einführung einer elektronischen Aktenwelt kommt einem Kulturwechsel gleich. Dieser kann effektiv und effizient nur gelingen, wenn wir darauf vorbereitet sind. Prozessorientiertes QM bietet nach meinem Dafürhalten eine ideale Arbeitsform und -umgebung, um die Voraussetzungen für eine erfolgreiche Einführung der elektronischen Akte und später des elektronischen Rechtsverkehrs zu schaffen bzw. zu erleichtern.

IV. Fazit und Ausblick

Festzuhalten ist damit: Es bestehen in den Gerichten schon jetzt vielfältige und gewinnbringende, herkömmliche und moderne Ansätze von gelebtem QM. Unsere Hausaufgabe, unser aktueller „Modernisierungsansatz“ wird darin bestehen, die schon vorhandenen Ansätze strukturiert und aufeinander abgestimmt mit den prozessorientierten QM-Methoden zu einem umfassenden System zusammenzuführen, das uns in die Lage versetzt, den Anforderungen, die die Gesellschaft – zu Recht – an die Justiz stellt, gerecht zu werden. Motivation können wir daraus ziehen, dass wir bereits auf einem guten Weg sind und das Rad nicht völlig neu erfinden müssen. Wir benötigen dabei die hergebrachten Ansätze, die Erfahrungen von schon gelebtem QM, denn ohne sie blieben die modernen QM-Ansätze Stückwerk und wären ebenso wie unsere Mitarbeiterinnen und Mitarbeiter schnell überfordert. Auf diese Weise würden wir uns zugleich auf die bevorstehenden Herausforderungen der (voll-) elektronischen Arbeitswelt innerhalb der Justiz und im Zusammenspiel mit unseren externen Kunden vorbereiten. Dies gilt für die Art und Weise der modernen Kommunikation ebenso wie für die Qualität unserer – zukünftig: elektronischen – Bearbeitung. In beiden Bereichen besteht ein großer und in dem Wettlauf der Landesjustizverwaltungen gelegentlich noch gesteigerter Erwartungsdruck.

Mit einem Satz, die Justiz benötigt nachhaltige, mit System herbeigeführte Qualität in allen Bereichen, um auch in Zukunft ihren Beitrag für den Rechtsstaat zu leisten.

Begleitung der Gerichte des Bezirks bei Veränderungsprozessen

Peter Götz v. Olenhusen

I. Aufgabenstellung

Der Veränderungsdruck, dem sowohl Mitarbeiter wie auch Gerichtsverwaltungen ausgesetzt sind, erscheint derzeit besonders hoch. Knappe Ressourcen einerseits, neue Techniken und zahlreiche Verwaltungsmodernisierungen auf der anderen Seite verändern die Arbeitsplätze in der Justiz mit hoher Geschwindigkeit. Ein Ende dieser Entwicklung ist nicht in Sicht. Insbesondere der unaufhaltsame Einzug neuer Technik führt zu einer immer schnelleren Umstellung unserer Arbeitsabläufe. Gleichermaßen verändern sich Arbeitsstile und -mittel und verlangen von allen Mitarbeitern ein hohes Maß an Flexibilität. Als aktuelle Beispiele für Veränderungsprozesse seien genannt landesweite Neuerungen wie:

- das digitale Diktat,
- die elektronische (Doppel-)Akte,
- „NeFa“ (Neues Fachverfahren),
- der mobile Arbeitsplatz,
- Budgetierung und KLR,
- verstärkte Sicherheitskontrollen an Gerichtseingängen,
- die Einführung von Datenmanagementsystemen,
- die Integration von Austausch- und Kommunikationsforen,
- die Einführung der Vertrauensarbeitszeit.

Aber auch örtliche Umbrüche wie:

- ein Wechsel des Direktors des Amtsgerichts oder des Geschäftsleiters,
- der Wegfall von Aufgabengebieten,
- die Änderung von Arbeitsabläufen oder
- räumliche Veränderungen,
- intensivere Zusammenarbeit mehrerer Gerichte oder Staatsanwaltschaften in einem Gebäudekomplex, zum Beispiel durch Einführung einer gemeinsamen Wachtmeisterei.

Zu den Veränderungsprozessen gehört natürlich auch die sich verändernde Altersstruktur in den Gerichten. Die Bewältigung der Folgen und Auswirkungen der demographischen Entwicklung ist heutzutage in aller Munde und stellt bekanntlich eine der größten Herausforderungen der nächsten Jahre dar.

Nun scheint es der menschlichen Natur eigen zu sein, jeglichen Veränderungen zu misstrauen. Die Befürchtung, Modernisierungen gingen zu Lasten der Mitarbeiterinnen und Mitarbeiter, ist nicht nur in der Wirtschaft, sondern auch in der Justiz weit verbreitet und wirkt sich schnell auf Arbeitsatmosphäre und Klimawerte aus.

Untersuchungen zeigen es und wir stellen es an unseren Gerichten fest, dass sich der Anteil derjenigen, die sich durch Termin- und Leistungsdruck belastet fühlen, stetig steigt. Ein nicht geringer, steigender Anteil der Beschäftigten erleidet im Laufe ihres Berufslebens eine psychische Krise, die sich auch auf ihre Arbeitsfähigkeit auswirkt.

Wenn man andererseits bedenkt, wie wichtig Arbeitsatmosphäre und Klimawerte für das Funktionieren der Gerichte sind, wird deutlich, dass die Bestellung eines veränderungsfähigen Bodens in den nächsten Jahren ein Schwerpunkt unserer Führungsaufgabe sein wird.

Zufriedene Mitarbeiter engagieren sich mehr und sorgen für bessere Ergebnisse. Es lässt sich durchgängig beobachten, dass die Klimawerte eines Gerichts ganz maßgeblich von der Arbeitszufriedenheit der Mitarbeiter abhängen und sich diese wiederum aus den drei Hauptfeldern speisen:

- Wertschätzung,
- gutes Zusammenspiel der Dienste und
- gleichmäßige Arbeitsauslastung

Es ist wahrscheinlich jedem von Ihnen schon begegnet, dass angestoßene Veränderungsprozesse erheblichen Schwierigkeiten und Widerständen gegenüberstehen und mitunter auch gescheitert sind. So lassen sich unter anderem folgende Gründe ausmachen, die ein hohes Risiko für Veränderungserfolge sind und an denen Veränderungen regelmäßig scheitern können:

- unklare Ziele,
- fehlende Transparenz und mangelnde Information,
- unzureichende Einbindung der Mitarbeiter,
- schnelle Präsentation von Lösungen, die die Phasen des Veränderungsprozesses nicht beachten,
- etablierte Misstrauenskultur,
- zu hoher Veränderungsaufwand im Verhältnis zum Nutzen.

Unsere Aufgabe ist es, der Verunsicherung, wie man den immer schneller werdenden Veränderungsprozessen begegnen kann, wirksame Hilfsmittel entgegenzusetzen und Gerichte als lernende Systeme zu begreifen.

II. Entwicklung der Aufgaben des Oberlandesgerichts im Bereich Organisation

Was kann nun die Aufgabe des Oberlandesgerichts bei der Begleitung der Gerichte des Bezirks bei Veränderungen sein? Hier einen zielführenden Weg zu finden, stellt selbst einen Veränderungsprozess dar, der noch andauert.

Ein kurzer Blick auf die Entwicklung: Massive Veränderungen in den Arbeitsabläufen der Justiz hingen zunächst mit der Einführung von EDV und der Voll-Ausstattung aller Arbeitsplätze mit PC zusammen. Im Justizministerium und im OLG Celle gab es einen für EDV und Organisation zuständigen Referenten. „Organisation" beschäftigte sich ganz wesentlich mit der Ablauforganisation in den Serviceeinheiten, zum Teil auf die Zusammenarbeit zwischen Richter und Serviceeinheit. Als die PC-Vollausstattung kam, trennte man die Gebiete Organisation und IT. Inzwischen haben wir in Niedersachsen einen zentralen IT-Betrieb. Man bildete auch Organisationsberater aus, die allerdings - jedenfalls in Niedersachsen - nicht richtig zum Zuge kamen, weil ihnen die Freistellung von den Hauptaufgaben nicht gewährt werden konnte und die Nachfrage zu gering war.

Ein neuer Schritt waren die „Vergleichsringe" zwischen Gruppen von Gerichten. Die Organisationsabteilung des OLG war dann mehrere Jahre damit befasst, Vergleichsringe zwischen Amtsgerichten (AGiL) und Landgerichten (LiVe), schließlich auch zwischen den Oberlandesgerichten (OLiVe) zu organisieren. Mitarbeiterbefragungen und Kennzahlenerhebungen sowie moderierte Workshops führten zu einem bis dahin nicht gekannten, systematischen Austausch zwischen den Gerichten. Das wurde als positiver Fortschritt erlebt. Warum?

Durch die im Rahmen von AGiL, LiVe und OLiVe durchgeführten Mitarbeiterbefragungen und die anschließend angeboten Tagungen von Fachgruppen zu bestimmten Themen oder Aufgaben sind in den vergangenen Jahren die Bedürfnisse und Änderungsvorschläge der Mitarbeiterinnen und Mitarbeiter umfangreich artikuliert worden. Das muss man als großen Vorteil der Vergleichsringe ansehen.

Kritisch muss man anmerken, dass die Vergleichsringe keine Begleitung des einzelnen Gerichts bei Veränderungsprozessen bieten und vor allem keine wirksame Hilfe bei der Umsetzung von gewünschten oder geforderten Veränderungen darstellen können.

Jetzt werden zu Recht konkrete Verbesserungsmaßnahmen erwartet, die im Idealfall auch den Boden für mehr Eigenverantwortlichkeit und eine größere Veränderungsbereitschaft der Mitarbeiterinnen und Mitarbeiter bereiten.

Gerade die konkrete Umsetzung von Maßnahmen in der Praxis gestaltet sich allerdings als die schwierigste Phase eines Veränderungsmanagements. Dabei kommt es nicht darauf an, ob es sich um im Rahmen von Mitarbeiterbefragungen erarbeitete Verbesserungsmaßnahmen handelt oder um grundsätzliche Veränderungen, die neue Technologien, der demographische Wandel oder neue Verwaltungsstrukturen mit sich bringen.

III. Neudefinition der Organisationsabteilung des Oberlandesgerichts

Für eine wirksame Begleitung der Gerichte bei Veränderungsprozessen haben wir die Aufgabe der Organisationsabteilung des OLG dahin neu ausgerichtet, dass sie dem Bezirk beratend für Fragen der Organisationsentwicklung, Workshop-Moderation, Teamentwicklung, Strategieberatung und Leitbildentwicklung zu Verfügung steht Die von einer Präsidialrichterin geleitete OrgAbteilung in Celle hat 5 Mitarbeiter des gehobenen und 2 Mitarbeiter des mittleren Dienstes.

Um mit unseren eigenen – engen – personellen Ressourcen in diesem Bereich effektiv arbeiten zu können und mit der Erkenntnis, dass die Gerichte - bei aller Individualität - häufig mit ähnlichen Problemen zu kämpfen haben, sind für den Veränderungsprozess Workshop-Konzepte entwickelt worden, die häufig nur geringer Anpassung bedürfen, um vor Ort Anwendung zu finden. Im Kern geht es in den allermeisten Fällen um

- Fragen der Teambildung und Teamentwicklung,
- die Etablierung einer tragfähigen Besprechungs- und Kommunikationskultur und
- die Konzeptionierung von Managementstrategien.

Diese Themen sind der Einsicht geschuldet, dass wir unsere Gerichte als ganzheitliche Systeme begreifen müssen. Veränderungsprozesse scheitern häufig daran, dass wir es gewohnt sind, analytisch in Einzelproblemen zu denken ohne das gesamte System im Blick zu haben.

Da jeder Veränderungsprozess individuell verläuft, steht am Anfang jedes Auftrags das Klärungs- und erste Beratungsgespräch der Organisationsberater mit dem Auftraggeber - in aller Regel die Behördenleitung - wenn möglich bereits unter Hinzuziehung der Personal- und Richtervertretungen.

So widmet sich denn auch eines der genannten Workshopkonzepte den Themenfeldern „Führungskompetenz“, „Entwicklung von Führungsstrategien“ und „Durchsetzung von Ressourcenplanungen“. Hierzu bieten wir entsprechende Verwaltungsworkshops auf Amts- oder Landgerichtsebene an. Teilnehmer sind die Behörden- und Geschäftsleitungen mit einem sogenannten „erweiterten“ Verwaltungskreis, der auch die Personal- und Richtervertretungen einschließt. Im Workshop werden gemeinsam konkrete Maßnahmen zu diesen Handlungsfeldern erarbeitet.

Die Workshops mit den Gerichtsleitungen stellen aus meiner Sicht deshalb ein unerlässliches Element des Qualitätsmanagements dar, weil modernes Gerichtsmanagement einen ganzheitlichen Blick auf die Organisation voraussetzt.

Angeboten wird zudem ein Workshop-Konzept „Familie-Leben-Beruf“, das sich ganz verschiedenen Themenfeldern unter dem Blickwinkel einer familienfreundlichen Personalpolitik widmet. In fünf Themenkomplexen werden spezifische Lösungen für das einzelne Gericht erarbeitet. Zu den Themengebieten gehören:

- die Arbeitsbedingungen,
- Fragen der Information und Kommunikation,
- die Stärkung der „Teamkultur“ – Vertrauensaufbau,
- Aspekte der Personalförderung.

Insbesondere in kleineren Gerichten lassen sich Klima und Zusammenarbeit durch die Entwicklung gemeinsamer Zielvorstellungen im Sinne einer „Leitbilddiskussion“ auf effektive Weise mit verhältnismäßig geringem Zeit- und Arbeitsaufwand erhöhen. Rückmeldungen aus den Gerichten bestätigen positive Auswirkungen auf Krankenstände und die Bereitschaft, über den Tellerrand des eigenen Dezernats hinauszuschauen. In diesen Workshops sind alle Mitarbeiter eingeladen, sich zu bestimmten Themen- und Handlungsfeldern einzubringen und gemeinsame Strategien zu entwickeln, wie die Arbeit auch unter veränderten Bedingungen zufriedenstellend erledigt werden kann.

Zu den Kernaktivitäten im Veränderungsprozess gehören natürlich auch prozessorientierte Untersuchungen zur Neugestaltung von Geschäftsprozessen und Arbeitsabläufen. Als Beispiel sei die geplante Einführung eines Neuen Fachverfahrens (NeFa) in Niedersachsen genannt. Diese Anwendung setzt maßgeblich auf eine stärkere IT-Einbindung der Richter. Die Akzeptanz setzt voraus, dass die Mitarbeiter in den Organisationsprozess eingebunden werden. Dies geschieht durch ein schrittweises Vorgehen mit Experimentierphase und kommunikativer Begleitung.

Auch das konsequente Angebot von gerichtsübergreifenden Fachgruppen zur Diskussion von rechtlichen Themen und zum Austausch unterschiedlicher Verfahrensweisen, gehört zu unserem Angebot, mit dem wir Gerichte bei Veränderungen, zum Beispiel neuen Rechtslagen, unterstützen.

Ein relativ neues Projekt namens „Wissensstafette" widmet sich dem Transfer von Erfahrungs- und Führungswissen im Falle eines Führungswechsels: Ein Führungswechsel stellt immer wieder eine Herausforderung dar. Die Führungskräfte werden mit hohen Erwartungen konfrontiert. Die Wissensstafette möchte hier für einen optimalen Transfer von Erfahrungs- und Führungswissen sorgen. Der Start in die neuen Aufgaben wird durch die strukturierte Integration der Erfahrungen des Vorgängers optimiert. Ein effizienter Wissenstransfer lässt sich in der Regel in einer eintägigen Veranstaltung gewährleisten. Dabei wird eine individuelle Wissenslandkarte erstellt und das Wissen anschließend mittels geeigneter Methoden zur Wissenserfassung aufbereitet und strukturiert.

Daneben entwickeln wir – im Rahmen unserer personellen Ressourcen – auf Anfrage des Bezirks auch Konzepte für individuelle Workshops und vermitteln individuelle Coaching- oder Mediationsangebote. Die Nachfrage des Bezirks für die Angebote der Organisationsabteilung ist groß und zeigt, dass auf diesem Gebiet ein hoher Bedarf besteht.

IV. Aufbau eines justizeigenen Kompetenzzentrums für Veränderungsmanagement

Nun sind weder Richter noch Rechtspfleger ausgebildete Organisationsexperten, Coaches oder Berater. Man fragt sich daher unweigerlich, ob es gerechtfertigt ist, Personal in diesem Umfang aus dem Bezirk heraus zu ziehen, auszubilden und sodann mit einem „gesunden Halbwissen" ins kalte Wasser zu werfen. Man könnte selbstverständlich - und das kommt auch durchaus vor - an die Beauftragung von externen Experten denken.

Im Bezirk werden die Mitarbeiterinnen und Mitarbeiter der Organisationsabteilungen häufig als Generalisten wahrgenommen, denen die Mitarbeiter an der Front fachlich etwas vormachen können. Und die Projektmanagement-Kompetenz ist mittlerweile einer Vielzahl von Mitarbeitern zugänglich. Externe, teuer bezahlte Berater haben zudem eher die Qualitätsvermutung, so dass ihre Lösungen eher akzeptiert und umgesetzt werden.

Für ein Kompetenzzentrum „Organisation" spricht die hohe Personalauslastung an den Gerichten, die zur Folge hat, dass die konzeptionelle Arbeit regelmäßig dem dringenden Tagesgeschäft geopfert werden wird und selbst als notwendig erkannte Maßnahmen auf später verschoben werden. Das erforderliche, gewisse Maß an Zeit für konzeptionelle Aufgabenstellungen ist selten in den Landgerichten vorhanden. Zudem setzen effiziente Strukturen innerhalb der Justiz voraus, dass sie über die traditionellen Bereichsgrenzen hinausgreifen. Land- und Amtsgerichte haben naturgemäß eher ihre eigene Position, ihren eigenen Einflussbereich im Auge als das systemische Interesse an bezirksweiten Prozessen.

Justizinterne Berater benötigen keine Einarbeitungszeit in interne Strukturen. Das Fachwissen bleibt für den Bezirk erhalten und kann künftig weiter genutzt werden. Als großen Vorteil kann man ansehen, dass das Wissen von Gericht zu Gericht mitgenommen wird; es bleibt in der Organisation „Justiz“. Außerdem entsteht eine Vernetzung und Verknüpfung der Gerichte untereinander und mit den übergeordneten Instanzen. Die entstehenden Kosten sind im Vergleich zur externen Beratung deutlich geringer.

Um den immer schneller wechselnden Anforderungen der nächsten Jahre standhalten zu können, werden sich die Verwaltungsabteilungen einer Mittelbehörde in einem bisher nicht gekannten Maß verzahnen müssen. Strategie-, Organisations- und Personalentwicklung sind zusammengehörende Themen. Der Erfolg einer zukunftsfähigen Justiz wird entscheidend von einem funktionierenden dauerhaften Veränderungsmanagement abhängen, damit Zukunftsvorhaben nicht auf halbem Weg stecken bleiben.

Moderne Justiz und Neue Steuerungsmodelle in Gerichten – eine Zusammenhangsbetrachtung

Carsten Schütz

I. Problemaufriss

Die Verbindung des Begriffs einer „modernen Justiz" mit *dem* Neuen Steuerungsmodell, oder besser dessen verschiedenen Spielarten und Modifikationen in Form verschiedenster „Neuer Steuerungsmodelle" (NSM),[1] ist heute begründungsbedürftig. Während noch in 2006 ein Rezensent einer Dissertation, die sich mit der Vereinbarkeit der NSM mit der richterlicher Unabhängigkeit auseinandersetzte, meinte, das Werk müsse auf dem Tisch jedes deutschen Richters stehen,[2] dürfte heute eine solche Aussage mangels tatsächlicher Relevanz nicht mehr gedruckt werden. Dies lässt sich an manchen Indizien ablesen: In der Datenbank „Juris" werden unter den Suchbegriffen „Steuerungsmodell" und „Justiz" 64 Literaturfundstellen nachgewiesen, von denen nur acht aus der Zeit nach 2005 stammen.[3] In der Deutschen Richterzeitung datiert der jüngste Beitrag hierzu aus dem Jahr 2003.[4] In der Festgabe „100 Jahre Deutscher Richterbund" aus dem Jahr 2009 findet sich gerade noch ein Beitrag zu den NSM.[5] Wer also die Modernität der Justiz im Jahr 2012/13 beurteilen will, stößt nicht zwangsläufig auf NSM.

Dies kann zweierlei Gründe haben: Entweder die NSM sind heute eine Selbstverständlichkeit, so dass eine Thematisierung an fehlender Problematisierung scheitert. Oder aber sie spielen keine wirkliche Rolle im Alltag der Justiz, so dass mangelnde Relevanz eine nähere Betrachtung erübrigt. Letztlich dürften beide Gründe eine Rolle spielen. Im Einzelnen ist dabei zu untersuchen, ob den NSM in Gerichten eine Rolle bei der Modernisierung zukommt, verbunden mit den Grenzen ihrer rechtlichen Zulässigkeit. Auch wenn noch kein gerichtliches Verfahren bekannt geworden ist, in dem ein Instrument der NSM zum Gegenstand gerichtlicher Kontrolle hinsichtlich ihrer rechtlichen Vereinbarkeit mit der

1 Zur Vielgestaltigkeit der Umsetzungen und Begriffe *Schütz*, Der ökonomisierte Richter, 2005, 17 ff.
2 *Edinger*, DRiZ 2006, 219.
3 Recherchiert am 28.1.2013.
4 *Hochschild/Schulte-Kellinghaus*, DRiZ 2003, 413 ff.
5 *Paulsen*, in: Präsidium des Deutschen Richterbundes (Hrsg.), Justiz und Recht im Wandel der Zeit, Festgabe 100 Jahre Deutscher Richterbund, 2009, 101 ff.

richterlichen Unabhängigkeit wurde, ist immerhin die Frage zu stellen, ob die NSM die Rechtsprechungskultur verändern (können).

II. Nur eine formale Modernisierung der Gerichte durch NSM

Die Bewertung einer Justiz als „modern" setzt das Vorverständnis darüber voraus, was mit dem Begriff der „Modernisierung" gemeint sein soll, zu der die NSM aufgrund zeitlicher Koinzidenz in enger Beziehung stehen. Jedoch ist die Modernisierung noch schillernder und unspezifischer als das Schlagwort der „Ökonomisierung", die mit der quantitativen Ausrichtung der NSM ebenfalls untrennbar verbunden ist. Gleichzeitig besteht hier eine deutliche Schnittmenge, denn die wirtschaftliche Betrachtungsweise auch des Staatshandelns gilt im 21. Jahrhundert als per se modern.[6]

Dabei haben die Länder den Wechsel vom kameralen Haushalt zur Doppelten Buchführung (einschließlich eines Produkthaushalts) beschlossen und bereits umgesetzt, weil sie dies für „heute" zeitgemäß halten. Insofern hat sich die Staatsverwaltung durch Übernahme betriebswirtschaftlicher Methoden aus ihrer politischen Perspektive heraus „modernisiert". Hieran nehmen selbstverständlich auch die Justizverwaltung und mit ihr die bei ihr ressortierenden Gerichte teil, da sie Teil der Staatsorganisation sind, für die es bei Haushaltsaufstellung und -vollzug keine Sonderbehandlung geben kann. Haben damit die NSM auch in die Gerichte Einzug gehalten, lässt sich also zunächst eine formale Modernisierung in diesem Sinne feststellen. Materiell sind jedoch wesentliche Einschränkungen zu machen. Denn die „eigentliche" Modernisierung der Gerichte im Sinne neuester Entwicklungen findet auf ganz andere Art und Weise statt.

Diese Einschränkung der modernisierenden Wirkung der NSM hat zunächst seinen Grund darin, dass sie in der alltäglichen Relevanz nicht die Bedeutung erlangt haben, wie es bei theoretischer Betrachtung im Vorfeld und zu Beginn ihrer Einführung in die Staatsverwaltung durchaus möglich schien. Dies gilt insbesondere für die Gerichte, deren Besonderheiten letztlich wohl noch mehr als die allgemeine dem Gemeinwohl verpflichtete Staatstätigkeit insgesamt sich einer Steuerung entziehen, wie man sie aus Wirtschaftsunternehmen kennt und von denen die NSM entliehen worden sind. Dies gilt nicht nur im Hinblick auf die Anwendung der Instrumente neuer Verwaltungssteuerung wie Kosten-Leistungs-Rechnung (KLR), Controlling oder Budgetierung. Schon die Vorgaben, die mittels dieser Instrumente erreicht werden sollen, zeichnen sich durch hohe Heterogenität aus. Dies liegt daran, dass der politische Prozess der Willensbildung im

6 S. schon und noch immer zutreffend *Görlitz*, JuS 1970, 267: „Modernisierung will gemeinhin eine Erhöhung des outputs".

Staat Eigengesetzlichkeiten unterliegt, die mit der zentralistischen Struktur eines Wirtschaftsunternehmens, vor allem aber mit dessen Zielfixierung auf den wirtschaftlichen, d.h. den finanziellen Erfolg – und das in kürzester Frist –, nicht in Einklang stehen. Die Entwicklung des neuen Steuerungsmodells zuerst für den kommunalen Bereich unterstreicht dies, selbst wenn auch dort ein politischer Willensbildungsprozess stattfindet. Denn die Begrenztheit kommunaler Tätigkeit unterscheidet sich deutlich von der weitgefächerten Staatstätigkeit und ist daher wohl eher einer effektiven Steuerung durch die Instrumente der NSM zugänglich.

Dies wird exemplarisch deutlich, wenn man sich die KLR vor Augen hält: Sie dient in erster Linie der Schaffung von Kostentransparenz bis hin zum „Produktpreis" und dem daraus ableitbaren Ressourcenverbrauch sowie der durch ihn erzielten Leistung. Daran anknüpfend lässt sich je nach Produktbegriff, auf den noch zurückzukommen ist, steuern, ob die Produkte billiger erzeugt werden sollen oder mit denselben Kosten höhere Stückzahlen erzielt werden müssen. Hierüber hat der Geldgeber zu entscheiden, also der Haushaltsgesetzgeber. Mit der Zuteilung von finanziellen Ressourcen soll zugleich die Vorgabe dafür verbunden sein, welche und wie viele Produkte durch den Geldempfänger zu erbringen sind. Dies wird mit dem Begriff der Output-Steuerung beschrieben, die an die Stelle einer Input-Steuerung tritt und deren zentralen Nachteil beseitigen soll: Der Haushaltsgesetzgeber hat bei letzterer keinen Einfluss, wie die jeweilige Organisationseinheit die zur Verfügung gestellten Mittel verwendet. Wird die Mittelzuweisung aber mit der konkreten, gegebenenfalls durch einen Kontrakt festgeschriebenen Erwartung bzw. einer „Bestellung" einer festen Menge von „Produkten" verknüpft, so erhöht sich die Steuerungsmacht des Haushaltsgesetzgebers und damit die demokratische Kontrolle und Herrschaft enorm. Der unmittelbar durch das Volk legitimierte Haushaltsgesetzgeber verteilt nicht mehr nur Geld zugunsten exekutiv determinierter Verteilungsprioritäten, sondern bestimmt selbst, was dafür durch die vollziehende Gewalt zu leisten ist.

Dabei wird durch die KLR praktische Kostentransparenz mit Bezug zu den einzelnen „Produkten" hergestellt. Konsequent angewandt, kann sie auch in Gerichten offenlegen, was die dortige Staatstätigkeit, also etwa ein Urteil in einem Zivilprozess, kostet. Die KLR ist der „Schlüssel zum Neuen Steuerungsmodell"[7] und erscheint aus Sicht des demokratischen Haushaltsgesetzgebers legitim, da in Zeiten knapper finanzieller Ressourcen eine diesbezügliche Kenntnis für eine zukunftsweisende Planung unerlässlich ist. „Die Kosten- und Leistungsrechnung dient der Dokumentation, der Planung, der Steuerung und der Kontrolle",[8] damit

7 *Kappius*, in: Damkowski/Precht (Hrsg.), Moderne Verwaltung in Deutschland, 1998, 136.

8 *Schmidt*, Wirtschaftlichkeit in der öffentlichen Verwaltung, 6. Aufl. 2002, 167.

„die Verwaltung genau weiß, was die einzelnen Produkte kosten".[9] Dabei gliedert sich die Kostenrechnung sodann in Kostenartenrechung, Kostenstellenrechnung und die Kostenträgerrechnung,[10] die jeweils eine eigene Aussage über den Kostenverbrauch treffen, nämlich die Art der Kosten (etwa Personalkosten, Sachkosten, kalkulatorische Kosten etc.), die Aufgabenbereiche, in denen die Kosten entstehen (etwa Serviceeinheit, Wachtmeisterei, Richter) sowie die „Produkte" für die die Kosten verbraucht worden sind (Urteilsabfassung, Ladungen zum Termin etc. oder die Verfahrenserledigung allgemein). Parallel dazu besteht die Leistungsrechnung, die Aufschluss darüber gibt, „welche Arten von Leistungen in welcher Menge und/oder Zeit zu welchem Wert erbracht worden sind und welche Stellen mit welchen Kapazitäten und welchem Umfang daran mitgewirkt haben"; die Leistungsrechnung enthält daher sowohl eine Mengenals auch eine Wertkomponente, wobei die Leistungsarten die Produkte der Leistungserbringer und damit die Kostenträger darstellen.[11]

Diese knappe Zusammenfassung mag ausreichen, um zu verdeutlichen, dass die KLR in einem hier zu betrachtenden ersten Schritt der Informationsgewinnung dient und je nach Grad ihrer Differenzierung und Genauigkeit einen entsprechenden Grad an Transparenz in der jeweilig betrachteten Einheit (sei es das Gericht, der Spruchkörper, die Geschäftsstelle) schafft: „Ziel der Kosten- und Leistungsrechnung ist die Herstellung von Kosten- und Leistungstransparenz",[12] wobei die „Informationstiefe" und der daraus folgende Grad an eben dieser Transparenz über den „Produktplan" gesteuert wird.[13] Je differenzierter die Produktdefinition, desto größer die Durchsichtigkeit. Die mit der KLR verbundene „Kostentransparenz kann Parlament und Exekutive aus betriebswirtschaftlicher Sicht tiefe Einblicke in das Innenleben der 3. Gewalt"[14] gewähren.

Dieser Aspekt der NSM macht aber vor allem deutlich, dass sie ihrer Herkunft entsprechend, auf kommunaler Ebene durchaus Sinn machen können.[15] Einen staatlichen Haushaltsgesetzgeber wird dies regelmäßig überfordern. Eine Steuerung mittels der Vorgabe einzelner Produkte oder Produktmengen, wie etwa die Zahl der zu erteilenden Erbscheine im Nachlassgericht X durch das Parlament eine Flächenstaates, ist in keiner Weise realistisch. Auch eine hierzu hergestellte

9 *Schmid*, ThürVBl. 1998, 52, 53.

10 Zu diesen Begriffen s. statt aller *J. Schmidt*, Wirtschaftlichkeit (o. Fußn. 8), 170 ff.; *Dahm*, Das Neue Steuerungsmodell auf Bundes- und Länderebene sowie die Neuordnung der öffentlichen Finanzkontrolle in der Bundesrepublik Deutschland, 2004, 50 ff.

11 *Schmidt*, Wirtschaftlichkeit (o. Fußn. 8), 177; s. *Dahm*, ebd., 53 f.

12 *Arbeitsgruppe Neues Haushaltswesen*, Abschlußbericht, 2000, S. 8.

13 *Arbeitsgruppe Neues Haushaltswesen*, ebd., S. 19.

14 *Berlit*, Betrifft JUSTIZ 18 (2002), 319, 321.

15 Ursprünglich wurde „das" Neue Steuerungsmodell durch die Kommunale Gemeinschaftsstelle (KGSt) für die Kommunalverwaltung entwickelt (s. grundlegend KGSt-Bericht 5/1993).

Kostentransparenz kann gar nicht effektiv genutzt werden, weil sie die Erkenntnis- und darauf aufbauend die Entscheidungsfähigkeit eines Abgeordneten überschreitet. Daher dürfte es, unabhängig vom Initiativrecht etwa einer Landesregierung für den Haushalt, faktisch unmöglich sein, dass ein Landesparlament oder gar der Bundestag im Hinblick auf Gerichtsbarkeiten oder gar einzelne Gerichte bis auf eine Produktebene hinab differenzierte Steuerungsakzente setzen kann. Es wird – die Praxis belegt dies – dabei bleiben, dass durch einen Finanzminister Haushaltsvorgaben, in neuerer Zeit vor allem solche zur Ausgabenbegrenzung, vorgegeben werden, die dann innerhalb eines Ressorts oder einer Gerichtsbarkeit umzusetzen sind. Dass in diesem Prozess, der inhaltlich doch wohl nur durch Priorisierung politischer Ziele gekennzeichnet sein kann, einzelne Produktkosten Gegenstand einer parlamentarischen Entscheidung sein könnten, darf als ausgeschlossen gelten.

Weitere Idee des neuen Steuerungsmodells ist es, im Zusammenhang mit der Budgetierung dezentrale Ressourcen-Verantwortung zu schaffen, deren Kehrseite natürlich auch die Freiheit der verantwortenden Dienststelle vor Ort ist, die finanziellen Mittel nach ihrer Priorität auszugeben. Diese Dezentralisierung ist für Landeshaushalte, die einen hohen Anteil an Personalkosten aufweisen, ohnehin nur beschränkt tauglich, da der Stellenplan hier Flexibilität vor Ort kaum möglich macht. Hinzu kommt für Gerichte noch die Unversetzbarkeit von auf Lebenszeit ernannten Richtern gem. Art. 97 Abs. 2 GG.[16]

Im Übrigen ist aber auch eine Rezentralisierung zu beobachten. Als Beispiel mag etwa dienen, dass die Zuständigkeit für die gerichtliche Informationstechnologie in Hessen bei einer zentralen, exekutiven[17] IT-Stelle zusammengefasst worden ist.[18] verbunden mit dem erklärten Ziel, dadurch Synergie-Effekte zu

16 Vgl. *Paulsen*, FestG Richterbund (o. Fußn. 5), 101, 106.

17 Für verfassungswidrig hält dies *Bertrams*, NWVBl 2010, 209 ff.; das Dienstgericht des Bundes (BGH [DienstG], DRiZ 2012, 169 ff., zust. *Köbler*, ebd., 162 ff.) sah hier kein Problem, ohne allerdings vertieft auf die (verfassungsdogmatischen) Grundlagen einzugehen; „dogmatikfrei" und im Ergebnis übereinstimmend bereits die Vorinstanz, DienstGH bei dem OLG Ffm., Urt. v. 22.4.2010 – DGH 4/08 – juris. Die hiergegen erhobene VB wurde nicht zur Entscheidung angenommen, BVerfG (1. Kammer des Zweiten Senats), Beschl. v. 17.01.2013 - 2 BvR 2576/11 – juris.

18 Gesetz zur Errichtung der Informationstechnik-Stelle der hessischen Justiz (IT-Stelle) und zur Regelung justizorganisatorischer Angelegenheiten vom 16.12.2011 (GVBl. I 2011, 778).

schaffen und (natürlich) Kosten zu sparen. Dies ist praktisch die Absage an ein wesentliches Element der NSM, nämlich die dezentrale Verantwortung. Da mit einer Dezentralisierung stets auch die Budgetierung[19] verbunden war, glaubt auch die Politik offensichtlich selbst nicht mehr an deren Wirksamkeit zur Ausgabenbegrenzung.

Unabhängig von den rechtlich aufzuzeigenden Grenzen der Anwendung von NSM in Gerichten lassen sich somit schon Einschränkungen im Tatsächlichen nennen, die einer Modernisierung von Gerichten *durch* eben diese NSM in Frage stellen. „Modernisierung" im Sinne einer Veränderung in den Gerichten hin zu einer Anpassung an den Alltag des digitalen Zeitalters findet durch andere Methoden statt[20] und ist geprägt durch eine fundamentale Technisierung im Sinne einer flächendeckenden Ausstattung mit modernen EDV-Systemen und Kommunikationsmitteln. Verbunden damit ist der Zugriff auf juristische Datenbanken wie „juris" und „beck-online", elektronischer Rechtsverkehr, E-Mail-Kommunikation bis hin zum digitalen Diktieren einschließlich digitaler Spracherkennung. Auch dies hat freilich Folgen im Sinne einer wirtschaftlichen Bewertung aller Arbeitsvorgänge, verbunden mit dem Ziel der Kostenersparnis. Denn zumindest langfristige Wirkungen auf die Personalausstattung bleiben nicht aus. Dies gilt auch für die zumindest informell ausgedrückte Erwartung an Richterinnen und Richter, diese technischen Möglichkeiten zu nutzen, auch wenn – mit ersten Ausnahmen –[21] (noch) kein Zwang seitens des Dienstherrn hierzu ausgeübt werden kann. Denn das Vorhandensein der technischen Einrichtungen führt einerseits dazu, dass entsprechend personelle Ressourcen im Folgedienst der Serviceeinheiten reduziert werden, in der unausgesprochenen aber allgemein wahrgenommenen Erwartung (oder gar Gewissheit), dass entsprechend vor Ort die Möglichkeiten genutzt werden. Ganz plastisch beschrieben: Würde nicht ein Großteil der Richterinnen und Richter ihre Verfügungen, Beschlüsse und vor allem Urteile selbst schreiben, sondern diktieren, wäre dies mit dem vorhandenen Personal in den Gerichten nicht mehr zu leisten – von mancherorts richterlich selbst hergestellten Ausfertigungen und Zustellungsurkunden ganz zu schweigen.[22]

Letztlich bleibt damit als status quo festzuhalten, dass die NSM insofern for-

19 Zu diesem „Steuerungsinstrument schlechthin" s. ausführl. *Schütz*, Richter (o. Fußn. 1), 399 ff.; einschränkend auch *Paulsen*, FestG Richterbund (o. Fußn. 5), 106.

20 S. schon *Schütz*, Ökonomisierung von Rechtsschutz, in: Weiß (Hrsg.), Rechtsschutz als Element von Rechtsstaatlichkeit, 2011, 79, 98.

21 So muss die Gerichtsverwaltung elektronische Eingaben zum Handelsregister einem Richter nicht in ausgedruckter Form zur Verfügung stellen (so BGH [DienstG], DRiZ 2011, 66 ff.).

22 Zu den anstehenden Kopierarbeiten für Richter infolge Stellenabbau s. aktuell *Anker*, „Massiver Personalabbau in der Justiz", Berliner Morgenpost v. 27.1.2013, 12.

mal als „modern“ bezeichnet werden können, als Teilelemente allgemein in der Staatsverwaltung und damit auch im Justizressort umgesetzt worden sind, wobei alle möglichen und sehr unterschiedlichen Reformelemente und -ansätze hervorgebracht wurden, die mit dem ursprünglichen Konzept oft aber nur wenig gemein haben;[23] insbesondere fehlt es an einem „zusammenhängenden Reformkonzept“.[24] Insofern trifft die 2004 getroffenen Feststellung trotz aller Ernüchterung generaliter auch heute noch zu: „Keine Verwaltung, die etwas auf sich hält, kann heute selbstbewusst verkünden, sie würde sich solchem „neumodischem Unsinn“ entziehen.“[25]

Das neue Steuerungsmodell ist also modern durchaus auch für die Justiz, weil die Staatsverwaltung die Verwaltungssteuerung mittels NSM initiiert hat und anwendet und dabei die Gerichte als klassische staatliche Einrichtungen nicht ausgenommen bleiben können. Sie sind aber auch deshalb modern, weil sie die Folge der Ökonomisierung in Gesellschaft und Staat bilden. Nicht nur das Gesundheitswesen oder die Bildungspolitik sind davon betroffen, sondern auch der Rechtsschutz und damit die ihn gewährleistenden Gerichte unterliegen einer Ökonomisierung in Sinne einer Unterwerfung sozialer, politischer und rechtlicher Verhältnisse unter das ökonomische Prinzip dergestalt, dass wirtschaftliche Prinzipien in Bereichen zum Tragen kommen, in denen vormals eigene, jedenfalls aber andere Prinzipien als die der Effizienz und Effektivität galten.[26] Als Prinzip hat Platz gegriffen, jeden Lebenssachverhalt und jede Entscheidung auch und weithin sogar vorrangig unter dem Blickwinkel des damit verursachten finanziellen Aufwands zu betrachten.[27]

Dass aber eine Bewertung der Tätigkeit in Gerichten *deshalb* als modern getroffen wird, weil auch hier die NSM Einzug gehalten haben, dürfte kaum vertreten werden. Sie sind in ihrer bruchstückhaften Form – für die Richterinnen und Richter wie auch die Serviceeinheiten fast unmerklich – vorhanden, bestimmen aber keineswegs den Arbeitsalltag und sind als Problem kaum mehr aktuell.[28]

Die schon frühzeitig geäußerte Prognose, das Neue Steuerungsmodell (für das Verwaltungsgericht) sei „entweder wirksam und deshalb rechtlich unzulässig oder aber unwirksam und rechtlich zulässig, damit aber auch wirtschaftlich nicht zu rechtfertigen“,[29] dürfte sich jedenfalls hinsichtlich seines zweiten Teils be-

23 *Jann*, in: Blanke u.a. (Hrsg.), Handbuch der Verwaltungsreform, 4. Aufl. 2011, 98, 104, der insofern von einer „Reformhülse“ spricht.
24 So *Reichard*, in: Jann u.a. (Hrsg.), Status-Report Verwaltungsreform, 2004, 87.
25 *Jann*, in: ders. u.a., Status-Report (o. Fußn. 24), 9, 15, 17.
26 *Krönig*, Die Ökonomisierung der Gesellschaft, 2007, 13.
27 Für den gerichtlichen Rechtsschutz s. *Schütz*, Ökonomisierung (o. Fußn. 20), passim.
28 Sinngleich *Keders*, in diesem Band S.39.
29 *Bertram* u.a., Das Neue Steuerungsmodell am Verwaltungsgericht, Typoskript, 1998 (download unter: www.richterverein.de, 28.1.2013).

wahrheitet haben. Damit verbunden ist keine Absage an das legitime Ziel Transparenz bei Ausgaben und Leistungen (gerade auch) des Staates zu schaffen; und diese Bemühungen haben Erfolg. Dies lässt sich gut verifizieren anhand der doppelten Haushaltsführung, wie sie auf Staatsebene in Hessen seit dem Jahr 2009 für den Landeshaushalt praktiziert wird. Der „Konzern" Hessen hat für das Jahr 2009 eine Eröffnungsbilanz vorgelegt, im Herbst 2012 den Jahresabschluss für 2011, der die in der kameralen Haushaltsführung nicht sichtbare Belastung des Staatshaushalts insbesondere in der Zukunft offen legt und daher rechtfertigt, was der hessische Finanzminister hinzu erklärt hat: Nämlich dass „die durch das doppische Rechnungswesen geschaffene Transparenz und die damit verbundenen Steuerungs- und Kontrollmechanismen eine besondere Bedeutung hat. Deshalb ist die Bilanz ein hervorragendes Instrument, um eine generationengerechte Abbildung des Ressourcenverbrauchs und damit die tatsächliche Vermögensentwicklung darzustellen".[30] Diese Erkenntnisse können den Haushaltsgesetzgeber leiten und zur Umsteuerung veranlassen. Bis auf die Produktebene (eines Gerichts) aber wird ein Parlament nicht gelangen können. Es geht also vielmehr um eine globale Kostentransparenz, weniger eine produktspezifische, wie sie die KLR herzustellen in der Lage ist.

III. Rechtliche Grenzen der NSM in Gerichten

Soweit also das NSM-Problem faktisch entschärft worden ist, entspricht dies den gesetzlichen Vorgaben. Denn auch wenn es zutreffend ist, dass die NSM-Diskussion betreffend die Gerichte auch die Topoi des Justizgewährleistungsanspruches und des Gebots eines „möglichst schonenden Umgangs mit staatlichen Ressourcen" einbeziehen muss,[31] so werden seine rechtlichen Grenzen jenseits politischer Prioritätensetzung doch zentral durch Art. 97 Abs. 1 GG gezogen. Die zuvor erwähnte Frage der wirtschaftlichen Verantwortbarkeit der (kostspieligen) Einführung der NSM ist eine politische und bedarf daher keiner rechtsdogmatischen Thematisierung. sondern ist der Kontrolle des Rechnungshofes zu überlassen.

30 Hessisches Ministerium der Finanzen, Pressemitteilung vom 10.10.2012 (www.hmdf.hessen.de, 28.1.2013).
31 *Paulsen*, FestG Richterbund (o. Fußn. 5), 105.

1. Die grundsätzliche Zulässigkeit der Methoden des NSM in Gerichten als „exekutiven" Einrichtungen

Verfassungs*rechtlich* problematisch ist aber in der Tat das zuvor beschriebene Ziel der KLR als Teil der NSM, nämlich die Transparenz der Kostenverursachung. Insofern bestehen durchaus Gefahren für die richterliche Unabhängigkeit. Hierzu ist das Urteil des Dienstgerichts des Bundes zur hessischen Organisation der gerichtlichen Datenverarbeitung im Ressort des Finanzministers vom 6. Oktober 2011 erhellend. [32] Hier schreibt das Gericht in Übereinstimmung mit seiner ständigen Rechtsprechung:

> „Die Beobachtungsfunktion gehört zur Dienstaufsicht, der Richter gemäß § 26 Abs. 1 DRiG unterstehen, soweit nicht ihre Unabhängigkeit beeinträchtigt wird. Die dienstaufsichtführende Stelle kann ihre Aufgaben, eine geordnete Rechtspflege zu gewährleisten und die Einhaltung der Dienstpflichten zu kontrollieren, nur erfüllen, wenn sie befugt ist, sich durch ständige Beobachtung des Dienstbetriebs und der Arbeit der Richter zu informieren. [...]
>
> Eine Verletzung der richterlichen Unabhängigkeit kommt allerdings in Betracht, wenn mit der Beobachtung Maßnahmen verbunden werden, die dazu bestimmt oder geeignet sind, die richterliche Rechtsfindung durch psychischen Druck oder auf andere Weise unmittelbar oder mittelbar zu beeinflussen."

Es fährt dann aber fort:

> „Die Administration des EDV-Netzes der Hessischen Justiz für den Rechtsprechungsbereich [...] gibt Richtern vernünftigerweise keine Veranlassung, damit zu rechnen, das EDV-Netz werde von dienstvorgesetzten Stellen oder Dritten [...] zu einer inhaltlichen Kontrolle richterlicher Dokumente im Kernbereich der Rechtsprechung genutzt [...]. Allein die Eignung des EDV-Netzes zur inhaltlichen Kontrolle richterlicher Dokumente im Kernbereich der Rechtsprechung beeinträchtigt die richterliche Unabhängigkeit [...] nicht. [...]
>
> Eine solche theoretische Zugriffsmöglichkeit der dienstaufsichtführenden Stellen auf richterliche Dokumente im Kernbereich der Rechtsprechung ist in der deutschen Justiz weithin gegeben. Es gibt aber ungeachtet etwaiger Fehler in seltenen Ausnahmefällen keinen Anhaltspunkt dafür, dass sie bewusst zur inhaltlichen Kontrolle dieser Dokumente genutzt wird."

Diese grundsätzlichen Ausführungen in Bezug auf die Netzadministration sind darüber hinaus von grundlegender Bedeutung auch bei der Herangehensweise an die Frage der rechtlichen Zulässigkeit der NSM in den Gerichten. Denn die Beurteilung der Verfassungsmäßigkeit kann in einem demokratischen Staat nicht

32 BGH (DienstG), DRiZ 2012, 169, 170.

von der (richterlichen) Prämisse ausgehen, die Exekutive, die sich alle fünf Jahre einer Wahl des Volkes zu stellen hat, habe nichts anderes im Sinn, als judikative Entscheidungen verfassungswidrig zu steuern. Sofern also die Exekutive etwa mittels KLR Kostentransparenz herbeiführt, ist dies *grundsätzlich* im Sinne ihrer Beobachtungsfunktion zulässig.

Gleichzeitig ist zu beachten, dass die Gerichte des Bundes und der Länder, anders als der Wortlaut, nicht aber die Entstehungsgeschichte von Art. 92 Hs. 2 GG nahelegen könnte,[33] in deutscher Tradition exekutive Einrichtungen sind und entgegen regelmäßig anderslautenden Formulierungen eine „institutionelle Unabhängigkeit" bundesdeutscher Gerichte jenseits der Verfassungsgerichte nicht existiert.[34] Vielmehr sind nur die Richter, denen nach dem ersten Halbsatz des Art. 92 GG die Rechtsprechung anvertraut ist, gem. Art. 97 Abs. 1 GG unabhängig, dabei aber in einem exekutiv dominierten Umfeld tätig. Sie heißen heute zwar nicht mehr richterliche Beamte und haben ein formal eigenes, inhaltlich aber rudimentäres Richtergesetz zur Definition ihrer Rechtsstellung erhalten. An der äußerlichen Einbettung in einen durch die Regierung bestimmten Arbeitsplatz hat sich jedoch nichts geändert. Wie selbstverständlich, aber nach mehr als 60 Jahren seit Inkrafttreten des Grundgesetzes nicht weniger unverständlich, entspricht es dem richterlichen, vor allem aber auch ministeriellen Vokabular, Direktoren und Präsidenten von Gerichten als „Behördenleiter" zu bezeichnen[35] – eine verfassungsrechtliche Unsensibilität, die man auch nicht mit einer verwaltungswissenschaftlichen Modifikation des Behördenbegriffs beseitigen kann.

Will man also nicht – wie es im Übrigen dogmatisch, vor allem aber historisch unmöglich wäre – aus dem Grundgesetz ableiten, dass es eine Selbstverwaltung der Dritten Gewalt ohne Einfluss der Exekutive geben muss,[36] bleibt zunächst nichts übrig als zu erkennen, dass die Exekutive – jedenfalls grundsätzlich – „ihre" Organisation so einrichten kann, wie sie es im Rahmen ihrer Gesetzesbindung für richtig hält – also auch die Gerichte.

2. Das richterliche Personal als judikative Enklave

Von der Institution „Gericht" zu unterscheiden ist die Arbeit des richterlichen Personals und den allein ihm obliegenden Entscheidungen. Hier darf die Exeku-

33 *Schütz*, Richter (o. Fußn. 1), 167 f.

34 S. im Einzelnen *Schütz*, Richter (o. Fußn. 1), 85 ff.

35 S. etwa *Arbeitsgruppe Neues Haushaltswesen* (o. Fußn. 12), 15; ebenso *Dieckmann*, RuP 36 (2000), 7, 11; *Landau/Christ*, NJW 2003, 1648 ff.

36 Hierzu umfassend *Wittreck*, Die Verwaltung der Dritten Gewalt, 2006, 641 ff.

tive gar nicht steuern, so dass schon „alte“ Steuerungsmodelle verfassungsrechtlich unzulässig waren und *neue* es genauso sind. Hierzu lassen sich aus der bereits erläuterten KLR wie auch aus der Budgetierung wichtige Erkenntnisse ableiten.

Die KLR dient in einem hier zu betrachtenden ersten Schritt der Informationsgewinnung und schafft je nach Grad ihrer Differenzierung und Genauigkeit einen entsprechenden Grad an Transparenz in der jeweilig betrachteten Einheit (sei es das Gericht, der Spruchkörper, die Geschäftsstelle): Je differenzierter die Produktdefinition, desto größer die Durchsichtigkeit. Hieran sieht man sehr leicht, dass der „Produktbegriff“ die zentrale Weichenstellung verkörpert.[37] Erklärt man dabei den „Verfahrensabschluß nach ordnungsgemäßer Verfahrenserledigung“[38] zum Produkt, auf das die KLR sodann aufgesetzt wird, erlaubt man der Exekutive und dem Haushaltsgesetzgeber die Offenlegung von Verfahrenskosten, die bei Verzicht auf gröbere Aggregation der Daten und tiefgehender Differenzierung bis hin zu Spruchkörpern offenbaren könnte, wie viel Staatsgeld ein Richter pro Verfahren verbraucht hat. Aber selbst bei Transparenz auf Gerichtsebene blieben Folgen nicht aus, die auf das Entscheidungsverhalten eines Richters Einfluss nehmen können; dies etwa dann, wenn Rechtfertigungspflichten begründet werden, warum etwa am SG Fulda ein (gerichtsgebührenfreies) Rentenverfahren teurer ist als am SG Kassel. Es besteht dann ein dienstaufsichtlicher „Zugriff“ auf den einzelnen Richter, der nur formal bei bloßer Beobachtung stehen bleibt,[39] rein faktisch aber steuernd wirkt, indem (massiver) Anpassungsdruck erzeugt wird. Dies kann man euphemistisch dahingehend beschreiben, dass eine Konfrontation des einzelnen Richters mit den wirtschaftlichen Konsequenzen seines Handelns nicht dessen Unabhängigkeit gefährdet, sondern ihn erst in die Lage versetzt, „diese Dimension seiner Amtshandlungen“ zu berücksichtigen, um damit seiner Verantwortung für die von ihm veranlasste staatliche Mittelverwendung und die Kostenfolge auch für die Beteiligten zu berücksichtigen.[40] Tatsächlich aber entstehen tiefe Eingriffe in die alles entscheidende innere Unabhängigkeit eines Richters – ein Problem, das sich ebenso wie Beurteilungen nicht „aus der Welt lügen“ lässt, denn die Charakterfestigkeit oder die

37 S. nur *Voßkuhle*, in: Schulze-Fielitz/Schütz (Hrsg.), Justiz und Justizverwaltung zwischen Ökonomisierungsdruck und Unabhängigkeit, 2002, 44 ff.

38 *Arbeitsgruppe Neues Haushaltswesen* (o. Fußn. 12), 20 f.; vgl. auch *Kramer*, NJW 2001, 3449, 3450. Dies entspricht auch der Praxis in der übrigen Verwaltung, in der das Produkt aus einer Abfolge vorher definierter Aktivitäten (Arbeitsschritte) besteht, s. *Budäus*, in: Jann u.a., Status-Report (o. Fußn. 24), 75, 79.

39 So *Paulsen*, FestG Richterbund (o. Fußn. 5), 108 f.

40 So *Paulsen*, ebd., 109.

Persönlichkeit des Richters ist die eines normalen Menschen,[41] der eben üblicherweise auch durch die Versagung von Gratifikationen zu steuern ist.[42]

Folglich darf nicht der Verfahrensabschluss als solcher, der notwendig auch den zentralen richterlichen, aber von Verfassungswegen steuerungsfreien Tätigkeitsbeitrag erfasst, zum „Produkt" erklärt werden, an der dann die KLR anknüpft. Vielmehr muss der Produktbegriff anders lauten und dabei berücksichtigen, dass die Exekutive bei ihrer Zuständigkeit für die Verwaltung der Gerichte als Organisationseinheiten bleibt. Sie kann „ihre" Tätigkeit den NSM unterwerfen, muss aber die Dritte Gewalt und damit die Richterschaft davon freihalten. Diese sind insofern als Außenstehende zu betrachten. Eine KLR muss sich somit auf die Produkte der Exekutive beschränken, also im Verhältnis zu den Richtern auf *das*, was diese von der Exekutive verlangen können, nämlich einen warmen Arbeitsplatz, Zugang zu Arbeitsmaterialien wie Fachliteratur, Computer, Datenbanken, Sitzungssäle, Diktiergeräte inklusive Spracherkennung etc. Folglich dürfen einer KLR keine „Produkte" richterlicher Tätigkeit unterworfen werden. Denn dann träte das ein, was das Dienstgericht des Bundes meinte, als es eine Verletzung der richterlichen Unabhängigkeit in Betracht zog für den Fall, dass mit der Beobachtung Maßnahmen verbunden werden, die dazu bestimmt oder geeignet sind, die richterliche Rechtsfindung durch psychischen Druck oder auf andere Weise unmittelbar oder mittelbar zu beeinflussen[43].

Folgerichtig und daher allein verfassungskonform ist im Ressort des hessischen Justizministeriums die Produktdefinition auf exekutive Aufgaben beschränkt geblieben. Das die Rechtsprechung betreffende Produkt ist danach

> „die Summe aller Leistungen der Justizverwaltung für die Bereitstellung von Rechtsprechungspotentialen zur Erledigung der Aufgaben der Richterinnen und Richter sowie der Rechtspflegerinnen und Rechtspfleger, differenziert nach dem Gerichtsaufbau der jeweiligen Gerichtsbarkeit. Dieses Produkt ist mithin nicht das gerichtliche Verfahren und nicht die gerichtliche Entscheidung."[44]

Dieses Produkt wird von der exekutiven Justiz- und Gerichtsverwaltung erstellt und den Richterinnen und Richtern des jeweiligen Gerichts „geliefert". Im Pro-

41 Auf diesen Umstand weist zutreffend *Ostermeyer*, Die juristische Zeitbombe, 1973, 113, hin.

42 Vgl. die treffender kaum zu formulierende Analyse bei *Simon*, Die Unabhängigkeit des Richters, 1975, 26.

43 S. oben bei Fußn. 33.

44 *Hessisches Ministerium der Justiz, Arbeitsgruppe Controlling – Unterarbeitsgruppe Gerichte* -, Abschlussbericht, 2004, 12 (Hervorh. nicht im Original); trefflich der Titel bei *Piorreck*, Betrifft JUSTIZ 19 (2003), 64: „Die Rechtsprechung ist eine Staatsgewalt und kein Produkt der Justizverwaltung".

dukthaushalt 2013/14 des Landes Hessen (Kapitel 05 04/Buchungskreisnr. 2410) wird es betreffend das OLG Frankfurt am Main als „Bereitstellung Rechtsprechungspotenzial Oberlandesgericht" definiert und im Wirtschaftsplan wie folgt erläutert:

> „1. Erbringer
>
> Justiz- und Gerichtsverwaltung beim Oberlandesgericht Frankfurt am Main
>
> 2. Rechtsgrundlage oder sonstige Grundlage
>
> - Gewaltenteilungsprinzip (Art. 20 Abs. 2 Satz 2 Grundgesetz)
> - Rechts(schutz)gewährungsanspruch (Art. 19 Abs. 4, 20 Abs. 3 Grundgesetz)
> - Unabhängigkeit der Richter (Art. 97 Abs. 1 Grundgesetz, § 1 GVG)
> - Unabhängigkeit der Rechtspfleger (§ 9 RPflG)
> - Gerichtsverfassungsgesetz
> - Verfahrensordnungen
>
> 3. Produkt- und Leistungsbeschreibung
>
> 3.1 Beschreibung des Produkts
>
> Das die Rechtsprechung betreffende Produkt ist die Summe aller Leistungen der Justiz- und Gerichtsverwaltung für die Bereitstellung von Rechtsprechungspotenzialen zur Erledigung der Aufgaben der Richterinnen und Richter sowie der Rechtspflegerinnen und Rechtspfleger beim Oberlandesgericht Frankfurt am Main.
>
> 3.2 Leistungen zum Produkt
>
> Zum Produkt gehören folgende Leistungen:
>
> - Personalkosten Richter und Rechtspfleger
> - Sachkosten Richter und Rechtspfleger
> - Vorgangsbearbeitung
>
> 4. Bezug zu politischen Zielen
>
> Effektive Rechtsschutzgewährung sowie effiziente Justiz- und Gerichtsverwaltung auf hohem Qualitätsniveau garantieren und effektive Strafverfolgung sowie Rechtssicherheit gewährleisten.
>
> 5. Empfänger
>
> - Hessischer Landtag (stellvertretend für die Bürgerinnen und Bürger)
> - Rechtsprechende Gewalt".

Ansetzend an ihre „eigenen" Produkte mag die Exekutive dann mittels Controlling und Budgetierung ihre Ziele verfolgen, wie sie es für richtig hält. Die Judikative, also die Richterinnen und Richter, sind aber nicht Gegenstand dieser Maßnahmen.

Entsprechendes gilt dann auch für den Haushaltsabschluss bzw. die Bilanzierung, die für das Justizressort zwei Jahresergebnisse im Hinblick auf die Gerichtsbarkeiten ausweist: nämlich eines bezüglich der Kosten der Exekutive in der Justiz- bzw. Gerichtsverwaltung und ein zweites betreffend die Tätigkeit der Richter mit Verfahrensbezug.

Letztere können insbesondere nicht budgetiert, also im Hinblick auf die Ausgabenfreiheit begrenzt werden. Hier genügt ein Blick auf die insoweit zutreffend kompromisslose Rechtsprechung des BVerfG, wenn es um die überlange Verfahrensdauer und ihre etwaige Verursachung durch beschränkte Sach- oder Personalausstattung geht:[45] Es ist unter Geltung des grundrechtlichen Anspruchs auf effektiven Rechtsschutz oder auch nur allgemein des Rechtsstaatsprinzips schlechterdings nicht vertretbar, richterliche Tätigkeit zur Gewährung von Rechtsschutz etwa am 10. Dezember eines Jahres zu verweigern, weil das Budget für eine hierzu notwendige Zeugenvernehmung oder die Heranziehung eines Sachverständigen oder aber die bloße Durchführung einer Hauptverhandlung verbraucht ist. Auslagen in Rechtssachen, die zur effektiven Rechtsschutzgewähr erforderlich sind, können nicht nur unter der Bedingung einer ausreichenden Mittelzuweisung finanziert werden. Dies ist dabei keine primäre Frage der Beziehung zwischen Richtern und Exekutive, sondern der dienenden Funktion des Richters und seiner Unabhängigkeit für die Durchsetzung des Justizgewährleistungsanspruchs bzw. des effektiven Rechtsschutzes. Die Budgetierung von Finanzmitteln, die zur Umsetzung richterlicher Entscheidungen im Geltungsbereich des Art. 97 Abs. 1 GG erforderlich sind, ist aus Gründen des Grundrechtsschutzes verfassungswidrig.

Auch die Budgetierung als zentrales Element der NSM kann damit nicht auf richterliche Tätigkeit angewandt werden. Wenn also zwangsläufig „früher oder später auch die Budgetierung" überall dort praktiziert wird, „wo die Modernisierung der Verwaltung fortschreitet",[46] so bedeutet dies, dass die richterliche Tätigkeit an *dieser* Form der Modernisierung nicht teilnehmen kann.

IV. Veränderung der Gerichtskultur nicht (erst) durch NSM

Eine „moderne" Justiz ist eine andere als die unmoderne und soll dies ja auch sein. Ein Gericht im Zeitalter der e-justice[47] stellt sich anders dar als ein Königlich Bayerisches Amtsgericht und auch als ein Amtsgericht der 80er Jahre des letzten Jahrhunderts. Dies ist aber nicht den NSM geschuldet, sondern sowohl der technischen Entwicklung und den entsprechenden Erwartungen des Bürgers wie auch – und noch mehr – der allgemeinen Ökonomisierung des Staatshan-

45 S. etwa BVerfG (3. Kammer des Zweiten Senats), NJW 2006, 1336, 1339.
46 *Wewer*, in: Blanke u.a. , Handbuch (o. Fußn. 23), 322, 327.
47 S. hierzu *Köbler*, in diesem Band, S.77 ff.

delns, das nicht nur in der Anwendung der Methoden der NSM besteht. Betrachtung oder gar Fokussierung auf die Kosten[48] und der politisch gewollte und durch die „Schuldenbremse" auch verfassungsrechtlich geforderte Zwang zur Ausgabenbeschränkung – ironischerweise bei steigenden Steuereinnahmen – sind die Ursachen für den Kulturwandel in Gerichten.

Sofern also zeitlich übereinstimmend mit der Einführung und Umsetzung der NSM auch eine Veränderung des richterlichen Handelns im Bereich der Unabhängigkeitsgarantie verbunden ist, ist dies nicht unmittelbar Folge der NSM selbst. Dies liegt schon daran, dass das Interesse der Richterschaft, das Wissen um die NSM und die mit ihr verbundenen Instrumente gegen Null tendieren dürften. Ganz praktisch: Wer gar nicht weiß, dass es eine KLR gibt, wird sich auch nicht an ihren Ergebnissen orientieren.

Und solange die zuvor dargestellten Grenzen eingehalten werden und dabei insbesondere die richterliche Tätigkeit nicht zum Produkt erklärt wird, wird es dabei bleiben. Richterliche Tätigkeit wird auch im Jahr 2013 durch „alte" Steuerungsmodelle beeinflusst, nämlich durch die meist informell, damit aber nicht weniger effektiv geäußerte Erwartung an Erledigungszahlen oder dem Vorenthalten von Beförderungen. Gleichzeitig tritt hinzu die mit einer Personalreduzierung verbundene Belastung pro Richterin oder Richter, auf die diese letztlich nur mit einer verkürzten Bearbeitungszeit pro Verfahren reagieren können, wenn sie dem Anspruch auf Rechtsschutzgewähr für alle ihnen anvertrauten Rechtssuchenden wenigstens grundsätzlich gerecht werden und ihr Dezernat nicht „absaufen" lassen wollen. Die Pebb§y-Nacherhebung im Bereich der SGB II-Verfahren hat dies eindrucksvoll belegt. Waren im Jahr 2005 für ein SGB II-Verfahren 360 Minuten als durchschnittliche Bearbeitungszahl ermittelt worden,[49] ergab sich 2008 eine gesunkene Bearbeitungszeit auf 240 Minuten pro Fall in der Hauptsache und 210 Minuten im einstweiligen Rechtsschutz.[50] Die Materie ist aber insbesondere im Bereich der Kosten der Unterkunft, die anders als Regelsätze nicht pauschaliert sind, nicht einfacher geworden, so dass sachbezogen kein Grund für die Zeitreduzierung pro Fall ersichtlich ist. Bei lebensnaher Betrachtung aber ist die Antwort simpel: Wegen des Anstiegs der Eingangszahlen in diesem Rechtsgebiet kann für den einzelnen Fall nur noch weniger Zeit aufgewandt werden, wenn nicht ein Großteil liegen bleiben soll.

Eine in diesem Zusammenhang neuartige, in ihrer Respekt- und Zurückhaltungslosigkeit einzigartige Anwendung dieser alten Steuerungsmodelle (dienstaufsichtlicher Vorhalt und Ermahnung gem. § 26 Abs. 2 DRiG) ist das Vorgehen

48 Auch in Gerichten, s. die Ausführungen von *Paulsen* o. bei Fußn. 40.

49 *Justizministerium Baden-Württemberg* (Hrsg.), PEBB§Y-Fach, 2006, 1127.

50 *Justizministerium Baden-Württemberg* (Hrsg.), PEBB§Y-Fortschreibung 2008, 2010, 326.

der Präsidentin des OLG Karlsruhe, die in „perfide[r] Perplexität“[51] ohne den Vorwurf unzureichender quantitativer Arbeitsleistung einem Richter am OLG vorgehalten hat, seine Dienstpflichten nicht ordnungsgemäß auszuüben, da seine Erledigungszahlen zu weit vom (angeblichen) Durchschnitt des Gerichts abweichten. Unabhängig davon, dass „Durchschnitt“ nicht Inhalt richterlicher Dienstpflicht sein kann,[52] bleibt dem Betroffenen, wollte er dem von der OLG-Präsidentin vorgegebenen Begriff ordnungsgemäßer Dienstpflicht Folge leisten, nur die Möglichkeit, weniger Zeit pro Fall aufzuwenden. Er muss also zeitlich eher eine Entscheidung treffen, als er es (bisher) für richtig hielt, sprich: vor der richterlich festgestellten Entscheidungsreife. Wie dies mit der richterlichen Unabhängigkeit vereinbar sein soll, kann (besser: konnte bisher) nicht ernsthaft nachvollzogen werden, auch wenn das BVerfG jüngst in einer bei ihm anderweitig nicht festzustellenden Interessenlosigkeit gegenüber faktischen Rechtsbeeinträchtigungen en passant unter Bezugnahme auf das BVerwG sowie das Dienstgericht des Bundes ausführte, der „vom Richter zu leistende Arbeitseinsatz“ bestimme sich grundsätzlich nach dem ihm verliehenen konkreten Richteramt und den ihm in der richterlichen Geschäftsverteilung zugewiesenen Aufgaben“, wobei sich „die von einem Richter zu erbringende Arbeitsleistung pauschalierend an dem Arbeitspensum“ orientiere, das ein durchschnittlicher Richter vergleichbarer Position in der für Beamte geltenden regelmäßigen wöchentlichen Arbeitszeit“ bewältige.[53] Nunmehr hat das Richterdienstgericht bei dem LG Karlsruhe das Vorgehen der OLG-Präsidentin für rechtmäßig erklärt unter Bezugnahme auf die zitierte Passage des BVerfG.[54]

Daran wird exemplarisch deutlich, dass die Steuerung(sversuche) der Exekutive gegenüber Richterinnen und Richtern weder (primär) etwas mit den NSM zu tun haben, noch es deren Einführung bedurfte, um Druck auf die richterliche Entscheidungsfindung auszuüben.

Die fehlende Qualitätssicherung innerhalb der NSM, die zur Forderung nach der Einführung eines (allein richtergetragenen)[55] Qualitätsmanagements führen muss,[56] ist ebenfalls keine Neuerung. Denn wie auch der Fall des OLG Karlsruhe erneut zeigt, agiert die Justiz- und Gerichtsverwaltung – strukturell unausweichlich –[57] seit jeher quantitätsfixiert, ohne dass Qualitätsfragen eine Berücksichti-

51 *Wittreck*, NJW 2012, 3287, 3290.

52 *Wittreck*, ebd.

53 BVerfG (1. Kammer des Zweiten Senats), NJW 2012, 2334, 2335 f.

54 Dienstgericht für Richter bei dem LG Karlsruhe, Urt. v. 4.12.2012 – RDG 6/12 – juris Rn. 56; s. dazu *Dudek* und *Schwintuchowski*, Betrifft JUSTIZ 29 (2013), i.E.; zum Verlauf der mündlichen Verhandlung s. *Schütz*, Betrifft JUSTIZ 28 (2012), 378.

55 *Schütz*, Richter (o. Fußn. 1), 384 f.

56 So auch *Paulsen*, FestG Richterbund (o. Fußn. 5), 110 ff.

57 *Schütz*, Richter (o. Fußn. 1), 368 ff.

gung fänden. Denn jede Alltagserfahrung lehrt, dass eine verkürzte Bearbeitungszeit zumindest die Gefahr in sich birgt, dass die Qualität sinkt – sei es durch bewusste Oberflächlichkeit im Umfang mit dem Parteivortrag oder Flüchtigkeitsfehler. Vor diesem Hintergrund kann offen bleiben, ob weniger Erledigungen bei gleicher Arbeitszeit tatsächlich nahe liegendes Indiz für eine größere Qualität der Arbeit darstellen.[58]

Die ansteigende Belastung von Richterinnen und Richtern, verbunden mit einer neuartigen und in ihrer Vehemenz gesteigerten Durchsetzung, verändert also durchaus die Arbeitsweise und damit die Gerichts- und Entscheidungskultur.[59] Dies ist jedoch Folge von staatlich verordneter Ressourcenknappheit (im Justizhaushalt), die die Richterschaft und die Gerichte unabhängig davon trifft, ob hier auch die Instrumente der NSM zum Einsatz kommen.

V. Fazit

In einer staatlichen Verwaltung, die die Umsetzung der NSM zum Ziel erklärt hat, kann sich die Justiz- und Gerichtsverwaltung als exekutive Einrichtung dem nicht verschließen. Die NSM-Praxis ist daher aktuelles politisches Programm auch in Gerichten und macht die Justiz somit bei formaler Betrachtung „modern".

Dabei sind die Grenzen zu beachten, die sich insbesondere aus dem Grundsatz der richterlichen Unabhängigkeit ergeben. Die richterliche Entscheidungsfindung selbst muss hiervon aber unberührt bleiben, so dass diese weder zum Produkt, das exekutiver Steuerung zugänglich sein soll, erklärt, noch in seiner Handhabung unter Budgetierungsvorbehalt gestellt werden darf. Art. 97 Abs. 1 GG wirkt insofern aus rechtsstaatlichen Gründen zu Recht als „Modernisierungsbremse". Unter Berücksichtigung dessen stehen den NSM auch in Gerichten keine verfassungsrechtlichen Hindernisse entgegen.

Die Unabhängigkeit der Richterinnen und Richter befindet sich aber – ebenso wie vor der „Erfindung" der NSM – in ständigem Spannungsverhältnis zur exekutiven quantitätsfixierten Dienstaufsicht, ohne dass diese Beziehung durch die NSM einen qualitativ anderen oder verschärften Charakter erhalten hätte. Soweit gleichwohl eine Veränderung der Rechtsprechungskultur zu verzeichnen ist, liegt dies nicht an neuer Verwaltungssteuerung, sondern an der allgemein sich bahn

58 So die nicht unplausible These von *Hochschild/Schulte-Kellinghaus*, DRiZ 2003, 413, 417; hiergegen ausdrücklich *von Keyserlingk*, DRiZ 2004, 141.

59 Zu einer sächsischen neuartigen Methode des Drucks auf Richter durch Rückgriff wegen durchgesetzter Amtshaftungsansprüche s. *Schütz*, Ökonomisierung (o. Fußn. 20), 100 f.

brechenden Ökonomisierung, die die Ausgabenreduzierung bei erhöhtem Arbeitsdruck zum Primat erklärt hat und auch vor den Essentialia des Rechtsstaats nicht Halt macht.

Welchen Preis es hierfür zu zahlen bereit ist, muss im demokratischen Staat das Volk selbst entscheiden – und sei es weiterhin durch Desinteresse an der Justiz und Schweigen zu weiterem Personalabbau.[60] Dabei sollte es beachten, dass nur eine unabhängige Rechtsprechung den Rechtsstaat von einer Bananenrepublik unterscheidet. Oder distinguiert ausgedrückt:

> „Every member of the public has an inalienable right that our courts shall be left free to administer justice without obstruction or interference from whatever quarter it may come. [...] for in the long run it is the courts of justice which are the last bastion of individual liberty."[61]

60 S. aber erste Lichtblicke wie etwa „Pro Justiz e.V." (www.projustiz.de).

61 So der englische Lord Justice *Salmon* in Morris and Others v. The Crown Office, 1970, zit. nach *Schweizer*, Der Schutz der Rechtsverwirklichung im angelsächsischen Rechtskreis – Die Lehre vom Contempt of Court –, Diss. iur. Zürich 1973.

E-Justice in Deutschland – Ein kurzer Überblick

Ralf Köbler

E-Justice ist der umfassend zu verstehende Begriff des IT-Einsatzes in justiziellen Verfahren und in der Außenkommunikation von Justizverfahren. Beispiele für den Begriffsbereich sind die überwiegend intern genutzten Justizfachverfahren (Ausnahmen sind die auch elektronische Außenkommunikation zulassenden Verfahren des elektronischen Grundbuchs und des elektronischen Handelsregisters), die Verfahren der Kommunikation (E-Mailing als internes Kommunikationsinstrument, nach außen elektronischer Rechtsverkehr), die Angebote der Information (Internetauftritte, juristische Fachinformationssysteme) und der Interaktion (wie z.B. der ePayment-Zahlung von Rechnungen).

Wozu ein neuer Anglizismus? Natürlich gibt es keine „elektronische Gerechtigkeit" und auch keine „elektronische Justiz", eine Justiz ohne menschliche Entscheider mit Empathie und juristischem Sachverstand wird es nicht geben, wohl niemals. E-Justice ist ein bewusst gefundener Gegenbegriff zu dem des E-Governments: Justiz ist eben nicht Exekutive, jedenfalls in Rechtsprechung und Rechtspflege, und auch die staatsanwaltschaftliche, wiewohl formal exekutive Aufgabe lässt sich wegen des Legalitätsprinzips der Strafprozessordnung nur schwer exekutiv-hierarchisch operationalisieren. Welcher Justizminister wollte seinem Parlament wie erklären, sich anders als im Sinne des Legalitätsprinzips verhalten zu haben? Einzig der Bereich des Justizvollzugs ist eindeutig exekutiv ausgerichtet. Und so ist es die Unabhängigkeit des Entscheiders, die es ausschließt, eine vollständige Deckungsgleichheit von E-Government im Sinne exekutiver Vorgaben und eines auf die Unterstützung der unabhängigen Entscheider ausgerichteten eJustice zu erreichen. Organisatorisch findet diese Unterscheidung ihren Ausdruck in der Existenz des aufgrund des Artikels 91c Grundgesetz gegründeten IT-Planungsrats (Vertrag über die Errichtung des IT-Planungsrats und über die Grundlagen der Zusammenarbeit beim Einsatz der Informationstechnologie in den Verwaltungen von Bund und Ländern - Vertrag zur Ausführung von Artikel 91c GG -, in Kraft getreten am 1. April 2010) und dem 2012 durch Verwaltungsabkommen errichteten E-Justice-Rat des Bundes und der Länder (Beschluss und Zeichnung auf der 83. Konferenz der Justizministerinnen und Justizminister am 13. und 14. Juni 2012 in Wiesbaden).

Die Entwicklung des eJustice in Deutschland lässt sich grob in vier Phasen unterteilen:

I. Die innere Modernisierung der Justiz

Ausgangspunkt aller Bemühungen um eJustice ist die so genannte „Binnenmodernisierung der Justiz" Natürlich begann die Geschichte des IT-Einsatzes in Gerichten und Staatsanwaltschaften nicht erst mit dem Umsetzen von Modernisierungskampagnen und -offensiven: Bereits vor dem Jahr 2000 wurden in der Justiz Computer eingesetzt, vorwiegend in Großrechneranwendungen wie dem Automatisierten Mahnverfahren oder aber als reine Registratur- und Schriftgutanwendungen. Dies änderte sich in allen Bundesländern etwa ab dem Jahr 2000, als die Strategie verfolgt wurde, eine EDV-Vollausstattung sämtlicher ausstattungsfähiger Arbeitsplätze in der Justiz einschließlich der Richter, Staatsanwälte und Rechtspfleger durchzuführen und die Justizgebäude durch Vollverkabelung aller Räume in ein Justiz-Netzwerk einzubeziehen. Dazu wurde die damals aktuelle Client-/Server-Technik eingeführt, bei der größere, „dienende" Rechner die Arbeitsplatzrechner unterstützen, vernetzen, als Speicherplatz dienen und die Kommunikation vermitteln. Parallel wurden sämtliche zukunftsfähigen Justizfachanwendungen an allen dafür geeigneten Arbeitsplätzen eingeführt und die Mitarbeiterinnen und Mitarbeiter mit umfassenden Schulungsmaßnahmen in die neue Technik eingeführt. Parallel wurde die bislang größte Organisationsänderung im so genannten „Unterstützungsbereich" umgesetzt: Durch die Schaffung so genannter „Service-Einheiten" wurde die bisherige Arbeitsteilung in Registraturkräfte, Schreibkräfte und Protokollkräfte aufgehoben, und die Aufgaben wurden auf so genannten „Mischarbeitsplätzen" zusammengefasst, um eine ganzheitliche und damit schnellere und mit erhöhter persönlicher Identifizierung der Mitarbeiter verbundene Aufgabenerledigung zu erreichen.

Der Betrieb einer modernen IT-Infrastruktur mit mehreren tausend Arbeitsplätzen bedarf eines technischen Betriebszentrums, wie dies in Hessen von der Hessischen Zentrale für Datenverarbeitung im Hünfeld gestellt wird, sowie einer Systembetreuung vor Ort und einer Anwenderbetreuung. Hinzu kommt eine justizfachliche Unterstützungseinheit, die in Hessen „IT-Stelle der hessischen Justiz" heißt und die Aufgabe hat, die fachlichen Anforderungen an Fachsoftware umzusetzen, sie zu pflegen und Anwenderbetreuung zu leisten.

Ergänzt wurde die Schaffung der Infrastruktur einer zeitgemäßen Arbeitswelt durch die Erarbeitung von Internetauftritten aller Justizbehörden, der Schaffung eines landeseinheitlichen Mitarbeiterportals mit spezifischer Justizausprägung, um gezielt ressortgenaue Informations- und Recherchemöglichkeiten zu schaffen, sowie die Einführung der bedeutendsten Rechtsinformationssysteme Deutschlands, die sowohl am dienstlichen Arbeitsplatz als auch am häuslichen Arbeitsplatz erreichbar sind. In Hessen wurde zunehmend zudem besonderer

Wert auf die Einführung elektronischer Sprachverarbeitung, namentlich des digitalen Diktierens und der Spracherkennung, gelegt. Zusätzlich wurden an großen Gerichtsstandsorten sowie in vielen Justizvollzugsanstalten Videokonferenzanlagen eingeführt, um die Vorteile von Videoconferencing nutzbar zu machen. Der hierzu eingebrachte hessische Gesetzesantrag (BT-Drs. 17/1224) findet derzeit Behandlung im Rechtsausschuss des Deutschen Bundestages.

II. Die Kundenorientierung

Die geschaffene IT-Infrastruktur ermöglicht neuartige elektronische Dienstleistungen der Justiz: Ausgangspunkt digitaler Dienstleistungen der Justiz im Internet ist das Justizportal des Bundes und der Länder www.justiz.de. Von dieser Einstiegsseite aus ist der online-Mahnantrag erreichbar, das Gemeinsame Registerportal der Länder, mit dessen Hilfe sämtliche elektronischen Handelsregister über eine einzige Suchanfrage recherchierbar sind, die Zwangsversteigerungstermine, meist einschließlich Exposées und Zugriff auf ein Luftbild der Immobilie und ihrer Umgebung, können eingesehen werden, die Dolmetscher- und Übersetzerdatenbank macht das Finden geeigneter Übersetzer viel einfacher als früher, die online-Grundbucheinsicht, in einigen Ländern wie in Hessen verknüpfbar mit der Einsicht in die Liegenschaftskarte und öffentlich-rechtliche Luftbilder, ist von www.justiz.de aus möglich. Ab 2013 wird auch das Vollstreckungsportal von hier aus erreichbar sein und Auskünfte aus dem neuen Schuldner- und Vermögensverzeichnisregister vermitteln. Es ist also eine ganze Reihe justizieller Dienstleistungen online erreichbar!

Ausgangspunkt der Hinwendung zu den „Kunden“ der Justiz, womit in der Mehrzahl die professionellen Einreicher der Justiz gemeint sind, ist die elektronische Kommunikation, soweit sie rechtssicher und rechtsverbindlich gestaltet ist. Das technische Instrument zur Schaffung einer technisch wie rechtlich sicheren elektronischen Kommunikation ist in Deutschland das Elektronische Gerichts-und Verwaltungspostfach (EGVP), das einen sicheren Standard zur verschlüsselten „Von-Punkt-zu-Punkt-Übertragung“ elektronischer Nachrichten mit qualifizierter elektronischer Signatur setzt. Das System erzeugt als Mehrwert eine elektronische Eingangsbestätigung durch die Empfangseinrichtung.

Der elektronische Rechtsverkehr ist verpflichtend im Handelsregister und (mit anderweitiger elektronischer Einreichung z.B. auf Datenträgern umgehbar) im Mahnverfahren eingeführt. Seine technische Einrichtung und zusätzliche fakultative Zulassung in allen Verfahrensarten ist bei allen hessischen Gerichten und Staatsanwaltschaften bis zum Ende des Jahres 2007 abgeschlossen worden (Verordnung über den elektronischen Rechtsverkehr bei hessischen Gerichten und

Staatsanwaltschaften vom 26. Oktober 2007, GVBL. I, S. 699). Seit geraumer Zeit ist der fakultative elektronische Rechtsverkehr flächendeckend in den Stadtstaaten Bremen, Hamburg und Berlin sowie seit Ende 2012 auch in Sachsen zugelassen, Nordrhein-Westfalen eröffnet ihn in den Fachgerichtsbarkeiten (den genauen Überblick gibt eine Liste auf www.justiz.de/elektronischer_rechtsverkehr).

Über die Pflichtgebiete hinaus hat der elektronische Rechtsverkehr bislang keine flächendeckende Bedeutung erlangen können, obwohl der hessische Ansatz elektronischer Postausgang massive Fortschritte erbracht hat. Der hessische Ansatz ist der Gedanke des „initiativen elektronischen Postausgangs": Die hessische Justiz schickt nicht nur demjenigen, der sich elektronisch an die Justiz gewandt hat, elektronische Post zurück, sondern versucht jeden, der im Registrierungsdienst des EGVP erfasst ist, automatisiert elektronisch zu erreichen, wo dies rechtlich zulässig ist. Pilotiert wird dieser Ansatz seit zwei Jahren im Projekt „eRechnung": Die Vorschussrechnung im Zivilprozess wird von der Fachsoftware automatisch elektronisch versandt, wenn der Adressat verzeichnet ist. Ist eine elektronische Adresse nicht verfügbar, wird ebenfalls automatisch auf einer Postnachbearbeitungsanlage gedruckt, kuvertiert und frankiert. Im Ende 2012 begonnenen Pilotprojekt „ePostausgang" wird erprobt, diese Versandtechnik auf beliebige Schriftstücke auszuweiten, und in der hessischen Sozialgerichtsbarkeit wurde 2012 flächendeckend die „Vervollkommnung" dieses Ansatzes mit der bewährten Fachanwendung „EUREKA-Fach" eingeführt: Hier werden eingehende elektronische Dokumente einschließlich Telefaxe, die vom System zu Dateien gewandelt werden, unmittelbar zur Liste aller Dokumente eines Verfahrens gespeichert, Papiereingänge auf Knopfdruck hinzugescannt und somit vollständige elektronische Duplo-Akten erzeugt, die in Kürze nicht mehr in der Dokumentenablage, sondern im revisionssicheren Dokumentenmanagementsystem des Landes Hessen abgelegt werden. Ausgehende Post wird entsprechend dem Ansatz des Projekts „eRechnung" elektronisch oder per Digitalfax versandt, wenn Empfängerdaten vorhanden sind. Auf diese Weise wird aus der guten alten Briefpost und der geliebten Papierakte einfach und überzeugend handhabbar ein vollständig elektronischer Geschäftsprozess zwischen Anwalt, Notar oder Sozialverband/-versicherungsträger und der Sozialgerichtsbarkeit.

Mit dem ePayment der hessischen Justiz wird der gesamte Geschäftsprozess einschließlich des in der Regel notwenigen Bezahlprozesses digital abgebildet: Nicht nur die elektronisch, sondern auch die in Papier versandten Kostenrechnungen können im Internet auf der Bezahlplattform des Landes Hessen elektronisch bezahlt werden mit Überweisung oder per Kreditkarte. Ergänzend ermöglicht ein derzeit im Justizzentrum Wiesbaden pilotierter Justizzahlautomat die Zahlungsabwicklung im Gericht, übrigens auch die Auszahlung z.B. von Zeugenentschädigungen. Alle Zahlungsvorgänge werden automatisch im Hintergrund korrekt im Justizkostensystem verbucht – ein umfassender Geschäftsprozess.

Ergänzt wird der elektronische „Kundenservice“ durch die Einführung von Übersichts- und Sitzungssaaldisplays, auf denen die aktuell stattfindenden Gerichtsverhandlungen angezeigt werden, und sog. „Infopoints“, an denen über die Sitzungstermine hinausreichend vielfältige Informationen über das Gericht und sein Fachangebot usw. im Gerichtsfoyer bereitgestellt werden.

Die Justiz ist nicht nur „online gegangen“, sie wandelt auch ihr „Gesicht“ innerhalb der Gebäude. Justiz geht damit (mehr oder weniger noch) mit der Zeit.

III. Die (vorsichtige) Hinwendung zum Entscheiderarbeitsplatz

Die bislang eingeführten Justizfachanwendungen erledigen in erster Linie Aufgaben des „Unterstützungsbereichs“ - Registratur, Beteiligtendatenverwaltung und Fristenüberwachung, automatisationsunterstützte Textverarbeitung einschließlich Speicherung der erzeugten Dateien. Einzig der oben beschriebene Geschäftsablauf in EUREKA-Fach geht hierüber deutlich hinaus und ermöglicht auch die Verfahrenskommunikation aus der Fachanwendung heraus. Eine IT-Unterstützung der Entscheiderin oder des Entscheiders findet damit jedoch, sieht man von den Großanwendungen Grundbuch und Handelsregister ab, noch nicht statt.

Dieses Defizit hat Gründe: Die hochindividualisierte intellektuelle Entscheidungsleistung lässt sich nicht automatisieren, und das ist unter dem Blickwinkel des grundgesetzlichen Justizgewährungsanspruchs auch gut so!

Die damit nur mögliche Unterstützung des Entscheiderarbeitsplatzes hat unterschiedliche Aspekte. Während Internetzugänge und der Zugriff auf juristische Fachinformationen seit einigen Jahren Standard sind, hat die elektronische Akte ihren Durchbruch noch nicht erlebt – wiewohl sie rein technisch gesehen existent und z.B. in Hessen auch als Landesstandard betriebsbereit vorhanden ist, wird sie bislang nur im Verfahren eOWi in Straßenverkehrsordnungswidrigkeitsverfahren an den Standorten Kassel, Limburg/Zweigstelle Hadamar und ab 2013 auch in der Stadt Frankfurt am Main behördenübergreifend zwischen Staats- bzw. Amtsanwaltschaft und Amtsgericht eingesetzt. Die Zulieferung der Verfahrensdokumente erfolgt elektronisch unmittelbar von den zuständigen Bußgeldstellen. Das Verfahren kommt erstinstanzlich ohne Papierdokumente aus, selbst die Hauptverhandlung führt der Richter mit Bildschirm und Computer aus. Mit rund 20.000 volldigital bearbeiteten Verfahren dürfte dieser Ansatz „aus den Kinderschuhen“ heraus sein – und hat sich gleichwohl bundesweit bisher nicht durchgesetzt.

Die vollständige elektronische Aktenführung wird in den nächsten Jahren vorrangig im Grundbuch und im Handelsregister eingeführt werden, um auch dort den vollständigen Verzicht auf Papier zu erreichen.

Die Vorteile elektronischer Aktenführung sind klar: Die vollständige Logistik der Beherrschung der gewaltigen Papierberge in unseren Gerichten und Staatsanwaltschaften von der Aktenanlage in einem vorgefertigt vorzuhaltenden Aktendeckel, der sorgfältigen Verwahrung in einer Regalanlage, der Zuordnung der ein- und ausgehenden Schriftstücke, des in der Masse mühsamen und zeitraubenden Transports von der Serviceeinheit zum Entscheider entfällt, auch mühseliges Aktensuchen (wem wäre das nicht schon widerfahren?) gehört der Vergangenheit an, und letztlich: elektronische Akten brauchen keinen Archivraum, und sie schimmeln nicht im Verlauf der häufig 30-jährigen Aufbewahrungszeit. Kaum jemand hat eine Vorstellung, welche Geldbeträge jährlich für die „Entschimmelung" von Archivakten aufzuwenden sind!

Nur: Den Entscheider unterstützt diese Vorteilsbeschreibung nicht. Sie entlastet klar lediglich die Justizverwaltung. Hier gilt es, in der Zukunft anzusetzen: Überzeugende, nützliche und ergonomisch sinnvoll zu bedienende elektronische Instrumente der Arbeitsplatzunterstützung sind zu erarbeiten. Die Anfänge sind längst gemacht: Nordrhein-Westfalen pilotiert den „ergonomischen Richterarbeitsplatz", eine Software, die Fachverfahren einschließlich des Zugriffs auf die Dokumente mit der direkten Aufrufbarkeit von juristischen Fachinformation verbindet. Das hessisch-niedersächsische Projekt „Neue Fachanwendung NeFA" versucht, die Funktionalitäten des Fachverfahrens, des „Aktenbocks" und der Dokumentenverwaltung und -erstellung auf einem einzigen Bildschirm, zudem dem der bekanntesten Textverarbeitungssoftware abzubilden und damit eine „Vereinfachung" des Arbeitsplatzes einschließlich der Bereitstellung nützlicher Funktionalitäten wie der Verknüpfung von der Terminen mit dem persönlichen Kalender zu erreichen. Bisher effektivstes Unterstützungsinstrument ist die sog. „Strukturierungs- und Durchdringungssoftware" mit deren Hilfe der Entscheider große Mengen an Aktenmaterial durchsuchen und nach seiner individuellen Bewertung notwendige Dokumente oder Textstellen verbinden und sich mithin eine Art elektronischer Handakte zur Erstellung der Entscheidung erarbeiten kann.

Kommt dann noch die optimale Hardwareunterstützung hinzu, wird sich der Nutzen elektronischer Akten rasch erschließen und auch in der Praxis durchsetzen: Die elektronische Akte lässt sich auf den Tablet-PC oder das Pad laden und in brillianter Qualität bequem durchblättern, sie kann über den mobilen VPN-Zugang über das Dienstnotebook oder via „bootstick" auch am heimischen PC sicher und mit verschlüsselter Übertragung Zuhause aufgerufen und an einer dem IT-Arbeitsplatz im Gericht verblüffend ähnelnden „virtuellen" Arbeitsplatzoberfläche bearbeitet und strukturiert werden. Sie lässt sich in Sekundenschnelle durchsuchen, nichts entgeht dem Suchlauf. Perspektivisch eine nützliche Angelegenheit – in der Umsetzung gewiss aufwändig und durchaus auch nicht zum Nulltarif zu haben.

IV. Die Perspektive des elektronischen Rechtsverkehrs und durchgehend elektronischer Geschäftsprozesse

Erst die konsequente Nutzung der Möglichkeiten moderner Technik wird die Stellung der Justiz als dritte Gewalt im Staatswesen des Internetzeitalters stärken und die Nutzung signifikanter Rationalisierungs- und Effizienzpotenziale eröffnen: Es bedarf noch des „Durchbruchs" des elektronischen Rechtsverkehrs und im Anschluss der elektronischen Aktenführung.

Den elektronischen Rechtsverkehr durch Verbindlichmachung zu fördern, ist das Ziel zweier aktueller Gesetzesinitiativen. Der „Entwurf eines Gesetzes zur Förderung des elektronischen Rechtsverkehrs in der Justiz" einer Länder-Arbeitsgruppe unter der Federführung Baden-Württembergs, Hessens und Sachsens (unter Mitarbeit von Bayern, Berlin, Niedersachsen, Nordrhein-Westfalen und Schleswig-Holstein) wurde vom Bundesrat am 12. Oktober 2012 (BR-Drs. 503/12) beschlossen und in den Bundestag eingebracht. Der Entwurf des Bundesministeriums der Justiz eines „Gesetzes zur Förderung des elektronischen Rechtsverkehrs mit den Gerichten" wurde Anfang Dezember vom Bundeskabinett beschlossen und ebenfalls in den Bundestag eingebracht.

Im Wesentlichen ist es Ziel beider Entwürfe, die Grundlagen des elektronischen Rechtsverkehrs durch die Vereinfachung der Signaturanforderungen im elektronischen Rechtsverkehr, die Einführung eines sicheren elektronischen Postfachs für Rechtsanwälte und eine Vielzahl von Einzelvorschlägen, die auch organisatorische Vereinfachungen beinhalten, gestärkt werden. Im Einzelnen ist herauszuheben:

- Beide Entwürfe wollen ein bedarfsgerechtes elektronisches Postfach für Rechtsanwälte schaffen, das mit besonderem Vertrauensschutz im elektronischen Rechtsverkehr ausgestattet ist: Die Post aus und in dieses Postfach soll ohne qualifizierte elektronische Signaturen rechtsgültig sein und das verfahrensrechtliche Schriftformerfordernis erfüllen. Dies ist ein grundsätzliches Umdenken im elektronischen Rechtsverkehr: eine umwälzende Vereinfachung. Hierfür wird ein verlässliches, vollständiges elektronisches Adressverzeichnis der deutschen Anwaltschaft geschaffen, das leicht zu bedienen ist und nicht nur für den elektronischen Rechtsverkehr mit Gerichten und Justizbehörden, sondern auch für den sicheren und vertraulichen elektronischen Rechtsverkehr von Anwalt zu Anwalt zugelassen ist. Damit wird ein

Mehrwert für die moderne Anwaltskommunikation erzeugt, der Sicherheit, Geschwindigkeit und Kostenvorteile vereint.

- Im Verfahrensrecht soll der technisch bewährten qualifizierten elektronischen Signatur die Möglichkeit der Zulassung „anderer sicherer Verfahren", im BMJ-Entwurf ausdrücklich verankert die gesetzlich geregelte „De-Mail, hinzugefügt werden. Für Gerichte, Behörden und andere öffentliche Rechtsträger sieht der Länder-Entwurf die Schaffung einer neuen Organisationssignatur vor, die ein wesentlich einfacheres Handling als „elektronisches Amtssiegel" und damit eine vereinfachte Verbreitungsmöglichkeit mit sich bringt.
- Auch zur Bewältigung des Medienbruchs zwischen Papier und elektronischem Dokument sind Vereinfachungen vorgesehen: So soll es künftig ohne richterliche Anforderung nicht mehr notwendig sein, Originalurkunden vorzulegen. Dies ermöglicht, in Papier eingegangene und zu einem elektronischen Dokument gewandelte bzw. umgekehrt elektronisch eingegangene und sodann ausgedruckte Dateien nach Ablauf eines Jahres zu löschen bzw. zu vernichten.
- Darüber hinaus ermöglichen beide Entwürfe, dass einmal verifizierte elektronische Signaturen, auch, wenn ihr Beweiswert zwischenzeitlich abgenommen hat, zum Beispiel bei Erteilung von Abschriften nicht mehr überprüft werden müssen.
- Um schließlich neben dem elektronischen Versand von Dokumenten auch den Ausdruck durch Nutzung von Druckstraßen sehr viel stärker automatisieren zu können als bisher, sehen die Entwürfe den weitgehenden Verzicht auf Beglaubigungserfordernisse vor.
- Wichtige Vereinfachungspotenziale liegen in der elektronischen Eingangsbestätigung: Sie soll bei der Zustellung an Anwälte das Empfangsbekenntnis ersetzen und den damit verbundenen Geschäftsaufwand minimieren.
- Die Schaffung eines gesetzlichen elektronischen Schutzschriftenregisters, das von Anwälten und Gerichten verpflichtend zu nutzen ist, birgt erhebliche Rationalisierungspotentiale – sowohl für die Anwaltschaft als auch für die Gerichte.
- Darüber hinaus enthält der Länder-Entwurf Vorschriften zur Ersetzung von Papierbekanntmachungen durch Veröffentlichung im Internet.

Wesentlicher Unterschied beider Entwürfe, die sich im Verlauf der Diskussion stark einander angenähert haben, ist die Technik der normativen Umsetzung:

Der zeitliche Rahmen des Länderentwurfes sieht zunächst eine Übergangsfrist für die Einrichtung elektronischer Postfächer vor, danach die rechtstechnisch über „Öffnungsklauseln" eröffnete Möglichkeit der Länder, sukzessive Angebote des elektronischen Rechtsverkehrs zu machen, die dann nach bereits vorgegebenen Zeiträumen in eine Nutzungsverpflichtung übergeleitet werden. Im Ergebnis soll dann rund zehn Jahre nach Inkrafttreten des Gesetzes der verpflichtende elektronische Rechtsverkehr für Anwälte und andere professionell an Verfahren Beteiligte eingeführt sein. Demgegenüber sucht der Entwurf des BMJ, die Bundeseinheitlichkeit unmittelbar herbeizuführen: Der verbindliche elektronische Rechtsverkehr soll zum 1. Januar 2018 eingeführt sein mit der Möglichkeit für die Länder, sich jahresweise bis Ende 2021 jeweils vollständig für alle Verfahrensordnungen davon auszunehmen (sog. „opt-out-Klausel“).

Parallel zu den normativen Aktivitäten hat die Bund-Länder-Kommission für Informationstechnik in der Justiz eine 10-Jahres-Strategie zur Einführung des elektronischen Rechtsverkehrs und elektronischer Aktenführung erarbeitet, die die praktische Umsetzung in den länderübergreifenden Fachverfahrensverbünden begleiten und sicherstellen soll.

Für ein Fazit bedeutet all dies: Die Bedeutung der eJustice-Bemühungen der Justizverwaltungen des Bundes und der Länder wird in den nächsten Jahren noch erheblich an Praxisrelevanz gewinnen – die Justiz ist gemeinsam mit ihren Kunden mit großen Schritten unterwegs in das virtuelle Zeitalter, und das ist gut so! Auf diese Weise werden durchgängig elektronische Geschäftsprozesse vom „Einreicher“ bis zum Entscheider möglich, die erst die Rationalisierungspotenziale eröffnen werden, die im Zurückdrängen und schließlich im Verzicht auf Papierakten-Logistik liegen. Es gibt noch viel zu tun.

Vom Gerichtsmediator zum Güterichter im Verwaltungsprozess[1]

Karsten-Michael Ortloff[2]

Das Gesetz zur Förderung der Mediation und anderer Verfahren der außergerichtlichen Konfliktbeilegung scheint die bislang praktizierte Gerichtsmediation zu verändern. Die Bezeichnung „Mediator“ wird dem außergerichtlichen Dritten, der sich der Methode der Mediation bedient, vorbehalten. Der nunmehr so genannte Güterichter, der genauso verfährt, soll kein Mediator sein. Dieser definitorische Kunstgriff ändert jedoch nichts daran, dass im anhängigen Prozess, parallel zu diesem wie auch vorprozessual Mediation angeboten werden kann. Dies wird für den Verwaltungsprozess dargestellt.

I. Gütliche Beilegung des Rechtsstreits

Mediation als Verfahren der alternativen Streitbeilegung hat sich in Deutschland in den letzten 20 Jahren rasant entwickelt - zunächst außergerichtlich und sodann in anhängigen Prozessen auch gerichtsintern. Im Verwaltungsprozess begannen die ersten Versuche im Jahre 2000, inzwischen wird Mediation in fast allen Bundesländern in der ersten und zweiten Instanz erfolgreich praktiziert.[3] Ungewöhnlich für die Justiz war, dass diese Entwicklung vor allem dem persönlichen Engagement zahlreicher Richter aller Gerichtsbarkeiten zu verdanken ist und „frischen Wind in die Gerichte“ gebracht hat. Gerichtliche Mediation wurde überwiegend auch ohne ausdrückliche gesetzliche Grundlage - als zulässig verstanden.[4] Unterstützt wurde sie durch den inzwischen vielzitierten Satz des BVerfG: „Eine zunächst streitige Problemlage durch eine einverständliche Lösung zu bewältigen, ist auch in einem Rechtsstaat grundsätzlich vorzugswürdig gegenüber einer richterlichen Streitentscheidung“.[5] Der in der deutschen Rechtskultur verwurzelten Doppelrolle des Richters, vor einem Urteil auf eine gütliche

1 Der Aufsatz ist ebenfalls erschienen in: Neue Zeitschrift für Verwaltungsrecht, 31. Jahrgang, Heft 17 aus 2012, Seiten 1057 – 1128.

2 Der Autor, Vors. Richter am VG Berlin sowie Gerichtsmediator i. R. und Mitherausgeber der NVwZ, ist als Mediator tätig (www.mediator-ortloff.de).

3 Näher *Ortloff*; Die Mediationsverhandlung (Gerichtsmediation), in: Schoch/Schmidt-Aßmann/Pietzner (seit 2012 Schoch/Schneider/Bier), VwGO, 2010, § 104 Rdnrn. 78 ff.

4 Hierzu v. *Bargen*, Gerichtsinterne Mediation, 2008.

5 BVerfG, NJW-RR 2007) 1073 = ZKM 2007, 128, rn. Anm, *Greger*, 130.

Beilegung des Rechtsstreits hinzuwirken,[6] entspricht der Versuch, die richterliche Vergleichspraxis den Erkenntnissen anderer Disziplinen wie etwa der Sozialpsychologie über erfolgreiches Verhandeln anzupassen. Nicht nur der entscheidungsbefugte Richter kann erfolgreich solche Vergleichsverhandlungen leiten, sondern auch ein nicht entscheidungsbefugter Richter, der sich der Methoden der Mediation bedient. Der für die Streitentscheidung zuständige Richter muss Rechtsschutz bieten, wenn die Parteien dies verlangen. Wünschen diese jedoch eine gütliche Beilegung ihres Streits oder gar eine Lösung ihres (weiter gehenden) Konflikts, dann soll der zuständige Richter hierfür das beste Verfahren anbieten: Überwiegend kommt das Vergleichsgespräch durch den entscheidungsbefugten Richter, das unter Hinweis auf die Rechtslage, unter Beachtung der Interessen der Parteien und durch einen richterlichen Vergleichsvorschlag strukturiert wird, als ein Schlichtungsverfahren in Betracht. Nur in einem geringen Prozentsatz aller anhängigen Streitsachen (für den Verwaltungsprozess geschätzt 10%) ist der nicht entscheidungsbefugte, als Mediator ausgebildete Richter der bessere Verhandlungsleiter, weil er nur auf die hinter den Positionen der Parteien liegenden Interessen abstellt und sich der rechtlichen Würdigung und jeglicher Lösungsvorschläge enthält.

II. Mehrwert der richterlichen Mediation gegenüber der richterlichen Streitschlichtung

Warum sollte der richterliche Mediator in bestimmten Fallkonstellationen bessere Ergebnisse erzielen können als der zuständige Richter im Vergleichsgespräch? Voraussetzung der Bestimmung eines solchen Mehrwerts ist die vergleichbare Qualifikation beider Richter in der Verhandlungsführung, Theorie und Empirie rechtfertigen eine positive Antwort.

Der maßgebliche Unterschied zwischen beiden Streitbehandlungsmethoden liegt in der Funktion des Dritten und in dem damit zusammenhängenden Verhalten der Parteien:

- Der zuständige Richter ist entscheidungsbefugt. Er leitet den Güteversuch nach der Methode der Schlichtung. Seine Rechtsmeinung ist für den Ausgang des Rechtsstreits maßgeblich. Die Parteien verhandeln in dem Bewusstsein, im Falle des Scheiterns des Vergleichsgesprächs an Stelle des Konsenses das Urteil zu erhalten. Dieses Bewusstsein schränkt ihre Offenheit, über die eigenen und gegnerischen Interessen zu sprechen, ein; denn sie

6 § 278 I ZPO, zuvor seit Ende des 19. Jahrhunderts § 279 I ZPO.

befürchten, dass ihre Äußerungen für sie nachteilig in die Entscheidungsfindung des Richters einfließen können. Hierdurch wird ihre Kreativität beim Suchen und Finden der optimalen Konfliktlösung eingeschränkt. Das Ergebnis der Verhandlung kann bestenfalls „suboptimal“ sein.

- Der nicht zuständige Richter dagegen setzt die Methode der Mediation ein. Er hat keine Entscheidungsmacht. Seine rechtliche Bewertung des Streits ist unverbindlich wie diejenige eines beliebigen Dritten. Die Parteien verhandeln also ohne dessen rechtliche Hinweise sowie ohne die Befürchtung einer für sie negativen Verwendung ihrer Äußerungen. Hierdurch wird ihre Autonomie gestärkt. Mit Hilfe des Mediators[7] formulieren sie ihre eigenen Interessen und öffnen sich für die Interessen der Gegenseite. Ihre Kreativität für einen Interessenausgleich kann sich uneingeschränkt entfalten. Das selbst erarbeitete Ergebnis kann das Bestmögliche sein.

Dieser Mehrwert rechtfertigt den Einsatz richterlicher Mediatoren nicht nur im Interesse des Gerichts, sondern auch vor allem im Interesse der Parteien. Denn diese beenden selbstbestimmt ihren Rechtsstreit und lernen aus der positiven Erfahrung, künftig mit Konflikten anders umzugehen und möglichst einen Rechtsstreit zu vermeiden, etwa durch eine außergerichtliche Mediation.

III. Das Gesetz zur Förderung der Mediation und anderer Verfahren der außergerichtlichen Konfliktbeilegung

1. Das Gesetz

Am 26.7.2012 ist das Mediationsförderungsgesetz in Kraft getreten.[8] Als Artikelgesetz enthält es in Art. 1 das Mediationsgesetz (MediationsG) mit neun Paragrafen sowie in Art. 2 ff. Änderungen von Prozessgesetzen. Hier können nur die für das Thema des Beitrags wichtigen Normen vorgestellt werden.

Das Mediationsgesetz befasst sich lediglich in der Übergangsbestimmung mit gerichtlicher Mediation:

§ 9 (1) Die Mediation in Zivilsachen durch einen nicht entscheidungsbefugten Richter während eines Gerichtsverfahrens, die vor dem 26.7.2012 an einem Gericht angeboten wird, kann unter Fortführung der bisher verwendeten Bezeichnung (gerichtlicher Mediator) bis zum 1.8.2013 weiterhin durchgeführt werden.

7 Anders als der zuständige Richter kann er auch in Einzelgesprächen die Bereitschaft zur Offenheit wecken und hinderliche Emotionen abarbeiten.

8 BGBI I, 1577 ff. Hierzu *Ahrens*, NJW 2012, 2465.

(2) Absatz 1 gilt entsprechend für die Mediation in der Verwaltungsgerichtsbarkeit, der Sozialgerichtsbarkeit, der Finanzgerichtsbarkeit und der Arbeitsgerichtsbarkeit.

Art. 2 enthält Änderungen der ZPO, von denen gem. Art. 6 durch den geänderten § 173 I VwGO § 278 V und § 278 a ZPO entsprechend für den Verwaltungsprozess gelten:

§ 278. (5) Das Gericht kann die Parteien für die Güteverhandlung sowie für weitere Güteversuche vor einen hierfür bestimmten und nicht entscheidungsbefugten Richter (Güterichter) verweisen. Der Güterichter kann alle Methoden der Konfliktbeilegung einschließlich der Mediation einsetzen.

§ 278 a. (l) Das Gericht kann den Parteien eine Mediation oder ein anderes Verfahren der außergerichtlichen Konfliktbeilegung vorschlagen.

(2) Entscheiden sich die Parteien zur Durchführung einer Mediation oder eines anderen Verfahrens der außergerichtlichen Konfliktbeilegung, ordnet das Gericht das Ruhen des Verfahrens an.

2. Änderungen der Rechtslage

Auf den ersten Blick hat sich damit die Rechtslage wie folgt geändert:

a) Der Begriff des Mediators (§ 1 II MediationsG)[9] bleibt - nach Ablauf der Übergangsfrist - dem außergerichtlichen Mediator vorbehalten. Wortschöpfungen wie gerichtlicher oder richterlicher Mediater, Gerichtsmediator, Richtermediator dürfen nicht mehr verwendet werden. Der richterliche Mediator (bislang gestützt auf § 278 V 1 ZPO a.F. analog) ist also ein Auslaufmodell im Übergang zum Güterichter.

b) Der Güterichter darf auch die „Methode ... der Mediation" einsetzen. Die Legaldefinition der Mediation lautet:

§ 1 MediationsG (1) Mediation ist ein vertrauliches und strukturiertes Verfahren, bei dem die Parteien mit Hilfe eines oder mehrerer Mediatoren freiwillig und eigenverantwortlich eine einvernehmliche Beilegung ihres Konflikts anstreben.

c) Der Güterichter darf darüber hinaus „alle Methoden der Konfliktbeilegung" verwenden. Seine Kompetenz erscheint damit größer als die des bisherigen Ge-

9 „(2) Ein Mediator ist eine unabhängige und neutrale Person ohne Entscheidungsbefugnis, die die Parteien durch die Mediation führt".

richtsmediators. Unter den zahlreichen Methoden[10] ohne Hilfe eines Dritten (z. B. „Mediation ohne Mediator")[11] und mit Hilfe eines Dritten kommen nur Letztere in Betracht. Hierzu zählt vor allem die Schlichtung, bei der der Dritte einen unverbindlichen Einigungsvorschlag unterbreitet, also weiter gehend interveniert als der Mediator.

d) Schließlich kann der zuständige Richter den Parteien eine außergerichtliche Mediation oder ein anderes Verfahren vorschlagen (wie bisher schon gem. § 278 V 2 und 3 ZPO a. F.).

3. Das Gesetzgebungsverfahren

a) Der Gesetzentwurf der Bundesregierung[12] ging vom Nebeneinander außergerichtlicher und gerichtlicher Mediation aus, wobei die dritte Kategorie der gerichtsnahen Mediation eine Unterform der außergerichtlichen Mediation war. Die Legaldefinition lautete (§ 1 I 2 MediationsG):

§ 1. (1) ... Die Mediation kann durchgeführt werden unabhängig von einem Gerichtsverfahren (außergerichtliche Mediation), während eines Gerichtsverfahrens außerhalb des Gerichts (gerichtsnahe Mediation), während eines Gerichtsverfahrens von einem nicht entscheidungsbefugten Richter (gerichtsinterne Mediation).

Die weiteren Regelungen können im vorliegenden Zusammenhang außer Betracht bleiben.

b) Der Rechtsausschuss des Deutschen Bundestages hat - nach öffentlicher Anhörung - fraktionsübergreifend einstimmig folgende hier bedeutsamen Änderungen empfohlen,[13] die der Deutsche Bundestag ebenfalls einstimmig beschlossen hat.[14]

Die Unterscheidung zwischen außergerichtlicher und gerichtlicher Mediation in § 1 I 2 MediationsG wird gestrichen. Die gerichtliche Mediation darf nur noch zeitlich begrenzt weiterbetrieben werden (§ 9 MediationsG).

§ 278 V ZPO erhält folgende Fassung:

10 S. die „Zusammenfassende Darstellung alternativer Konfliktbeilegungsmethoden im Überblick" bei *Fritz*, in: Fritz/Pielsticker, MediationsG, Erscheinen für 2012 angekündigt.

11 So der Untertitel von *Engel*, Collaborative Law, 2010.

12 BT-Dr 17/5335.

13 BT-Dr 17/8058.

14 BR-Dr 10/12.

§ 278 (5) Das Gericht kann die Parteien für die Güteverhandlung sowie für weitere Güteversuche vor einen Güterichter als beauftragten oder ersuchten Richter verweisen.

c) Diese für die interessierte Fachöffentlichkeit überraschende Streichung der gerichtsinternen Mediation und die Einführung des zweifachen Güterichters - des beauftragten und des ersuchten - führte zur Anrufung des Vermittlungsausschusses durch den Bundesrat auf Grund der Empfehlung seines Rechtsausschusses.[15] In der Diskussion wurde das Güterichtermodell befürwortet und kritisiert. Erstaunlich an dieser Debatte war vor allem, dass die Unterschiede der gesetzlichen Termini „beauftragter" und „ersuchter" Richter (vgl. §§ 361, 362 ZPO, §§ 96 II, 151 VwGO)[16] kaum wahrgenommen wurden.[17] Die vom Bundestag beschlossene Regelung hätte daher verständlicher wie folgt formuliert werden können:

§ 278 ZPO. (5) Das Gericht kann die Parteien für die Güteverhandlung sowie für weitere Güteversuche an einen Güterichter verweisen. Güterichter kann der entscheidungsbefugte Einzelrichter, ein Mitglied des entscheidungsbefugten Spruchkörpers (beauftragter Richter) oder mit Zustimmung der Parteien ein nicht entscheidungsbefugter Richter desselben oder eines anderen Gerichts (ersuchter Richter) sein. Der ersuchte Richter leitet den Güteversuch wie ein Mediator.[18]

4. Würdigung

Die sodann im Vermittlungsausschuss gefundene und Gesetz gewordene Fassung des § 278 V ZPO verzichtet auf die Unterscheidung zwischen beauftragtem und ersuchtem Richter und vermeidet somit die angesprochenen Unklarheiten. Gleichwohl überzeugt das Ergebnis nicht. Dass der Güterichter zwar die Methode der Mediation anwenden, nicht aber Mediator genannt werden darf, erschließt sich nicht ohne Weiteres. Eine Erklärung könnte darin liegen, dass im Interesse der außergerichtlichen Mediatoren der richterliche Mediator - wegen vermeintlicher Konkurrenz unter verzerrten Wettbewerbsbedingungen - abgeschafft wer-

15 BR-Dr 10/ 1/12.

16 Beauftragter Richter ist ein entscheidungsbefugter Richter des zuständigen Spruchkörpers; ersuchter Richter ist ein nicht entscheidungsbefugter Richter eines anderen (oder analog desselben) Gerichts.

17 Die Begründung des Rechtsausschusses zu der von ihm vorgeschlagenen Fassung des § 278 V ZPO erwähnt nur den ersuchten, nicht aber auch den beauftragten Richter, BT-Dr 17/8058 S.21. Ohne Differenzierung *Carl*, ZKM 2012, 1.6. Vom beauftragten als nicht entscheidungsbefugten Richter ohne Erwähnung des ersuchten Richters sprechen Moltmann/Kraus/v. Hammerstein, ZKM 2012, 64.

18 *Ortloff*, Gerichtsinterne Mediation - Verbot durch Gesetz?, NJW-Editorial H. 3/2012.

den sollte. Ob das neue Recht diesem Interesse wirklich zu dienen geeignet ist, erscheint höchst zweifelhaft.

Die für den Verwaltungsprozess neuen Vorschriften der ZPO bedürfen einer weiteren Kommentierung. Dabei kann auf die amtliche Begründung zu § 278 V ZPO nicht zurückgegriffen werden, weil eine Begründung des Vermittlungsausschusses nicht publiziert wird. Im Folgenden sollen nur die wichtigsten Probleme angesprochen werden.[19]

IV. Bestellung des Güterichters

1. Zuständigkeit

§ 278 V ZPO spricht von dem für die Güteverhandlung sowie für weitere Güteversuche „bestimmten ... Richter". Daher ist das Präsidium des Gerichts, das u. a. die Besetzung der Spruchkörper „bestimmt" und die Geschäfte verteilt (§ 21 e I 1 GVG), zuständig. Diese Anordnung ist in den Geschäftsverteilungsplan vor Beginn des Geschäftsjahres aufzunehmen.[20] Auf Vorschlag des Präsidenten kann das Präsidium einen oder mehrere Güterichter bestimmen. Dabei genügt die Anhörung der Richter, wie sie sonst als „Gelegenheit zur Äußerung zu geben" (§ 21 e II GVG) vorgesehen ist, nicht. Vielmehr ist deren Zustimmung zu dieser - freiwillig übernommenen - zusätzlichen Aufgabe erforderlich. Bei mehreren Güterichtern kann das Präsidium deren Geschäfte verteilen, kann dies aber auch den Güterichtern überlassen, weil diese m. E. mangels Entscheidungsbefugnis nicht gesetzliche Richter i. S. des Art. 101 I 2 GG sind.[21]

2. Eignung zum Güterichter

Nur ein Richter, der mindestens eine Methode oder mehrere Methoden der Konfliktbeilegung beherrscht, kann zum Güterichter bestimmt werden. Die vom Ge-

19 Auf den ausführlichen Gesetzeskommentar von *Fritz/Pielsticker* (o. Fußn. 8) sowie auf *Ahrens*, NJW 2012,2465, sei hingewiesen.

20 Obwohl nach der Übergangsregelung des § 9 MediationsG die bisher angebotene gerichtliche Mediation noch 1 Jahr lang weitergeführt werden darf, empfiehlt sich deren Beendigung und Überführung in das Güterichtermodell bereits zum 1.1.2013 im Geschäftsverteilungsplan für 2013.

21 A. A. für den richterlichen Mediator unter Hinweis auf die unterschiedlichen Ansichten u. *Bargen* (o. Fußn. 2), S, 284 ff. Wie hier *Ahrens*, NJW 2012,2465 (2469). Das Problem des Güterichters als gesetzlichen Richters kann im Rahmen dieses Beitrags nicht näher dargestellt werden.

setz ausdrücklich genannte Methode der Mediation steht dabei im Vordergrund und sollte von jedem Güterichter beherrscht werden. Soweit die Vorschriften des Mediationsgesetzes das Verfahren der Mediation regeln (§§ 1 I, 2 II-VI), gelten sie m. E. unmittelbar für den diese Methode einsetzenden Güterichter. Nur sinngemäß anwendbar sind dagegen die Bestimmungen über den Mediator, weil der Güterichter eben kein Mediator ist. Vor allem die Anforderungen an eine geeignete Ausbildung (§ 5 I 2 MediationsG analog) sind von dem Güterichter genauso zu erfüllen wie von einem (außergerichtlichen) Mediater, die qualifizierten Voraussetzungen als „zertifizierter Mediator" (§ 5 II MediationsG) muss der Güterichter dagegen nicht vorweisen.

V. Kompetenzen des Güterichters

1. „Güteverhandlung"

Die Verwendung des Begriffs „Güteverhandlung" im neu gefassten § 278 V ZPO führt trotz der Verweisung in § 173 I VwGO nicht dazu, dass auch im Verwaltungsprozess die Normen über die der mündlichen Verhandlung vorgeschaltete Güteverhandlung im Zivilprozess (§§ 278 II, 279 ZPO) entsprechend anzuwenden sind. Denn insoweit gelten die Vorschriften der VwGO über die mündliche Verhandlung und über die gütliche Beilegung des Rechtsstreits (§§ 101-106, 87 I 2 Nr.1 VwGO). Gleichwohl lässt sich neben dem Oberbegriff „Güteversuch" auch im Verwaltungsprozess die Verhandlung vor dem Güterichter als Güteverhandlung bezeichnen. Das führt jedoch nur dann zu begrifflicher Klarheit, wenn man den Begriff „Güteverhandlung" für die Verhandlung durch den Güterichter reserviert und die Güteversuche durch den entscheidungsbefugten Richter anders benennt.

2. Beschränkung auf die Methode der Mediation?

Nach § 278 V 2 ZPO kann der Güterichter alle Methoden der Konfliktbeilegung einsetzen. Wenn er denn mehrere Methoden beherrscht, muss er sich vor oder zu Beginn der Güteverhandlung auf eine dieser Methoden festlegen und diese mit den Parteien vereinbaren. Er kann aber auch nur eine Methode anbieten, also etwa die Mediation. Das wirft die Frage auf, ob er von vorneherein auf diese Methode festgelegt werden kann oder ob er sich in jedem Einzelfall äußern muss. M. E. spricht viel dafür, dass - mit Zustimmung des Güterichters - bereits im Geschäftsverteilungsplan des Präsidiums eine solche Festlegung erfolgen kann, etwa durch folgende Formulierungen: „Für Güteversuche nach der Methode der Mediation ist als Güterichter RiVG X zuständig“. Das bedeutet, dass das Gericht Güteversuche nach anderen Methoden nicht anbietet, auch nicht anbieten muss, weil es zur Bestimmung eines Güterichters nicht verpflichtet ist und daher ein Minus gegenüber dem „unbeschränkten“ Güterichter beschließen darf.

3. Zuständig auch für andere Gerichte?

In der bisherigen Praxis der gerichtlichen Mediation ist Mediation auch für andere Gerichte angeboten worden, die selbst keinen Gerichtsmediator einsetzen. Das rechtfertigt die Frage, ob z. B. in einem Bundesland die Güterichter bei einem Gericht konzentriert werden können, also etwa bei einem VG auch für die übrigen Verwaltungsgerichte oder beim OVG auch für ein VG oder für mehrere Verwaltungsgerichte. Schließlich ist die Zuständigkeit der Güterichter Gerichtsbarkeitsübergreifend denkbar. Bedenken sind nicht erkennbar, dass das Gericht, dem der Güterichter angehört, solche Bestimmungen in seinem Geschäftsverteilungsplan treffen kann.[22]

4. Protokoll

Die für den Gerichtsmediator umstrittene Frage, ob er einen vollstreckbaren Prozessvergleich (§ 106 S. 1 VwGO) protokollieren darf, ist für den Güterichter gesetzlich geregelt:

Die Vorschrift des § 159 ZPO über das richterliche Protokoll ist durch Art. 2 Nr. 3 des Gesetzes zur Förderung der Mediation um Absatz 2 Satz 2 ergänzt worden, wonach ein Protokoll über eine Güteverhandlung oder weitere Güteversuche vor einem Güterichter nur auf übereinstimmenden Antrag der Parteien aufgenommen wird. Inhalt eines solchen Protokolls kann ein Vergleich sein (§ 160 III Nr. 1 ZPO). Gemäß § 105 VwGO gelten für die Niederschrift die

22 S. hierzu die Begr. des BT-Rechtsausschusses zu seiner Fassung des § 278 V ZPO, BT-Dr 17/8058, 5.21. A. A. Ahrens, NJW 2012, 2465 (2469).

§§ 159 - 165 ZPO entsprechend, also auch für die Niederschrift des gerichtlichen Vergleichs (§ 106 S. 1 VwGO). Der Güterichter kann also nicht nur den Prozessvergleich, sondern auch alle anderen Prozesserklärungen der Parteien und das sonstige Verhandlungsergebnis protokollieren.[23]

VI. Verweisung an den Güterichter

Leider ist in § 278 V ZPO keine Aussage darüber getroffen worden, ob die Verweisung „vor" einen Güterichter nur mit Zustimmung der Parteien, nach Anhörung der Parteien, ohne Anhörung der Parteien oder sogar gegen deren Willen möglich ist. Bei einem engen Verständnis des Begriffs „verweisen" in Abgrenzung zu dem Wort „vorschlagen" in § 278 a II ZPO ließe sich die Ansicht vertreten, dass weder die Zustimmung noch die Anhörung der Parteien vor dem Beschluss des Gerichts erforderlich sind. Ein solches Normverständnis könnte jedoch mit dem Kernprinzip aller Verfahren der alternativen Konfliktbeilegung, der Freiwilligkeit (vgl. § 1 I MediationsG), kollidieren. Daher sollte der Gesetzestext nach dem Sinn und Zweck der Güteverhandlung wie folgt gelesen werden: „Das Gericht kann die Parteien mit deren Zustimmung ... verweisen".[24]

Zuständig für den Verweisungsbeschluss ist „das Gericht", also der Spruchkörper oder der Einzelrichter, aber wohl auch im vorbereitenden Verfahren der Berichterstatter (§ 87 I 1 VwGO).

Die Abgabe an einen nicht entscheidungsbefugten Richter bietet sich in Fällen an, in denen ein umfangreiches oder komplexes Konfliktpotenzial erkennbar wird, in denen also vor allem der Mehrwert der Mediation (oben II) angestrebt werden kann.

VII. Verfahrensmanagement des entscheidungsbefugten Richters

Das mit der anhängigen Streitsache befasste Gericht ist im Verwaltungsprozess entweder die Kammer, der Senat oder der Einzelrichter. Im Spruchkörper ist der Berichterstatter zunächst für die Bearbeitung zuständig, der - in Abstimmung mit den übrigen Mitgliedern des Spruchkörpers - das Verfahren bis zur mündlichen

23 Dagegen ist ein Verlaufsprotokoll der Güteverhandlung nicht zu empfehlen, weil Streit über Inhalt, Umfang und Formulierungen entstehen kann, der die positive Verhandlungsatmosphäre beeinträchtigt.

24 Dieser Ansicht war auch der BT-Rechtsausschuss zu seiner Fassung des § 278 V ZPO, BT-Dr 17/8058, S.21. Warum hat er das Gesetz nicht auch so formuliert? A. A. *Ahrens*, NJW 2012,2465 (2470).

Verhandlung betreibt.[25] Zu diesem „Verfahrensmanagement" gehört es, zu überlegen, ob eine gütliche Beilegung des Rechtsstreits (§ 278 I ZPO) in Betracht kommt und in welcher Weise ein solcher Güteversuch stattfinden soll. Vier verschiedene Möglichkeiten bietet das Prozessrecht:

1. Rechtsgespräch in der mündlichen Verhandlung mit Güteversuch

In der mündlichen Verhandlung des Spruchkörpers oder des Einzelrichters bildet das Rechtsgespräch den Kern des Geschehens.[26] Das Gericht kann - am besten nach Erörterung der Sach- und Rechtslage und möglichst nach Offenlegung seiner derzeitigen Rechtsmeinung - das Vergleichsgespräch mit einem Vorschlag einleiten und sodann norm- und interessenorientiert leiten. Dieser Güteversuch findet also nach den Kriterien einer Schlichtung statt.

2. Güteversuch des Berichterstatters

Im - die mündliche Verhandlung - vorbereitenden Verfahren kann der Berichterstatter „zur gütlichen Beilegung des Rechtsstreits laden" (§ 87 I 2 Nr. 1 VwGO). Als (mit)entscheidungsbefugter Richter kann er diesen Güteversuch - wie der Spruchkörper in der mündlichen Verhandlung - ebenfalls als Schlichtungsverfahren leiten.

3. Verweisung an den Güterichter

Der Güteversuch kann auch von einem Güterichter durchgeführt werden (§ 278 V ZPO). Die Verweisung (oben VI) ist in jedem Stadium des Rechtsstreits möglich, empfiehlt sich aber vor allem frühzeitig, etwa nach Eingang der Klageerwiderung. Wegen des Mehrwerts der Mediation (oben II) sollte die Güteverhandlung nach dieser Methode durchgeführt werden.

Dagegen erscheint es nicht sinnvoll, eine Schlichtung zu versuchen, die mit einer rechtlichen Bewertung und einem darauf beruhenden Einigungsvorschlag beginnt. Denn mangels Entscheidungsbefugnis des Güterichters ist dessen Rechtsansicht für die Parteien ohne Belang; der zuständige Richter ist deshalb der bessere Schlichter. Schließlich wird die Bereitschaft des zuständigen Richters, die Sache an den Güterichter zu verweisen, gering oder nicht vorhanden

25 S. *Ortloff/Riese*, in: Schoch u.a. (o. Fußn. 1), Vorb. § 81 Rdnrn.18ff.
26 Näher *Ortloff*, in: Schoch u.a. (o. Fußn. 1), § 104 Rdnrn. 3 ff.

sein, wenn er befürchten muss, dass dieser den Fall rechtlich aufbereitet und ihm „in die Suppe spuckt". Der Güterichter schließlich wird kaum Interesse daran haben, sich in die Rechtsmaterie einzuarbeiten und gleichwohl nur unverbindlich seine Ansicht äußern zu können.

4. Vorschlag der außergerichtlichen Konfliktbeilegung

Schließlich kann das Gericht auch einen außergerichtlichen Güteversuch anregen. Die bisherige Regelung des § 278 V 2 und 3 ZPO findet sich nun in leicht geänderter Fassung in § 278 a ZPO wieder. Ein solcher Vorschlag wird in geeigneten Fällen sinnvoll sein, wenn ein Güterichter nicht zur Verfügung steht oder wenn das Verfahren der Konfliktbeilegung so aufwändig erscheint, dass es mit den Ressourcen des Gerichts nicht bewältigt werden kann. Auch hier ist die Mediation die sinnvollste Methode der Streitbehandlung (aus den Gründen wie bei der Verweisung an den Güterichter).

VIII. Ausblick

Das neue Gesetz soll die außergerichtliche Konfliktbeilegung, insbesondere die Mediation, fördern. Ob es dieses Ziel durch die hier erörterten Vorschriften erreichen wird, erscheint fraglich.

Der terminologische Kunstgriff, den Richter, der eine Konfliktbeilegung nach der Methode der Mediation durchführt, nicht als Mediator zu bezeichnen, stellt sich als Spitzfindigkeit heraus, die man auch Unsinn nennen könnte. Wenn der Güterichter sich - sinnvollerweise - auf die Methode der Mediation beschränkt, um an Stelle des entscheidungsbefugten Richters optimale Ergebnisse erzielen zu können, dann arbeitet er wie der bisherige Gerichtsmediater. Da mit der richterlichen Mediation unbestritten gute Erfahrungen gemacht worden sind, ist kein Grund ersichtlich, weshalb die Gerichte auf dieses Erfolgsmodell ihrer Arbeit verzichten sollten.

Die Möglichkeit, im anhängigen Prozess eine außergerichtliche Streitbeilegung vorzuschlagen, war schon nach bisherigem Recht gegeben. Die Erfahrung hat gezeigt, dass die Gerichte hiervon nicht oder sehr selten Gebrauch gemacht haben. Warum sollte sich diese restriktive Haltung als Folge des Gesetzes ändern? Andere Faktoren hingegen werden möglicherweise die außergerichtliche Mediation während eines anhängigen Prozesses begünstigen.

Die vorprozessuale außergerichtliche Mediation hat bislang durch die Erfolgserlebnisse der Parteien in der gerichtlichen Mediation an Bedeutung gewonnen, weil die Parteien gelernt haben, wie man Streitigkeiten konsensual beilegen kann. Diesen Lerneffekt kann weiterhin der Güterichter erzielen und damit die außergerichtliche Mediation fördern.

Verfahren der Mediation vor dem Güterichter und außergerichtliche Mediation sollten weiterhin nicht als Gegensatz (entweder/oder), sondern im Sinne eines produktiven Nebeneinanders (sowohl/als auch) verstanden werden. Hierdurch wird der Intention des neuen Gesetzes am besten gedient.

Moderne Strafrechtspflege

Erich Jung

Die Schuldenbremse führt dazu, dass alle Ressorts sparen müssen. Dazu muss auch die Justiz ihren Beitrag leisten, ohne dass ihre Funktionsfähigkeit und Qualität beeinträchtigt werden.

Das ist der Gegenstand unserer Tagung. Sie soll dazu dienen, einen Überblick über aktuelle Modernisierungsansätze in den verschiedensten Bereichen der Justiz zu bieten. Ich will versuchen, dazu für den Bereich der Staatsanwaltschaften in dem einen oder anderen Punkt etwas beizutragen.

Die Ausgangssituation der Staatsanwaltschaften stellt sich in der aktuellen Lage dabei nicht wesentlich anders dar, als diejenige in anderen Bereichen der Justiz.

Sie stehen vor der Herausforderung ihre Aufgaben auch unter den Vorgaben des Sparzwangs nachhaltig und auf hohem Niveau zu erfüllen und dabei gleichzeitig den neuen Anforderungen Rechnung zu tragen, die die Kriminalitätsbekämpfung mit sich bringt, d.h., sie haben auch neuen Erscheinungsformen der Kriminalität ihrerseits mit modernen Ansätzen Rechnung zu tragen. Diese Aspekte zusammenzuführen ist keine leichte Aufgabe.

Dabei bietet sich kein Königsweg an, der die genannten Gesichtspunkte umfassend und zielführend abdecken könnte. Notwendig ist vielmehr eine Kombination der verschiedensten Maßnahmen.

Das bedeutet:

- Erzielung von Einsparungen durch strukturelle Veränderungen auf allen Ebenen bei gleichzeitiger Trennung von Überflüssigem und Überholtem;
- Entwicklung neuer Formen der Kriminalitätsbekämpfung und
- Entwicklung und Fortführung neuer Zusammenarbeitsformen mit anderen Behörden und Institutionen im Sinne eines ganzheitlichen Ansatzes.

Und dies nicht nur um dem Zwang zu Einsparungen Rechnung zu tragen, sondern auch um nach Möglichkeit eine Steigerung der Effektivität und der Qualität staatsanwaltschaftlicher Arbeit zu erreichen.

Erforderlich sind dabei intelligente, an den genannten Kriterien ausgerichtete Maßnahmen, die den Staatsanwaltschaften weiterhin eine sachgerechte Aufgabenerfüllung ermöglichen.

Zu beachten ist dabei, dass - anders als bei anderen staatlichen Einrichtungen - Strukturen und Verfahren der Justiz durch bundesrechtliche Regelungen in weiten Teilen vorgegeben sind.

Dies vorausgeschickt, stehen für den Bereich der Staatsanwaltschaften eine Reihe von Überlegungen im Raum, die ich hier nicht abschließend behandeln kann, auf die ich im Folgenden aber beispielhaft eingehen will.

Ausgangspunkt muss dabei jeweils die Überlegung sein, welche Aufgaben von den Behörden wahrzunehmen sind und welche strukturellen Bedingungen erfüllt sein müssen, damit sie dies kostengünstig und effektiv tun können.

I. Organisationsstrukturen innerhalb der Behörden

In den Blick zu nehmen sind dabei zunächst die Organisationsstrukturen innerhalb der Behörden

1. Generalstaatsanwaltschaften

In diesem Zusammenhang zunächst zu den Generalstaatsanwaltschaften:

Neben den wesentlichen Schwerpunkten ihrer Tätigkeit im Rahmen der Dienst- und Fachaufsicht gegenüber den nachgeordneten Staatsanwaltschaften (dazu gehören neben der Bearbeitung formeller Beschwerden gegen Verfügungen der Staatsanwaltschaften u.a. verfahrensbezogene Überprüfungen im Rahmen von Aktenvorlagen, Berichtsvorgänge, Geschäftsprüfungen, die Regelung organisatorischer Belange sowie Anleitungen hinsichtlich des Geschäftsbetriebs der Staatsanwaltschaften) nimmt die Generalstaatsanwaltschaft vielfältige Aufgaben im Rahmen der nationalen und internationalen Strafverfolgung, der Vertretung des Fiskus sowie der Justizverwaltung im weiteren und engeren Sinne wahr.

Ihr kommt darüber hinaus eine wesentliche Koordinierungsfunktion im Hinblick auf die Verfahrensbearbeitung bei den Staatsanwaltschaften zu. So kann sie auf Konzentrationen hinwirken, Verfahren zusammenführen und Zuständigkeiten regeln.

Sie ist überdies Bindeglied zwischen den Staatsanwaltschaften und der Ministerialverwaltung. Sie sorgt für die behördenspezifische Umsetzung der Vorgaben des Ministeriums einerseits und prüft und kanalisiert Anregungen der Staatsanwaltschaften an die Landesjustizverwaltung andererseits. Öffentlichkeitswirksame und bedeutsame Ermittlungsverfahren begleitet sie, um einen ordnungsgemäßen Verfahrensgang zu gewährleisten. Hierzu sind enge Abstimmungen sowohl mit den Staatsanwaltschaften als auch mit der Ministerialverwaltung erforderlich.

Ein weiteres wesentliches Betätigungsfeld ist die Personalverwaltung. Es ist Aufgabe des Generalstaatsanwalts einheitliche Beurteilungsmaßstäbe zu sichern, Leistungsstandards zu gewährleisten, den konkreten Personaleinsatz zu steuern und in Abstimmung mit den Staatsanwaltschaften und der Ministerialverwaltung eine planvolle, leistungsorientierte und langfristige Personalentwicklung zu betreiben.

Nicht zuletzt kommt der Generalstaatsanwaltschaft die Aufgabe zu, die staatsanwaltschaftlichen Aufgaben gegenüber dem Oberlandesgericht wahrzunehmen.

Diese klassischen Tätigkeitsfelder einer Generalstaatsanwaltschaft, insbesondere der große und arbeitsintensive Bereich der Dienst- und Fachaufsicht über die zugeordneten Staatsanwaltschaften beinhaltet wichtige Steuerungselemente und zugleich Möglichkeiten und Mittel zur Unterstützung der nachgeordneten Behörden bei der Erfüllung ihrer Aufgaben.

Sie haben sich aus meiner Sicht jedoch allein nicht als ausreichend erwiesen, engagierte und qualitativ hochwertige Strafverfolgung zu gewährleisten.

Die Generalstaatsanwaltschaft ist nach meiner Überzeugung gehalten, sich so auszurichten, dass neben die klassischen Arbeitsfelder der Dienst- und Fachaufsicht zunehmend Elemente treten, die von den Staatsanwaltschaften nicht als Kontrolle, sondern als Unterstützung ihrer Arbeit verstanden und angenommen werden. Hierzu gehören beispielsweise Fortbildungsmaßnahmen, Workshops oder auch der Erarbeitung von Handreichungen in wichtigen und rechtlich schwierigen Sachfragen. Ziel sollte dabei sein, die theoretische Durchdringung dieser Bereiche nur einmal - bei der Generalstaatsanwaltschaft - vornehmen zu lassen und die so gewonnenen Erkenntnisse nachfolgend mit den Praxisbedürfnissen abzugleichen. So kann es gelingen, rechtlich gute

und praktisch handhabbare Lösungen für anstehende Probleme zu erreichen. Ähnliche Erwägungen gelten auch für andere Bereiche. So kann die Generalstaatsanwaltschaft Anstöße in den Bereichen IT, Personalentwicklung, Organisation, aber auch der Rechtsprechung aufnehmen und im Dialog mit den Leitern und Mitarbeitern der Staatsanwaltschaften und unter Einbeziehung von deren Bedürfnissen sachgerecht umsetzen. Eine derartige Organisationsentwicklung ermöglicht es auch, die Generalstaatsanwaltschaft und die ihr zugeordneten Staatsanwaltschaften stärker als bisher in gesellschaftliche Netzwerke einzubinden, die für eine erfolgreiche und modernen Bedürfnissen genügende Strafrechtspflege sinnvoll und notwendig sind.

In Zukunft sollte die Generalstaatsanwaltschaft damit stärker als bisher gleichsam die Funktion einer Stabsstelle für Fragen der Strafrechtspflege auch für die Staatsanwaltschaften wahrnehmen. Und das nicht nur in der eben dargelegten Form, sondern darüber hinaus auch dadurch, dass sie sich Kompetenzen in den verschiedensten Sachgebieten erarbeitet, vorrätig hält und anbietet, um so auch im beruflichen Alltag - durchaus auch einzelfallbezogen - als Ansprechpartner zur Verfügung zu stehen. Das bedingt u.a. vermehrte Spezialisierung der Mitarbeiterinnen und Mitarbeiter, die Bildung eines kompetenten Personalkörpers, damit sich im Ergebnis ein „Kompetenzzentrum" herausbilden kann, das die nachgeordneten Behörden in vielfältiger Weise unterstützt und auf das diese zurückgreifen können. Das gilt sowohl in Fragen der Organisation und Verwaltung, als auch in sachlich-inhaltlichen Bereichen (ich nenne in diesem Zusammenhang beispielsweise die IT-Verwaltung, auf die ich noch näher eingehen werde, oder Sachbereiche wie „Organisierte Kriminalität, oder Informations- und Kommunikationskriminalität", aber auch die Bekämpfung grenzüberschreitender Kriminalitätsformen und die damit zusammenhängenden Fragen des Rechtshilfewesens im weitesten Sinne).

Die Generalstaatsanwaltschaft sollte sich in diesen Bereichen und darüber hinaus zunehmend als Dienstleister für die nachgeordneten Behörden verstehen.

Ziel muss es darüber hinaus sein, sich verstärkt in der Erarbeitung und Durchführung innovativer Projekte zu engagieren und sich selbst und die zugeordneten Staatsanwaltschaften stärker als bisher in gesellschaftliche Netzwerke einzubinden, die für eine erfolgreiche und modernen Bedürfnissen genügende Strafrechtspflege sinnvoll und notwendig sind.

Im Ergebnis sollte sich die Generalstaatsanwaltschaft also in ihren Arbeitsschwerpunkten ein Stück weit neu auszurichten. Ziel muss es sein, durch eine planvolle Personalentwicklung und die Optimierung der Organisationsstrukturen eine moderne, innovative und zukunftsfähige Mittelbehörde zu schaffen, die sich nicht als reine Fachaufsichtsbehörde im herkömmlichen Sinn versteht, sondern die nachgeordneten Staatsanwaltschaften dienstleistungsorientiert in fachlicher und organisatorischer Hinsicht begleitet und die Ministerialverwaltung unterstützt.

Die Nutzen und Folgen einer derartigen Entwicklung werden sich nicht an einzelnen strukturellen Maßnahmen festmachen lassen. Ich denke, ein derartiges Gesamtkonzept macht aber deutlich, dass sich durch innovative Maßnahmen im Wege sachlicher und organisatorischer Konzentration an einer Stelle, nämlich der Generalstaatsanwaltschaft, eine Reihe von ansonsten an verschiedenen Stellen mehrfach wahrgenommenen identischen Aufgaben effizienter, effektiver und im Ergebnis auch kostensparender wahrnehmen und lösen lassen.

2. Nachgeordnete Staatsanwaltschaften

Auf den Prüfstand zu stellen ist mit Blick auf bestehende Optimierungsmöglichkeiten auch die derzeitige Führungs- und Organisationsstruktur bei den nachgeordneten Staatsanwaltschaften.

Aufgaben können nur gut erfüllt werden, Personalentwicklung kann nur erfolgreich sein, wenn sie in einen strukturellen Rahmen eingebettet sind, der motivationsfördernd und leistungssteigernd wirkt. Hierzu sind klare Hierarchieebenen mit eindeutigen Kompetenzzuweisungen unerlässlich. Die derzeitige Führungsstruktur bei den Staatsanwaltschaften weist - jedenfalls in den meisten Bundesländern - unter diesem Aspekt zwei grundlegende Probleme auf:

- Zum einen ist die Führungsspanne der Geschäftsleiterinnen und -leiter bei mittelgroßen und großen Staatsanwaltschaften sehr groß,
- zum anderen wirken auf die im Unterstützerbereich gebildeten Serviceeinheiten mehrere Führungskräfte mit unterschiedlichen Aufgabenbereichen ein.

So ist die Serviceeinheit zwar regelmäßig als Unterstützungseinheit fester und unerlässlicher Bestandteil der Abteilung, der eine Abteilungsleiterin oder ein Abteilungsleiter vorsteht. Die Mitarbeiterinnen und Mitarbeiter der Serviceeinheit unterstehen aber - sozusagen parallel dazu - auch der Weisungsbefugnis der Geschäftsleitung.

Diese Führungsstruktur ist verbesserungsfähig und kann klarer gestaltet werden.

Sie ist derzeit stark durch diejenige der Gerichtsbarkeiten beeinflusst und basiert im Grundsatz auf dem Gedanken einer Trennung von Rechtsprechung und Verwaltung. Strukturell geht sie von einem Modell aus, in dem die Entscheiderebene, die Unterstützerebene und die Verwaltung grundsätzlich voneinander unabhängige Organisationseinheiten sind.

Die Staatsanwaltschaften sind jedoch hierarchisch gegliederte Exekutivbehörden. Sie tragen die Verantwortung für die Rechtmäßigkeit, Ordnungsmäßigkeit, Gründlichkeit und Schnelligkeit des Ermittlungsverfahrens und entscheiden darüber, ob es zu einem strafgerichtlichen Verfahren kommt. Sie sind damit Bindeglied zwischen Exekutive und Judikative und haben ihren gesetzlich bestimmten Beitrag zur Justizgewährung zu erbringen. Im Gegensatz zu anderen Behörden „verwaltet" die Staatsanwaltschaft nicht, sondern arbeitet auf Rechtsprechung hin. Obgleich Teil der Exekutive, gehört sie damit auch zum Funktionsbereich der Judikative.

Dies macht deutlich, dass die Staatsanwaltschaften sowohl nach ihrer inneren Organisationstruktur als auch nach ihrer gesetzlichen Aufgabenstellung weder mit den Gerichten, noch mit sonstigen klassischen Verwaltungsbehörden gleichzusetzen sind. Die stark am Aufbau der Gerichte orientierte derzeitige Organisationsregelung wird diesen Besonderheiten ebenso wenig gerecht wie der klassisch-hierarchische Aufbau reiner Verwaltungsbehörden.

Demgegenüber bietet aus meiner Sicht ein Modell - ich will es als aufgabenorientiertes Führungsmodell - bezeichnen - Vorteile, dass einerseits eine klare Führungsstruktur schafft, andererseits aber durch flexible Aufgabenzuweisung den speziellen Belangen der staatsanwaltschaftlichen Organisation Rechnung tragen kann. Es reduziert die Führungsspanne des Geschäftsleiters auf ein praktikables Maß und führt nicht zu einer Überfrachtung der Aufgaben des Abteilungsleiters mit allgemeinen Verwaltungsaufgaben. Bei sachgerechter Ausgestaltung können Kompetenzüberlappungen weitgehend vermieden werden. Die derzeitige eher undurchsichtige Kompetenzverteilung zwischen Abteilungsleiter und Geschäftsleiter, insbesondere die Verteilung der Führungsverantwortung auf beide Funktionsträger, hemmt dagegen Entscheidungsprozesse.

Demgemäß werden bei einer ggf. in den Blick zu nehmenden Neuregelung der Führungs- und Organisationsstruktur der Staatsanwaltschaften aus meiner Sicht folgende Punkte zu beachten sein:

- Das umfassende Weisungs- und Direktionsrecht des Behördenleiters muss unberührt bleiben.
- Dem Abteilungsleiter sind genau definierte Führungsaufgaben gegenüber den Angehörigen der Serviceeinheiten und den Dezernentinnen und Dezernenten zu übertragen, im Rahmen derer er weisungsbefugt ist. Diese Aufgaben können sich nur auf die inneren Belange der Abteilungen erstrecken und sind konkret zu bezeichnen.
- Der Geschäftsleiter bleibt für alle übrigen Verwaltungs- und Führungsaufgaben, die den nicht höheren Dienst betreffen und nicht dem Abteilungsleiter übertragen sind, zuständig.

Aus meiner Sicht ein Modell, das klare Führungsstrukturen widerspiegelt, ebenso klare Verantwortlichkeiten begründet, Reibungsverluste vermeidet und zu effizienter und qualitativer Aufgabenerledigung ebenso beiträgt wie zu einer erfolgreichen Personalentwicklung.

II. Weitere Einzelmaßnahmen

Ich hatte schon darauf hingewiesen, dass ein Königsweg für die Erzielung von Einsparungen bei gleichzeitiger Erhaltung einer qualitätsvollen Aufgabenerfüllung der Staatsanwaltschaften nach meiner Auffassung nicht in Sicht ist, in Betracht zu ziehen sind über die genannten Aspekte hinaus vielmehr eine Reihe von weiteren Einzelmaßnahmen zur Organisationsstruktur, sowohl bei den Generalstaatsanwaltschaften, als auch bei den Staatsanwaltschaften.

Zentralisierung

Dazu gehören zunächst Überlegungen, ob und inwieweit sich Zuständigkeiten konzentrieren lassen.

Durch die Bündelung von Kompetenzen und die zentrale Erledigung bestimmter Aufgaben können grundsätzlich Effizienzsteigerungen erreicht, die Koordinierung im jeweiligen Bereich erleichtert und die praktische Handhabung vereinheitlicht werden.

Ich muss mich insoweit auf einige wenige Beispiele beschränken, die ich nur kurz anreißen kann, die es aus meiner Sicht aber lohnen auf den Prüfstand gestellt zu werden auch ohne dass dazu bereits fertige Antworten oder abschließende Bewertungen vorliegen.

1. Konzentration von Zuständigkeiten

In Betracht kommen - auf Rheinland-Pfalz bezogen - zunächst Zuständigkeitskonzentrationen bzw. verstärkte Kooperationsmöglichkeiten zwischen den beiden im Land bestehenden Generalstaatsanwaltschaften.

Es lohnt sich aus meiner Sicht die administrativen Aufgaben der Generalstaatsanwaltschaften auf etwaige Doppelstrukturen und daraufhin zu überprüfen, ob sich für bestimmte Bereiche Federführungen bzw. Konzentrationen schaffen lassen um Doppelarbeit weitgehend zu vermeiden ohne dabei die Kompetenzen der Generalstaatsanwälte einzuschränken.

Neben den Formen der klassischen Verwaltung haben die Generalstaatsanwaltschaften - ich habe darauf schon hingewiesen - Justizverwaltungsangelegenheiten in der Form von Bearbeitung von Berichtsaufträgen, Stellungnahmen gegenüber anderen Generalstaatsanwaltschaften, Einbindung in Projektarbeiten, Maßnahmen nach dem Personalentwicklungskonzept usw. zu erbringen.

Bislang werden diese Aufgaben getrennt bei beiden Generalstaatsanwaltschaften wahrgenommen, Synergiemöglichkeiten wären in diesem Zusammenhang zu ermitteln. Allerdings eignen sich nicht alle Justizverwaltungsaufgaben hierzu. So sind Aufgaben im Rahmen der Personalverwaltung und der Sachmittelbewirtschaftung Grundlage eines wesentlichen Teils der Gestaltungsmöglichkeiten des Generalstaatsanwalts und von derartigen Überlegungen auszunehmen. Anders stellt sich die Situation aber in Bezug auf Verwaltungstätigkeiten dar, die ihrer Natur nach nur inhaltlich terminiert sind und alle Staatsanwaltschaften gleichermaßen ohne Berücksichtigung behördenspezifischer Besonderheiten betreffen. Konzentrations- und Kooperationsmöglichkeiten in diesem Zusammenhang zu prüfen, halte ich für sinnvoll.

Zu prüfen sind aus meiner Sicht Zentralisierungsmöglichkeiten in der IT-Verwaltung. Der Einsatz moderner Informationstechnologie hat in den letzten Jahren in der Justiz deutlich zugenommen und einen hohen Stellenwert erlangt. Mit der Einführung zukunftsfähiger Hard- und Software-Systeme konnte gewährleistet werden, dass trotz begrenzter personeller Ressourcen die Staatsanwaltschaften ihre Kernaufgaben bei stetig zunehmenden Anforderungen weiterhin auf qualitativ hohem Niveau effizient erfüllen können. Der Einsatz moderner IT zieht zahlreiche Aufgaben im Bereich Beschaffung, Wartung, Anwenderbetreuung, Anwenderschulung, Programmierung und Weiterentwicklung nach sich. Strukturen mit mehreren voneinander getrennten IT-Stellen werden den Anforderungen an eine moderne Organisation einer IT-Verwaltung und -betreuung nach meiner Auffassung nicht mehr hinreichend gerecht. Mit der Schaffung einer zentralen IT-Stelle für den Bereich aller Staatsanwaltschaften, deren Aufgaben im Einzelnen noch zu definieren wären, ließen sich bestehende Doppelstrukturen in diesem Bereich beseitigen.

Vor besonderen Herausforderungen stehen die Staatsanwaltschaften bei der Bekämpfung der Informations- und Kommunikationskriminalität. Neben der Verfolgung von Straftaten der Informations- und Kommunikationskriminalität im engeren Sinne gilt das für Straftaten, bei deren Planung, Vorbereitung und Ausführung typischerweise Mittel der modernen Informations- und Kommunikationstechnologie Anwendung finden.

Aktuelle Kenntnisse der technischen, rechtlichen und praktischen Entwicklungen in diesem Bereich sind für eine sachgerechte staatsanwaltschaftliche Bearbeitung einschlägiger Ermittlungsverfahren von wesentlicher Bedeutung.

Die Fortentwicklung der modernen Informations- und Kommunikationstechnologie eröffnet den Strafverfolgungsbehörden aber auch selbst neue Möglichkeiten der Sachverhaltsaufklärung, die bei Vorliegen der rechtlichen Voraussetzungen im Rahmen der Strafverfolgung zur Anwendung gelangen können. Ein hoher Kenntnisstand der mit einschlägigen Verfahren befassten Dezernentinnen und Dezernenten in technischer und rechtlicher Hinsicht ist Voraussetzung für eine qualitativ hochwertige Verfahrensbearbeitung.

Dies bei jeder örtlich zuständigen Staatsanwaltschaft zu gewährleisten ist nur schwer darzustellen.

Es kann sich daher empfehlen, - wie vereinzelt bereits geschehen - die Einrichtung einer zentralen Stelle zur Verfolgung von Straftaten auf dem Gebiet der Informations- und Kommunikationstechnologie in den Blick zu nehmen. Dies insbesondere im Hinblick auf die damit verbundene Stärkung der fachlichen Kompetenz. Eine Spezialisierung im Bereich dieser arbeitsintensiven und in der Sache außergewöhnlich schwierigen Aufgaben, deren Bewältigung besondere und aktuelle IT-Kenntnisse verlangt, kann zu einer erheblichen Verbesserung der Strafverfolgung in diesem Kriminalitätsfeld, höherer Effektivität bei gleichzeitiger Schonung der Personalressourcen führen.

Auch sonstige Zentralisierungen, die Schaffung landesweiter Zuständigkeiten in sonstigen Bereichen, dürfen nicht von vornherein außer Betracht bleiben. Ich darf insoweit beispielhaft darauf hinweisen, dass in Rheinland-Pfalz eine Zentralstelle für Wein- und Lebensmittelstrafsachen bei einer Staatsanwaltschaft eingerichtet ist, die über eine landesweite Zuständigkeit verfügt, soweit es sich um einschlägige Ermittlungsverfahren von besonderer Bedeutung handelt. Die Zentralstelle, deren Arbeit fachlich anerkannt ist, hat sich aus meiner Sicht sehr bewährt.

2. Weitere Maßnahmen zur Optimierung der Organisationsstruktur

Neben Konzentrations- und Kooperationsüberlegungen kommen weitere Maßnahmen zur Optimierung der Organisationsstruktur der Staatsanwaltschaften in Betracht, die zugleich Einsparungen zur Folge haben können.

Zu denken ist dabei vor allem an die Übertragung von Aufgaben, die derzeit von Mitarbeiterinnen und Mitarbeitern bestimmter Dienste wahrgenommen werden auf Angehörige niedrigerer Gehaltsgruppen.

Erstes Stichwort in diesem Zusammenhang: Dezernatsassistenz, d.h. die selbständig und in eigener Verantwortung durch die Mitarbeiterinnen und Mitarbeiter der Serviceeinheiten wahrzunehmende Unterstützung der Dezernentinnen und Dezernenten im Rahmen der Bearbeitung eines Ermittlungsverfahrens. Entsprechende Tätigkeitskataloge zu entwickeln und die Tätigkeitsfelder der Dezernatsassistenz sinnvoll und mit Augenmaß auszubauen, kann neben den genannten wünschenswerten Folgen auch motivationsfördernde Effekte bei den Angehörigen der Serviceeinheiten haben, deren Eigenverantwortung dadurch gestärkt wird. Die Verlagerung von bisher von Bediensteten des höheren Dienstes wahrgenommenen Aufgaben auf die Serviceeinheiten kann insbesondere in den Bereichen der Informationsbeschaffung, der Erteilung von Auskünften und der Gewährung von Akteneinsicht, bei bürotechnischen Qualitätskontrollen, Aktenvorlagen mit Verfügungsentwurf oder der Überwachung des Eintritts von Bedingungen, etwa bei vorläufigen Einstellungen des Verfahrens gemäß § 153a StPO, sinnvoll sein.

Zweites Stichwort in diesem Zusammenhang: Übertragung der Geldstrafenvollstreckung, die bisher von Beamtinnen und Beamten des gehobenen Dienstes wahrgenommen wird, auf die Urkundsbeamten der Geschäftsstelle. Eine neben anderem ebenfalls motivationsfördernde Maßnahme, die allerdings eingehender Prüfung und sorgfältiger Abwägung bedarf. Voraussetzung wäre in diesem Fall, dass qualifizierte Mitarbeiterinnen und Mitarbeiter ausgewählt werden, die zudem entsprechend geschult und weitergebildet werden müssten. Das damit zu erzielende Einsparpotential wäre allerdings nicht unerheblich.

Die bisherige Aufgabenverteilung zwischen gehobenen und mittleren Dienst in diesem Bereich führt vielfach zu personalintensiven, arbeitsteiligen Bearbeitungsabläufen, deren Neuordnung im Interesse einer ökonomischen Nutzung der vorhandenen Personalressourcen einer Prüfung unterzogen werden sollte.

III. Reduzierung des Verwaltungsaufwands

Einsparpotential in nicht geringem Umfang bietet schließlich auch eine Reduzierung des bei den Staatsanwaltschaften betrieben Verwaltungsaufwands. Das gilt in einer ganzen Reihe von Bereichen, die ich hier nur schlagwortartig erwähnen will, um deutlich zu machen, dass es der Mühe wert sein kann, sie daraufhin zu überprüfen, ob der betriebene Aufwand (noch) in allen Punkten erforderlich und zeitgemäß ist. Das gilt für

- die Berichtspflichten der Staatsanwaltschaften gegenüber der Landesjustizverwaltung in Einzelsachen, die erhebliche Arbeitskraft binden,
- den Bereich des Gnadenrechts mit Blick auf die bestehende Regelung der Gnadenbefugnisse,
- mögliche Straffungen des Auslobungswesens,
- und schließlich eine in Betracht zu ziehende Bereinigung des Statistikwesens.

IV. Aktuelle Anforderungen an die Arbeit der Staatsanwaltschaften

Ich will es - was Einsparungsmöglichkeiten bei den Staatsanwaltschaften betrifft - damit bewenden lassen. Es wären noch eine ganze Reihe anderer Felder anzuführen, die einer Überprüfung wert sind.

Ich hoffe, ich konnte deutlich machen, dass Einsparpotenziale im Bereich der Staatsanwaltschaften, im Bereich der Justiz überhaupt, nicht bzw. nicht nur durch die eine große Strukturreform zu erzielen sind, die sich immer auch an den konkreten Gegebenheiten und der Notwendigkeit qualitätsvoller Aufgabenerledigung messen lassen muss, dass es vielmehr zielführend sein kann, in vielen kleinen, durchaus auch mühsamen Schritten die bestehenden Strukturen und Organisationsformen auf Optimierungs- und Einsparpotential zu überprüfen. Ich denke auch dass es sich lohnt, diesen Weg zu beschreiten, der neben dem Spareffekt den Vorteil hat, auch Effizienz-, Qualitäts- und Aspekte der Mitarbeitermotivation mit einzuschließen.

Meine Ausführungen stehen insgesamt unter dem Thema „Moderne Strafrechtspflege". Gestatten Sie mir deshalb noch einige Bemerkungen zu den Anforderungen an die Arbeit der Staatsanwaltschaften in der heutigen Zeit.

Neue Formen der Kriminalität, die wachsende Bedeutung der grenzüberschreitenden Kriminalität, rasant fortschreitende technische Entwicklungen, täterbezogene Wiedereingliederungsaspekte ebenso wie Gesichtspunkte des Opferschutzes stellen neue Herausforderungen für die Staatsanwaltschaften dar, denen sie zunehmend nur im engen Zusammenwirken mit anderen Behörden und Institutionen/-Einrichtungen begegnen und die sie nur im Rahmen eines ganzheitlichen Ansatzes sowohl in täter-, als auch in opferorientierter Weise bewältigen können. Sie sind dabei immer stärker darauf angewiesen, vernetzt und kooperativ vorzugehen um den Belangen des Einzelfalles in seiner jeweiligen Ausprägung gerecht werden zu können.

Das gilt herkömmlich in Bezug auf die enge Zusammenarbeit mit den Polizei-, Zoll-, Finanz- und sonstigen Verwaltungsbehörden.

Um den genannten Anforderungen gerecht zu werden sind die Staatsanwaltschaften jedoch zunehmend auch auf Kooperationsmodelle mit sonstigen Einrichtungen angewiesen.

Um die Vielfalt der Bereiche, in denen dies aktuell bereits geschieht, deutlich zu machen, will ich neue Formen der Zusammenarbeit an einigen wenigen Beispielen aufzeigen:

1. Informationsaustauschsystem VISIER

Für die Kooperation mit der Polizei in Rheinland-Pfalz- auch unter Aspekten der Kriminalprävention - am Beispiel des vorbeugenden Informationsaustauschsystems zum Schutz vor Inhaftierten und entlassenen Rückfalltätern (VISIER), das in ähnlicher Form unter anderer Bezeichnung auch in anderen Bundesländern existiert.

Es handelt sich um ein zum Umgang mit gefährlichen Verurteilten entwickeltes Konzept. Ziel ist es, durch eine Strukturierung des Informationsflusses zwischen Polizei, Justiz und Maßregelvollzug das Risiko der Rückfälligkeit gefährlicher Täterinnen und Täter weiter zu reduzieren und den Opferschutz nachhaltig zu verbessern.

Ins „VISIER“ genommene werden dabei Täterinnen und Täter von Sexualdelikten sowie von schwerwiegenden gemeingefährlichen Taten oder Gewaltdelikten.

2. Häuser des Jugendrechts

Ein Beispiel für die Kooperation mit Polizei, Kommunen und Freien Trägern sind die in Rheinland-Pfalz bestehenden Häuser des Jugendrechts

Zentrales Anliegen des Konzepts ist die Optimierung der Verfahrensabläufe bei der Verfolgung und Ahndung von Jugendkriminalität durch die Zusammenführung von Polizei, Staatsanwaltschaft, Jugendgerichtshilfe und Freien Trägern „unter einem Dach“. Die geschaffenen kurzen Informationswege ermöglichen eine zeitnahe und individuell auf den jeweiligen Erziehungsbedarf junger Straftäterinnen und Straftäter zugeschnittene Reaktion auf delinquentes Verhalten, so dass dem mit dem Jugendstrafrecht verfolgten Ziel der Legalbewährung, also dem künftigen Leben ohne Begehung von Straftaten, im besonderen Maße Rechnung getragen wird.

Das ganzheitlich orientierte Konzept, in dem die Durchführung von Fallkonferenzen einen wichtigen Bestandteil darstellt, bezweckt eine Verknüpfung des Jugendstrafverfahrens mit sinnvollen pädagogischen Angeboten für junge Straftäterinnen und Straftäter. Neben der Verfahrensbeschleunigung werden daher im Haus des Jugendrechts weitere Ziele verfolgt, wie der Ausbau ambulanter Maßnahmen, die Mitwirkung bei der Jugendhilfeplanung, die Verbesserung der interdisziplinären Kommunikation sowie die Stärkung der Zusammenarbeit mit Schulen und der Prävention.

Ein besonderer Akzent liegt in einer stärkeren Berücksichtigung der Opferbelange und der Wahrung und Wiederherstellung des sozialen Friedens durch den Ausbau des Täter-Opfer-Ausgleichs.

Da schon aus organisatorischen Gründen nicht überall „Häuser des Jugendrechts“ eingerichtet werden können, werden zur wirksamen Bekämpfung von Jugendkriminalität in Rheinland-Pfalz auch für ländliche Gebiete zunehmend Modelle entwickelt, die eine effektive und möglichst institutionalisierte Kooperation zwischen Justiz, Polizei und Jugendhilfe gewährleisten.

3. Kooperationskonzept zum Schutz der Opfer von Menschenhandel

Als Beispiel für die Kooperation mit Freien Trägern:
Kooperation im Rahmen des Kooperationskonzepts zum Schutz der Opfer von Menschenhandel.

Die Opfer von Menschenhandel und Zwangsprostitution sind häufig stark traumatisiert und bedürfen aufgrund persönlicher Zwangslagen oder sprachlicher Barrieren oftmals in besonderer Weise Hilfe und Unterstützung. Andererseits halten sie sich nicht selten illegal und ausreisepflichtig in der Bundesrepublik auf. Eine Abschiebung in ihr Heimatland birgt jedoch häufig die Gefahr, dass sie erneut geschädigt werden. Darüber hinaus ist es den Strafverfolgungsbehörden bei der Bekämpfung von Menschenhandelsdelikten ohne die Angaben der Opferzeuginnen und -zeugen oft nicht möglich, Hinterleute und Drahtzieher zu überführen. Im Falle der Abschiebung der Opfer ist die Einführung ihrer Erkenntnisse im Strafverfahren schwierig. Oft ist der Aufenthalt der Betroffenen im Ausland unbekannt, viele der Opfer fürchten sich aus Angst vor Repressalien vor einer Aussage vor Gericht.

Auf diese Problematik ist in Rheinland-Pfalz mit der Erstellung des genannten Kooperationskonzepts zwischen Strafverfolgungsbehörden, anderen Behörden, Fachberatungsstellen und anderen mitbetreuenden Einrichtungen zur Verbesserung des Schutzes gefährdeter Zeuginnen und Zeugen und zur Unterstützung der Strafverfolgung in Fällen des Menschenhandels reagiert worden. Kernpunkt des Kooperationskonzepts ist die Möglichkeit, Opferzeugen und Opferzeuginnen unter bestimmten Voraussetzungen bei Sicherung ihres Lebensunterhalts anonym und geschützt unterzubringen und psychosozial zu betreuen.

V. Fazit

Ich hoffe, an diesen wenigen Beispielen - eine Reihe anderer ließen sich anführen - ist deutlich geworden, dass die Arbeit der Staatsanwaltschaften heute nicht mehr beschränkt ist und beschränkt sein kann auf die Wahrnehmung ihrer Kernaufgabe, der Strafverfolgung im Rahmen des rechtsstaatlich geführten Ermittlungsverfahrens.

Im Rahmen eines ganzheitlichen Ansatzes sind sie vielmehr gefordert auch Erfordernissen der Kriminalprävention, des Opferschutzes und der Wiedereingliederung von Straftätern zu entsprechen und diesen im Zusammenwirken mit anderen Behörden und Institutionen gerecht zu werden.

Rechnungshof und Gerichte

Brigitte Mandt

Mir erscheinen zwei Gründe denkbar, die Präsidentin eines Rechnungshofs vor einem Forum von Juristen auf einer Tagung zum Thema „Moderne Justiz“ vortragen zu lassen:

Erstens: Rechnungshöfe und Gerichte sind sich ähnlich, so dass vergleichbare Modernisierungsstrategien – auch und gerade in Zeiten knapper Kassen - vermutet werden können. Zweitens: Von Seiten der Rechnungshöfe dürfen auch für die Justiz Beiträge zur Optimierung ihrer Aufgabenerledigung insbesondere unter dem Gesichtsunkt der Wirtschaftlichkeit und Sparsamkeit erwartet werden, die es im Einzelnen noch näher zu bestimmen gilt. Diesen beiden Leitgedanken möchte ich in meinem Vortrag nachgehen.

Hierzu werde ich zunächst kurz den Standort der Rechnungshöfe im System der Staatsgewalten – insbesondere im Vergleich zu den Gerichten – umreißen sowie Auftrag und Grenzen der Rechnungsprüfung bei Gericht aufzeigen.

Im Anschluss geht es dann „in medias res“: Ich stelle Ihnen einige konkrete Prüfungen der Rechnungshöfe im Justizbereich vor, die Beleg dafür sind, dass einerseits Einsparpotenziale durch sinnvolle Veränderungen von Verwaltungsabläufen oder Organisationen bestehen und andererseits werde ich Möglichkeiten aufzeigen, die zu einer Verbesserung der Einnahmeseite der Justiz beitragen könnten.

Zum Abschluss werde ich den Institutionen der Finanzkontrolle – also den Rechnungshöfen selbst – sinnbildlich einen Spiegel vorhalten und fragen, inwieweit sich die Kontrolleure selbst an den Maßstäben messen lassen, deren Beachtung sie von anderen einfordern und welche aktuellen Modernisierungsansätze sie zur Optimierung ihrer Aufgabenerfüllung verfolgen.

I. Identität und Differenz – der Status der Finanzkontrolle im System der Staatsgewalten

Hier möchte ich kurz ausführen, wie sich Rechnungshöfe in die Gewaltenteilung einfügen. Bei einem ersten Blick auf die Organisation der Rechnungshöfe fallen Parallelen zur Judikative ins Auge. Der für die Rechnungshöfe geltende Kontrollauftrag wird durch ein eigenständiges Organ erledigt, das sich durch richterlich unabhängige Mitglieder konstituiert. Die verfassungsrechtlich verbürgte Unabhängigkeit der Rechnungshöfe ist die entscheidende Voraussetzung für Wirkung und Erfolg ihrer Kontrolltätigkeit. Dies verbindet sie mit der rechtsprechenden Gewalt.[1]

Wegen dieser Ähnlichkeit wurde früher vereinzelt vertreten, die Rechnungshöfe würden der Judikative angehören.[2] Diese Ansicht wird allerdings heute nicht mehr aufrechterhalten.[3] Die deutschen Rechnungshöfe haben anders als die Rechtsprechung keine Vollstreckungskompetenz. Andererseits dürfen sie ihre Prüfungsthemen selbst und unabhängig von Anträgen wählen. Die Finanzkontrolle gehört also zu keiner der drei klassischen Gewalten oder Herrschaftsfunktionen. Sie ist ein eigenständiges, mit besonderen Rechten zur Kontrolle der Finanzen ausgestattetes, Organ.[4]

II. Begrenzte Mission – Auftrag und Grenzen der Rechnungsprüfung bei Gerichten

Hieraus ergibt sich gleich die nächste Frage: Was darf dieses „mit besonderen Rechten ausgestattete Organ“ gegenüber der Dritten Gewalt, der Judikative?

Die wesentlichen Aufgaben der Rechnungshöfe sind Prüfen und Beraten. Die hierbei vorgegebenen Maßstäbe sind Ordnungs- und Rechtmäßigkeit sowie Wirtschaftlichkeit und Sparsamkeit. Der Prüfauftrag der Finanzkontrolleure umfasst alles, was Auswirkungen für den Staatshaushalt haben kann. Damit unterliegen alle mittelbar und unmittelbar finanzwirksamen Tätigkeiten des Landes, in Bezug auf seinen Haushalt oder sein Vermögen, der Prüfung durch die Rechnungshöfe. Das heißt, es dürfen keine prüfungsfreien Räume bestehen. Wie wichtig diese umfassende Möglichkeit zur Finanzkontrolle ist, wurde jüngst auch durch den Verfassungsgerichtshof Nordrhein-Westfalen deutlich hervorgehoben. Dieser stellte – im Zusammenhang mit den Prüfungsrechten des Landesrechnungshofs (LRH) betreffend die NRW.Bank – fest, dass der LRH durch die Verfassung zur lückenlosen Prüfung der Haushalts- und Wirtschaftsführung des Landes ermächtigt sei, weil der Verfassungsgeber die Mithilfe eines umfassend und unabhängig prüfenden Rechnungshofs als Voraussetzung und Wahrnehmung des Budgetrechts und die parlamentarische Kontrolle über Regierung und

1 *Michael Bertrams*, 50 Jahre Landesrechnungshof Nordrhein-Westfalen, NWVbL 1999, S. 1.

2 Nachweise bei *Klaus Stern*, Staatsrecht, Band II, S. 445 sowie bei *Maxime Sierig*, Die Grenzen der staatlichen Finanzkontrolle, 1998, 36 f. m. w. N..

3 Vgl. *Hanno Kube* in Maunz/Dürig/Herzog, Kommentar zum Grundgesetz, Art. 114, Rn 59 m. w. N.; Stand: Oktober 2008.

4 *Stern*, a.a.O., S. 451 sowie *Sierig*, a.a.O., S. 41; vgl. auch *Eduard Jahnz* in: Hähnlein/Jahnz, Art. 87 Rn. 15 für NRW.

Verwaltung angesehen habe. Diese Befugnis erstrecke sich auf das gesamte staatliche Finanzvolumen,[5] d.h. auf den Haushaltsvollzug und auf alle finanzwirtschaftlichen Betätigungen des Landes außerhalb des Haushalts – einer „Flucht aus dem Budget" und damit eine Einschränkung der Finanzkontrolle ist damit der Boden entzogen.

Ungeachtet dessen sieht die Rechtsordnung autonome Körperschaften vor, die – in der Regel grundrechtsgestützt – einer Prüfung, unter Hinweis auf ihre Sondergesetzlichkeiten, Grenzen zuweisen können. Beispielsweise Wissenschaft, Kultur oder Medien haben ein spezifisches Handlungsprogramm, das nicht dem uneingeschränkten Urteil der Finanzkontrolle unterliegt. Die Kontrolldichte nimmt hier in dem Maße ab, in dem die Autonomie der Sachbereiche zum Tragen kommt. Dies ist jedoch nicht gleichzusetzen mit einer kompletten Freistellung von Prüfungen.[6] Dem Grunde nach handelt es sich um Bewertungsgrenzen. Die Rechnungshöfe haben die Befugnis, Prüfungsergebnisse zu gewinnen; eingeschränkt sind aber deren Möglichkeit, die Ergebnisse einer eigenen Bewertung, sprich Kritik, zu unterziehen.[7] D.h. beispielsweise, dass Rechnungshöfe, mit Blick auf die Freiheit der Wissenschaft, die Einführung eines neuen Studiengangs an einer Hochschule nicht kritisieren können, wohl aber die Kosten, die er verursacht.

Was folgt aus diesen Erwägungen für die Judikative? Als staatlicher Bereich, der entsprechend staatliche Ressourcen beansprucht, unterliegt auch sie dem Grunde nach dem Kontrollauftrag der Rechnungshöfe. Diese können also grundsätzlich jeden finanzwirksamen Vorgang innerhalb der Justiz auf ihre Wirtschaftlichkeit und Ordnungsmäßigkeit prüfen.

Die verfassungsrechtlich geschützte Eigengesetzlichkeit der Judikative besteht aber in ihrer Unabhängigkeit in der Spruchtätigkeit. Im Kernbereich richterlicher Tätigkeit kann und darf die Finanzkontrolle keine Kompetenz haben. Dies bedeutet, dass einzelne Entscheidungen der Gerichte von ihr nicht bewertet und erst recht nicht kritisiert werden dürfen. Von Einzelfällen losgelöste Erhebungen bei den Gerichten, die statistische und vergleichende Untersuchungen zum Gegenstand haben, müssen daher so anonymisiert werden, dass Rückschlüsse auf einzelne Verfahren und Entscheider nicht möglich sind.[8] Darüber hinaus müssen die Rechnungshöfe beachten, dass die Erkenntnisse, die sie aus ihren Prüfungen

5 Vgl. Urteil des Landesverfassungsgerichtshofs NRW vom 13.12.2011, NWVbl 3/2012, S.107-111.

6 *Josef Isensee*, Budgetrecht des Parlaments zwischen Schein und Sein, JZ 2005, S.981.

7 *Albert von Mutius/Axel Nawrath* in Heuer/Engels/Eibelshäuser, Art. 114, Nr.33.

8 *Manuel Kamp*, Finanzkontrolle im Verfassungsstaat durch den Landesrechnungshof NRW, NWVBl 2011, S. 86-95 (88f. m. w. N. in Fn 45).

ziehen und als Empfehlungen an die geprüften Stellen weitergeben, wiederum selbst nicht die richterliche Unabhängigkeit der Adressaten tangieren dürfen.

III. Konkrete Beispiele – Empfehlungen der Finanzkontrolle an Einrichtungen der Justiz

Soviel zur – bekanntlich grauen – Theorie. Nun die bereits eingangs angekündigten Beispiele aus der Praxis, die vermutlich das Spannungsfeld Justiz und Finanzkontrolle wesentlich besser veranschaulichen können als jeder theoretische Exkurs. Ich möchte Ihnen hierzu einige Prüfungen vorstellen, die deutsche Rechnungshöfe in Justizangelegenheiten durchgeführt haben. An ihnen zeigen sich die immer wiederkehrenden Problemstellungen bei Prüfungen, die Rechnungshöfe im Bereich der Judikative vornehmen.

Mein erstes Beispiel befasst sich mit Einnahmen der Justiz, nämlich denen aus Geldstrafen, Geldbußen und Geldauflagen. Diese hat der nordrhein-westfälische Landesrechnungshof 2007 näher untersucht. Dabei hat er sich im Verlauf der Prüfung auf den Bereich der Staatsanwaltschaften konzentriert. Er monierte zweierlei: Zum einen, dass der Anteil der Auflagen zugunsten der Staatskasse im Vergleich zu denen zugunsten gemeinnütziger Organisationen in den Jahren 1999 bis 2006 signifikant gesunken ist. Zum anderen, dass die Zuweisung von Geldauflagen offensichtlich in einzelnen Fällen auch durch persönliche Vorlieben der Entscheider beeinflusst wurde. Ich zitiere: „Das geprüfte Verfahren der Zuweisung von Geldauflagen im Bereich der Staatsanwaltschaften ist insgesamt sehr verwaltungsaufwendig und schlecht kontrollierbar. Es bietet keine Gewähr dafür, dass die Erfüllung der den gemeinnützigen Organisationen zugewiesenen Geldauflagen lückenlos nachgewiesen wird. Zudem kann es nicht sicherstellen, dass die Entscheidung über die Zuweisung an eine gemeinnützige Einrichtung frei von privaten Interessen der Amtsinhaber getroffen wird."

Zur Lösung dieses Problems hat der LRH die Übernahme des Hamburger Modells von Sammelfonds empfohlen. Die dortigen Staatsanwälte entscheiden nur noch über die Anordnung einer Geldauflage in bestimmter Höhe und nicht mehr zugleich darüber, wem diese zugutekommen soll. Die Geldauflagen werden in Fonds, die von der Landeskasse verwaltet werden, gesammelt. Am Jahresende entscheidet ein besonderes Gremium über die Verteilung des Geldes.[9]

Die Prüfung zeigt symptomatisch auf, dass wir auf vorhandene Fehlentwicklungen hinweisen können. Sie zeigt aber auch, dass Rationalität in gewisser Weise auch Opfer verlangt, nämlich das Absehen von persönlichen Vorlieben zu-

9 Vgl. hierzu Jahresbericht 2003 des Rechnungshofs Hamburg, S. 80 – 82.

gunsten gleichheitsorientierter, dadurch aber auch notwendig anonymisierter Verfahren.

Das zweite Prüfthema, das ich behandeln möchte, betrifft die Justizgebühren. Der LRH Baden-Württemberg hat sich dessen 2009 angenommen und seinen Bericht mit dem für manchen von Ihnen sicher etwas provokant klingenden Untertitel „Kostendeckung der Justiz“ versehen.

Anhand der Haushaltszahlen der Jahre 2003 bis 2008 konnten die Prüfer aufzeigen, dass der Kostendeckungsgrad des Landesjustizhaushalts von 55% auf 51% gesunken war. Und das trotz des 2004 verabschiedeten Gesetzes zur Kostenrechtsmodernisierung. Insbesondere zwischen den verschiedenen Gerichtsbarkeiten schwankte der Grad der Kostendeckung erheblich: während Zivilverfahren ohne Mahnverfahren immerhin 69% erzielten, deckten Verfahren der Sozialgerichtbarkeit nur 13% ihrer Kosten ab. Der Rechnungshof forderte, das Defizit im Justizhaushalt deutlich zu reduzieren. Das Land solle sich auf Bundesebene dafür einsetzen, dass Gebühren erhöht und Ausgaben bei den Auslagen in Rechtssachen begrenzt werden.

Nach Kenntnisnahme des Berichts bat der baden-württembergische Landtag die Landesregierung, die Einzelempfehlungen des LRH auf Bundesebene weiter zu verfolgen und sich für einen finanziellen Ausgleich der durch das Gesetz zur Kostenrechtsmodernisierung entstandenen zusätzlichen Defizite einzusetzen. Die Landesregierung teilte daraufhin mit, auf Bundesebene gebe es Initiativen zu einer Gesetzesänderung. Von Seiten des Bundesministeriums der Justiz sei vorgesehen, ein umfassendes Reformpaket zu schnüren. Darin werde die Frage der Höhe der Gerichtsgebühren gegebenenfalls zu diskutieren sein. Der Landtag nahm diesen Bericht der Landesregierung zur Kenntnis und beendete das parlamentarische Verfahren.

Vor ähnliche Hürden gestellt sieht sich auch der nordrhein-westfälische LRH hinsichtlich der Ausgaben für Prozesskostenhilfe, die er für seinen Jahresbericht 2010 untersuchte.[10] Der vom Bundesrat bereits 2006 eingebrachte Entwurf eines Gesetzes zur Begrenzung der Prozesskostenhilfe wurde Anfang 2010 beim Deutschen Bundestag erneut eingebracht, nachdem er 2009 der Diskontinuität verfallen war – das Gesetzgebungsverfahren ist bis heute nicht abgeschlossen. Parallel hierzu hat die Bundesregierung in diesem Jahr auch einen eigenen Entwurf in das Gesetzgebungsverfahren gegeben. Der Bundesrat hat dazu am 12.10.2012 im ersten Durchgang Stellung genommen. Weiteres bleibt abzuwarten.

Die beiden genannten Prüfungen zeigen zwei grundlegende Probleme der Finanzkontrolle im Justizbereich auf. Zum einen das Föderalismusproblem: Dass der Deutsche Bundestag seiner verfassungsrechtlichen Verpflichtung aus Artikel

10 Vgl. Jahresbericht 2010 des Landesrechnungshofs NRW, S. 178 – 186.

76 Absatz 3 Satz 6 des Grundgesetzes, Gesetzesinitiativen des Bundesrates in angemessener Zeit zu beraten und Beschluss zu fassen, nicht nachkommt, hat die Vergangenheit gelehrt. So bleiben oftmals unter finanzpolitischen Gesichtspunkten gute Vorstöße der Länder im wahrsten Sinne des Wortes „auf der Strecke". Und dass die Justiz in der zentralen Vorschrift des Grundgesetzes zur bundesstaatlichen Finanzverfassung, in Artikel 104 a GG, nicht vorkommt, führt zu einer weiteren Erkenntnis: Für die Justiz bestellt der Bund die Wohltaten, die die Länder bezahlen müssen.

Das zweite Problem der Finanzkontrolle im Justizbereich ist eher theoretischer Natur: Wer nach Kostendeckung staatlicher Leistungen durch Gebühren ruft, stellt den Steuerstaat in Frage.[11] Der Staat des Grundgesetzes ist Steuerstaat und sieht die Kostendeckung durch Gebühren nur flankierend vor. Als gegenleistungsfreie, in der Regel nicht an einen bestimmten Ausgabenzweck gebundene Geldlast sichert die Steuer dem Staat die Freiheit, über seine Ausgaben zu disponieren. Eine überwiegende Gebührenfinanzierung würde dieses Prinzip aushebeln.[12]

Ein weiteres Fallbeispiel ist die Prüfung des Einsatzes von Informationstechnologie in der Justiz. In Nordrhein-Westfalen hat sich, nicht zuletzt als Reaktion auf Anregungen von Seiten unseres Rechnungshofs,[13] in der Justizverwaltung eine Diskussion um die Rechtmäßigkeit der Umsetzung organisatorischer Empfehlungen entwickelt. Ausgangspunkt war eine 2007 durchgeführte Prüfung, bei der der LRH in der Landesjustiz eine Aufteilung der IT-Betriebsverantwortung auf 16 Mittelbehörden feststellte. Da dies eine wirtschaftliche und effektive Aufgabenerfüllung unmöglich macht, empfahlen die Prüfer unter anderem, einen IT-Verantwortlichen der Justiz mit durchgreifender Weisungsbefugnis einzusetzen. Die Landesregierung war geneigt, diese Empfehlung umzusetzen. Sie plante, die gesamte IT der Landesverwaltung unter Einbeziehung des Justizressorts und der Gerichtsbarkeiten einem zentralen, dem Innenministerium unterstehenden Rechenzentrum einzugliedern und langfristig alle dezentralen IT-Strukturen aufzulösen. Hiergegen erhob der Präsident des Verfassungsgerichtshofs NRW Einspruch. Das Vorhaben sei verfassungswidrig, da es gegen die verfassungsrechtlich gewährleistete organisatorische Selbständigkeit der Gerichtsbarkeit verstoße (Art. 20 Abs. 2 Satz 2, 92 GG, Art. 3 Abs. 3 LV NRW) und im Hinblick auf die Unabhängigkeit der Richter (Art. 97 GG) jedenfalls bedenklich sei. Verfassungsrechtlich unbedenklich sei nur eine Lösung, bei der für den Bereich der Dritten

11 Vgl. *Isensee*, a.a.O., S. 971

12 Umfassend dazu *Ute Sacksowsky/Joachim Wieland*, Vom Steuerstaat zum Gebührenstaat, Nomos 2000.

13 Jahresbericht 2008 des Landesrechnungshofs NRW, S. 108 – 117.

Gewalt ein eigenes organisatorisch getrenntes Rechenzentrum eingerichtet werde.[14]

Der geschilderte Fall zeigt zunächst einmal ein grundsätzliches Problem auf, das bei vielen Organisationsuntersuchungen der Rechnungshöfe – auch außerhalb der Justiz – auftritt, nämlich den Gegensatz von Zentralität und Dezentralität. Die Finanzkontrolle neigt dazu, zentral gesteuerte Abläufe und Zuständigkeiten dezentralen vorzuziehen. Das bewirkt regelmäßig Widerstand bei den aus ihrer Sicht entmachteten dezentralen Entscheidungsträgern oder Organisationen.

Gleichzeitig verdeutlicht dieses Beispiel aber auch eine Besonderheit, die es für den Rechnungshof bei Prüfungen der Justiz stets zu berücksichtigen gilt. Manche Empfehlung, die die Prüfer aussprechen, ist schon per se nicht umsetzbar, weil sie in die richterliche Unabhängigkeit des/der Adressaten eingreift. Auch hier endet – wie bereits schon einmal erwähnt – die Prüfungskompetenz der Finanzkontrolle.

Ähnlich gelagert ist ein Beispiel aus dem Bereich des Betreuungsrechts. 2004 mahnten die Prüfer des nordrhein-westfälischen Rechnungshofs erstmals an, die Ausgaben für die Entschädigung von Betreuern von Seiten der Vormundschaftsgerichte zu beschränken.[15] Als sie 2005 die Kostenentwicklung von Betreuungsverfahren erneut untersuchten, stellten sie fest, dass die Zahl der Betreuungsfälle und die damit verbundenen Ausgaben sogar noch angestiegen waren.[16] Zudem hatte es in den Jahren 2003 und 2004 eine Vielzahl von Betreuern mit auffällig hohen Jahresgesamtvergütungen aus der Landeskasse gegeben. Doch auch dieses Mal verfingen die Empfehlungen des LRH nicht bei allen geprüften Stellen. Sie kollidierten mit der Unabhängigkeit der zuständigen Richter.

IV. Autorität durch Authentizität – der Auftrag der Finanzkontrolle zur eigenen Modernisierung

Damit komme ich zum letzten Punkt meines Vortrags. Wie gehen die Rechnungshöfe selbst mit Modernisierungsansätzen um? Und haben sie dabei die Grundsätze der Wirtschaftlichkeit und Sparsamkeit im Blick?

Zunächst eine vergleichsweise banale Information: Auch der Kontrolleur wird kontrolliert. Die Kontrolle der Budgets der Rechnungshöfe erfolgt - entsprechend § 47 Abs. 2 HGrG - durch den Bundestag bzw. die Länderparlamente. In

14 *Michael Bertrams*, Zentralisierung der Informationstechnik in der Landesverwaltung Nordrhein-Westfalen unter Einbeziehung der Dritten Gewalt?, NWVBl 2007, S. 205 – 211.

15 Vgl. Unterrichtung nach § 99 LHO des Landesrechnungshofs NRW über die Prüfung der Ausgaben für die Entschädigung von Betreuern vom 22.03.2004.

16 Vgl. Jahresbericht 2006 des Landesrechnungshofs NRW, S. 180 – 189.

Nordrhein-Westfalen ist die einschlägige Norm § 101 LHO. In der Praxis wird die Prüfung der Rechnung des Rechnungshofs durch den Ausschuss für Haushaltskontrolle des Landtags wahrgenommen, der hierfür aus seinen Reihen eine überparteiliche Kommission einsetzt. Auf Empfehlung der Kommission legt der Ausschuss dem Landtag einen Beschlussvorschlag zur Frage der Entlastung vor.[17] Die Bedeutsamkeit dieser Kontrolle ist allerdings zwangsläufig vergleichsweise gering, denn das Budget der Finanzkontrolle ist überschaubar. In Nordrhein-Westfalen, das den größten Rechnungshof aller 16 Länder unterhält, bildet es mit rund 40 Mio. € den mit Abstand kleinsten Einzelplan. Von diesen 40 Mio. € sind außerdem rund 95% gebundene Mittel, d.h. Personalausgaben und Mieten.

Hinzu kommt, dass die Prüfungs- und Beratungstätigkeit der Rechnungshöfe aufgrund der verfassungsmäßig garantierten richterlichen Unabhängigkeit keiner Kontrolle unterliegen. Eine Qualitätssicherung findet vor allem intern durch das Kollegialprinzip und auf dem Weg der Selbstverpflichtung statt. Und dass diese Qualitätssicherung nach dem Kollegialprinzip für die Rechnungshöfe „täglich Brot" ist, kann ich Ihnen aus meiner persönlichen Erfahrung versichern. Im Mittelpunkt dieser Modernisierungsbestrebungen stehen vor allem drei Aspekte:

- professionelle Kommunikation
- Qualitätsmanagement
- systematische Mitarbeiterqualifizierung

Der erste Aspekt ist der – wohl auch für Außenstehende – offensichtlichste Punkt. Auch für die Rechnungshöfe ist die Zeit vorbei, in der die hauseigene Informationspolitik eher einer „Blackbox" glich, sieht man einmal vom turnusgemäß wiederkehrenden Jahresbericht und einer jährlich variierenden Anzahl von Sonderberichten ab. Soweit ich sehe, arbeiten inzwischen alle deutschen Rechnungshöfe an einer Professionalisierung ihrer Kommunikation mit Blick auf Transparenz und Attraktivität. Zunehmend wird diese inzwischen von gelernten Journalisten und Medienwissenschaftlern übernommen, die Außenauftritt und Medienarbeit der Höfe überarbeiten. Dies trägt zu einer erhöhten Wahrnehmung der Rechnungshöfe und der Akzeptanz ihrer Arbeit in der Öffentlichkeit bei.

Der zweite Modernisierungsaspekt, den ich ansprechen will, ist der Aufbau eines Qualitätsmanagements. Kernanliegen desselben sind die Evaluation und Optimierung der eigenen Produkte – in unserem Falle also Prüfungen und Beratungen. Ich räume ein, dass die Finanzkontrolle nach meinem Dafürhalten hier noch in den Kinderschuhen steckt. Immerhin gibt es seit einiger Zeit, angelehnt

17 Vgl. *Rainer Wetterau* in Hähnlein/Jahnz, a.a.O., Randnr. 3 und 4 zu § 101 LHO.

an Methoden der Wirtschaftsprüfer, ein sogenanntes Peer-Review-Verfahren für Prüfungen. Ihnen liegt ein federführend vom Bundesrechnungshof erarbeiteter Leitfaden zugrunde, der im Rahmen der internationalen Zusammenarbeit der obersten Rechnungskontrollbehörden im Verband INTOSAI[18] entstanden ist. Die Peer-Review-Methode, also die Überprüfung durch gleichrangige Angehörige anderer Kontrollinstitutionen, bietet sich – gerade auch mit Blick auf das sensible Feld der richterlichen Unabhängigkeit – insbesondere für Rechnungshöfe an. Zudem unterscheidet sich das Verfahren von anderen Evaluationsmaßnahmen insbesondere durch das den Rechnungshöfen so vertraute Kollegialitätsprinzip. Statt um Beurteilungen „von oben" geht es um Verbesserungsvorschläge „auf Augenhöhe", die ihre Autorität aus der Kompetenz der Peers (also „Kollegen") und nicht aus deren hierarchischer Position gewinnen. Die vorgebrachten Vorschläge sind nicht bindend, fordern aber zu Reaktionen heraus. Auch wenn dies momentan nur im internationalen Rahmen durchgeführt wird, wäre es in der Zukunft sicherlich auch auf der Ebene der Landesrechnungshöfe ein denkbarer Ansatz.

Von besonderer Bedeutung im Zuge der Modernisierung ist schließlich eine systematische Mitarbeiterqualifizierung und Personalentwicklung. In den Rechnungshöfen kommen Mitarbeiterinnen und Mitarbeiter aus unterschiedlichsten Fachrichtungen zusammen. Die Belegschaftsstruktur ist also nicht so homogen wie in einer Justizbehörde. Außerdem ist das „Lied des Prüfens" den meisten nicht an der Wiege gesungen worden – seien sie nun Juristen, Verwaltungswissenschaftler oder Philosophen (ja, auch die gibt es bei Rechnungshöfen!). Vielmehr stoßen sie erst nach einer gewissen Arbeitsphase in anderen Verwaltungs- oder Berufszweigen zum Rechnungshof. Diese Besonderheiten und die sich ständig verändernden Anforderungen an wirksame Prüfungen erfordern eine gezielte Qualifizierung. Daher investiert der Rechnungshof viel Aufwand in Fortbildungsmaßnahmen für seine Mitarbeiterinnen und Mitarbeiter. Noch weiter geht der Österreichische Rechnungshof, der gemeinsam mit der Wirtschaftsuniversität Wien einen eigenen Studiengang eingerichtet hat. Diesen durchlaufen alle neu an den Rechnungshof gekommenen Prüferinnen und Prüfer sowie weitere Personen mit einem beruflichen Schwerpunkt in der Finanzkontrolle. Hierfür erhalten sie den Abschluss eines MBA „Public Auditing".

Doch nicht nur die fachliche Qualifikation macht einen guten Finanzkontrolleur aus. Eine mit solch hoher Verantwortung und Unabhängigkeit ausgestattete Funktion bedarf auch eines klaren ethischen Rahmens. Ausgehend von den gesetzlichen Grundlagen finden sich bei zunehmend mehr Rechnungshöfen Leitbilder, mit denen das Selbstverständnis, die Art und Weise der Aufgabenwahr-

18 International Organization of Supreme Audit Institutions (Internationale Organisation der Obersten Rechnungskontrollbehörden).

nehmung und die beabsichtigte Wirkungsweise nach innen und außen transparent gemacht wird. Und auch hier lohnt der Blick auf die internationale Ebene. Der bereits erwähnte Verband INTOSAI hat 1998 einen Pflichten- und Verhaltenskodex für das ethische Verhalten von Prüferinnen und Prüfern ausgearbeitet.

Lassen Sie mich meine Ausführungen in den folgenden beiden Schlussgedanken zusammenfassen:

Erstens: Eine Justiz, die sich – vom Ministerium bis zu den einzelnen Entscheidern – ihrer Finanzverantwortung bewusst ist und der Suche nach neuen, effizienten Verfahren grundsätzlich positiv begegnet, kann Prüfungen des Landesrechnungshofs gelassen entgegensehen.

Zweitens: eine Finanzkontrolle, die sich selbst ihrem eigenen Modernisierungsauftrag stellt, gewinnt einerseits neue Perspektiven für ihre Prüfungstätigkeit, andererseits darf sie mit einem Gewinn an Autorität bei den geprüften Stellen – sicher auch denen der Justiz – rechnen.

Richterliche Ethik

Konstanze Görres-Ohde

Ich freue mich, hier in Speyer über das Thema richterliche Ethik reden zu dürfen und danke den Veranstaltern für die Einladung. Und dieses sage ich nicht als höflicher Mensch, der eine so hoffe ich, gute Erziehung genossen hat.
Ich sage es, weil ich es wirklich sehr bemerkenswert finde, dass Sie, Herr Professor Dr. Hill und Sie Herr Professor Dieckmann, sich überhaupt für dieses Thema interessieren. Es führt nämlich noch immer ein Nischendasein und ist noch nicht so richtig in der Mitte der Justiz angekommen.

Ich werde Antworten auf vier Fragen suchen:

- Worum geht es, wenn von richterlicher Ethik die Rede ist?
- Warum sollten wir uns mit richterlicher Ethik beschäftigen?
- Welche Verhaltensstandards sollten für Richter gelten und sollten diese schriftlich normiert werden?

I. Worum geht es, wenn von richterlicher Ethik die Rede ist?

Der Begriff „Ethik" steht für die Vorstellungen des Menschen von Gut und Böse. Wenn man genauer hinsieht, was in anderen Kulturkreisen unter richterlicher Ethik verstanden wird, so stößt man auf den im angelsächsischen Sprachraum gebräuchlichen Terminus „professional ethics". Das bedeutet nicht mehr, aber auch nicht weniger als „Verhaltensstandards".

Wie soll ein Richter (Richterin) sich verhalten, damit der Bürger sicher sein kann, dass der Richter nach innen und außen sich strebend bemüht, unabhängig, unparteilich und menschlich zu sein.

Es ist ein verständlicher und berechtigter Wunsch aller Menschen, sich die Rechtsordnung so vorzustellen, dass die Geltung einer Rechtsnorm nicht von der Überzeugung und Sensibilität ihrer Anwender, der Richter abhängig ist. Das ist eine Erkenntnis, die jeder, der über gerichtliche Entscheidungen innerhalb der Familie und des Freundeskreises diskutiert, erfährt.

Gerichte stehen unter besonderem Erwartungsdruck. Sie sind oft die letzte Zufluchtsmöglichkeit der Bürgerinnen und Bürger vor staatlicher Willkür und privatem Machtmissbrauch. Aber weil die Anwendung der Gesetze und des Rechts eben doch sehr schwierig und kontrovers ist (ein Fall, 3 juristische Meinungen), ist es umso wichtiger darüber nachzudenken, dass es bei der Entscheidungsfindung auch immer um den Gebrauch der Gerechtigkeit im Umgang mit dem Recht geht. Richter müssen sich an den Bedürfnissen der Beteiligten orientieren und nach menschlichen Lösungen suchen.

Richterliche Erkenntnisprozesse sind aber auch nicht immer frei von willkürlichen Elementen. Über Gerechtigkeit kann deshalb ohne Argumente aus dem Bereich der richterlichen Ethik nicht sinnvoll argumentiert werden.

Richter wissen aus Erfahrung, dass der wesentliche Teil der Akzeptanz ihrer Tätigkeit auf der Art und Weise beruht, wie sie im gerichtlichen Verfahren als Person wahrgenommen werden, also wie sie sich gegenüber den Verfahrensbeteiligten verhalten und wie ernsthaft sie sich mit dem Fall beschäftigen. Wobei zu berücksichtigen ist, dass die ethische Haltung einer Person nicht allein aus ihren verbalen Äußerungen, sondern aus ihrem gesamten, auch nonverbalen Verhalten zu erkennen ist.

Es geht also bei der Ethik auch darum, dass der von der Entscheidung Betroffene, dem die Entscheidung nicht gefällt, zumindest das redliche Bemühen des Richters um eine gerechte Entscheidung akzeptieren kann. Die aufrechte Mühe, die ein Richter anwendet, um hinter die Wahrheit zu kommen, macht einen wesentlichen Wert des Richters aus. Ich erinnere mich an einen Zivilprozess, in dem der Kläger, der den Prozess verlor, zu mir sagte: „Ich verstehe das nicht. Aber ich denke, Sie, Frau Richterin, dürfen nicht anders entscheiden."

Es kommt noch Folgendes hinzu: Selbst eine an ethischen Maßstäben gemessene Entscheidung kann bei zwei verschiedenen Richtern auch zu unterschiedlichen Lösungen kommen, ohne dass ethische Regeln verletzt werden. Beispiel: Militäreinsätze, die das Verfassungsgericht auf ihre Rechtmäßigkeit zu überprüfen hat. Die Pazifisten verweigern die Zustimmung zum Einsatz aus pazifistischen Gründen, die anderen meinen, der Militäreinsatz sei zur Verhinderung eines Völkermordes notwendig. Beiden Seiten kann die ethische Qualität ihrer Argumente nicht abgesprochen werden.

Richter sind an Gesetz und Recht gebunden. Aber viele Normen sind auslegungsbedürftig. Auch die Sachverhalte unterliegen häufig subjektiver Wertung. Für die Wertungsentscheidungen sind die Richter verantwortlich. Das Streben nach Wahrheit und Gerechtigkeit ist dabei unverzichtbar. Offenheit und Ehrlichkeit, Toleranz und Selbstkritik sind erforderlich.

Die richterliche Ethik spielt also dort eine wichtige Rolle, wo die Normen nicht so eindeutig sind, dass sie zu einem vorhersehbaren Urteil verhelfen können.

II. Warum sollten wir Richter uns mit richterlicher Ethik beschäftigen?

Eines meiner persönlichen Motive, mich mit den Verhaltensstandards der Richter auseinander zu setzen, hängt mit unserer deutschen Geschichte und der unrühmlichen Rolle, die Richter darin gespielt haben - Richterinnen waren im Dritten Reich nicht zugelassen - zusammen.

Das Bild der deutschen Richter wurde in der Öffentlichkeit lange Zeit durch Erfahrungen bestimmt, die Überlebende des Dritten Reiches gemacht hatten. Man darf wohl sagen, dass der Richterstand im Dritten Reich insgesamt - trotz mancher weniger Ausnahmen - versagt hat. Der Name des Richters am Volksgerichtshof, Roland Freisler, war nur das herausragende Beispiel für eine kriminelle Justiz in jener Zeit.

Als ich junge Richterin war, wurde ich von Nichtjuristen in meinem Freundeskreis bisweilen gefragt, ob Richter Henker seien. Das war nicht ernst gemeint, hatte aber sicherlich mit unserer Geschichte und dem Bild, das über Richter gezeichnet wurde, zu tun.

Das Bedürfnis nach einer richterlichen Ethik leitet sich aus der richterlichen Machtstellung ab, die mit der richterlichen Entscheidung verbunden ist.

Die dem Richter übertragene Aufgabe bedeutet die Ausübung von Macht, die Macht, Freiheit zu entziehen, Rechte einzuschränken und Pflichten aufzuerlegen. Für die Ausübung der Macht gibt es zwar gesetzliche Regeln, diese lassen jedoch Spielraum zu, weil nicht jeder Sachverhalt in den Gesetzen erfasst werden kann.

Nun lernen Richter in Deutschland weder an den Universitäten noch während ihrer Referendarausbildung, wie sie sich im Prozess ethisch verhalten müssen oder sollten. Sie lernen die Anwendung der Gesetze auf den Rechtsfall. Sie lernen die verschiedenen Theorien der Rechtsauslegung.

Sie kennen ihre Rechte und Pflichten als Richter. Ihnen ist bewusst, dass das Recht auf Unabhängigkeit eines der Grundrechte des Richters ist. Seine Pflicht zur Unparteilichkeit als oberstes Gesetz für Richter ist ebenfalls gesetzlich normiert. Die Richter wissen, dass Unabhängigkeit und Unparteilichkeit die besten Garantien für eine starke Demokratie sind.

Geht der Richter auch ethisch mit seiner Unabhängigkeit um? Lebt und handelt er auch wirklich im Bewusstsein, dass Unabhängigkeit nicht ein Privileg des Richters, sondern ein Recht des Bürgers auf eine von unzulässiger Einflussnahme freie Rechtsprechung ist?

Diesen letzten Satz hören Sie in jedem Vortrag über richterliche Unabhängigkeit und Sie werden es nicht glauben, ich habe in meinen fast über 18 Jahren als Präsidentin von drei verschiedenen Gerichten gerade über diesen Begriff meine schwierigsten Diskussionen geführt. Als ich die Verpflichtung der jungen Proberichterinnen und Richter in Schleswig-Holstein einforderte, bestimmte Fortbildungsveranstaltungen zu besuchen (im Gegenzug brauchten sie nur 75% der Akten eines vollen Dezernates zu bearbeiten), meinte eine Richterin, das verstoße gegen die richterliche Unabhängigkeit. In diesen Fortbildungsveranstaltungen werden Übrigens Themen, die grundsätzlich in der Universitäts- und der Referendarausbildung nicht vorkommen, angeboten, wie z.B „mediative Elemente in der Verhandlung" und „menschliche Kommunikation".

Hat der Richter gelernt, dass Unparteilichkeit auch die Auseinandersetzung mit den inneren Abhängigkeiten ist, die jeder Mensch, auch der Richter, in sich trägt?

In der Praxis werden Richterinnen und Richter bei der Rechtsanwendung nahezu täglich mit ethischen Fragen konfrontiert, bei der Konkretisierung unbestimmter Rechtsbegriffe und überall da, wo es um Rechtsgüterabwägungen geht. Jede Rechtsgüterabwägung ist eine ethische Entscheidung. Dieses ist eine sehr wichtige Erkenntnis.

Allerdings ist es nicht immer möglich, in Gesetz und Recht ethische Argumente unterzubringen. Ich erinnere an die in Deutschland heutzutage von der Abschiebung bedrohten Ausländer, die manchmal „Kirchenasyl" finden. Die Pfarrer, die im christlichen Sinne handeln, verstoßen damit wohl gegen das Ausländerrecht. Hier stehen Ethik und Recht einander unvereinbar gegenüber.

Selbstverständlich ist fachliche Qualifikation für den Richterberuf unabdingbar, aber ebenso gehört die soziale Kompetenz, die Teil der richterlichen Ethik ist, zu den richterlichen Schlüsselqualifikationen.

Menschen, die in ihrem Leben aus welchen Gründen auch immer vor Gericht standen, können viele Situationen schildern, in denen Richter sich unsensibel verhalten haben. Die richterliche Macht ist groß und auch die Versuchung, sie unangemessen auszunutzen.

Rechtsanwältinnen und Rechtsanwälte spüren dies bisweilen sehr unmittelbar. Sie beklagen grundsätzlich weniger die fachliche als die soziale Inkompetenz der Richter. Deswegen waren und sind sie sehr daran interessiert, dass Richter sich mit ethischem Verhalten und Fragen zur Ethik auseinandersetzen. Bei Tischgesprächen mit Rechtsanwälten und Menschen, die einen Zivilprozess führten, höre ich viele Klagen über Fehlverhalten von Richtern.

Eines ist heutzutage deutlich: Richter arbeiten in Bereichen, die den Kern des menschlichen Lebens betreffen. Neue Untersuchungen zeigen, dass die Richterschaft diejenige ist, die in den europäischen Ländern die meisten Veränderungen bewirkt und somit auch zur Demokratisierung wesentlich beigetragen hat. Deswegen tragen Richter auch die große Verantwortung, dass alles mit rechtsstaatlichen Dingen zugeht

Es gibt für mich noch einen weiteren Grund, warum die Beschäftigung mit richterlicher Ethik für Richter von elementarer Bedeutung ist. Ethik motiviert das Bemühen um Güteverhandlungen und das Bemühen um sozialen Ausgleich in besonderer Weise. Sie spielt eine wichtige Rolle bei der Entscheidung, ob eine konsensuale Lösung angemessener ist als eine streitige. Und das kann nur ein Richter entscheiden, der sensibel und empathisch mit dem umgeht, was die Parteien wirklich wollen.

III. Welche Verhaltensstandards sollten für Richter gelten und sollten diese schriftlich normiert werden?

Sich über richterliche Verhaltensstandards zu einigen setzt voraus, dass klar ist, was den idealen Richter, den jeder Bürger sich wünscht, ausmacht. Darüber gehen die Meinungen auseinander. Es gibt in den Deutschen Gesetzen bereits viele Normen, in denen Ethikregeln enthalten sind:

In unserem Grundgesetz ist normiert, dass die rechtsprechende Gewalt den Richtern anvertraut ist und Richter unabhängig sind. Im Deutschen Richtergesetz steht die Anweisung, der Richter müsse sich innerhalb und außerhalb seines Amtes so verhalten, dass das Vertrauen in seine Unabhängigkeit nicht gefährdet wird. Dazu kommen Disziplinargesetze und Verfahrensordnungen, die das gewünschte Verhalten des Richters beschreiben.

Außerdem gibt es zahlreiche Normen in überregionalen Verordnungen und Statuten, die diese Werte genauer umschreiben. Wohl am meisten zitiert ist Art 6 der Europäischen Menschenrechtskonvention, der besagt:

> „Jede Person hat ein Recht darauf, dass über Streitigkeiten von einem unabhängigen und unparteiischen, auf Gesetz beruhenden Gericht in einem fairen Verfahren öffentlich und innerhalb angemessener Frist verhandelt wird."

Man kann also meinen, die bestehenden Gesetze und Verordnungen seien ausreichend, um daraus eine richterliche Ethik herzuleiten, die den geforderten „guten Richter" beschreibt.

Aber genügt das? Warum sollte es darüber hinaus noch Regeln zur richterlichen Ethik geben? Warum, wenn doch alles Fehlverhalten von Richtern ohnehin disziplinarisch geahndet werden kann ?

Das genügt nicht. Denn unterhalb der Schwelle des disziplinarisch Greifbaren gibt es zahlreiche Möglichkeiten von richterlichem Fehlverhalten, das sich nur schwer fassen lässt.

Als Beispiele nenne ich nur mangelnde Empathie im Umgang mit den Verfahrensbeteiligten, Missachtung der Ängstlichkeit von Zeugen, einschüchternde Diktion, Voreingenommenheit gegenüber Minderheiten, mangelndes Rückgrat gegenüber Kollegen und Vorgesetzten, unreflektierter Umgang im privaten Verhalten und dessen Einfluss auf Entscheidungen.

Diese Verhaltensweisen sind mit dem Disziplinarrecht nicht zu fassen. Es geht hier im Wesentlichen um das Fehlen von Sensibilität und Vorurteilsfreiheit.

Das Fehlen von bestimmten Eigenschaften oder das Fordern bestimmter Eigenschaften lässt sich allerdings nicht in unzweideutige Gebote und Verbote für ein angemessenes richterliches Verhalten fassen.

Die seit dem Jahre 2006 bestehende„Schleswiger Ethikrunde", - ein Zusammenschluss von Richtern, der auch ich angehöre-, hat sich mit dem Thema intensiv auseinander gesetzt. Wir wollten nicht durch Regeln „Nebenpflichten" einführen. Zu tief sitzt die Furcht, von dem Dienstvorgesetzten bei Nichtbeachtung einzelner Regeln bestenfalls kritisch befragt zu werden. Das sahen die Teilnehmer als Eingriff in ihre richterliche Unabhängigkeit an. Wir hatten insbesondere das Beispiel Italien vor Augen, wo Berlusconi mehrfach versucht hatte, die von Richtern aufgestellten allgemeinen ethischen Prinzipien in einen eng gefassten Codex, verbunden mit disziplinarischen Sanktionen, umzuwandeln. Das ist genau der Punkt, wo die Richter ganz strikt die Fixierung von Regeln ablehnen. Außerdem war und ist unsere feste Überzeugung, dass ein Mensch ethische Regeln nicht deshalb befolgen sollte, weil er Angst vor Strafe hat, sondern weil er zutiefst davon überzeugt ist, dass sein Verhalten ethisch ist. Und allein die Diskussion über richtiges Verhalten und darüber, was einen guten Richter ausmacht, führt zu einer Reflexion über das eigene Verhalten.

In der „Schleswiger Ethikrunde" entstand nach langen Auseinandersetzungen schließlich die Idee, nicht Ethikregeln, wie wir sie aus anderen europäischen Ländern oder auch Kanada kannten, sondern Fragen zu ethischem Verhalten zu formulieren, ohne Antworten darauf zu geben. Daraus entstand die Broschüre: „Säulen richterlichen Handelns". Hier einige wenige Beispiele:

- Welche Interessen spielen bei meiner Entscheidung eine Rolle?
- Nehme ich mir Zeit für die Bürgerinnen und Bürger und beantworte ihre Fragen?
- Vermittle ich den Parteien ein Gefühl der Sicherheit im Rahmen der Verhandlung, z.B. durch einen Hinweis auf die Sitzordnung und durch eine persönliche Vorstellung der Verfahrensbeteiligten?

- Wird die Parität aller Verfahrensbeteiligten gewahrt.
- Habe ich Respekt vor den Beteiligten und ihren Anliegen?
- Nehme ich Einladungen von Rechtsanwälten zum Abendessen an, von denen ich annehme, dass sie beruflich motiviert sind?
- Wie gehe ich mit Gesetzeslücken um?
- Übe ich öffentlich, insbesondere in Gegenwart der Presse Kollegenschelte?
- Leidet die Sorgfalt der Bearbeitung meiner Rechtsfälle unter Erledigungsdruck?

In einem zweiten Schritt hat die „Schleswiger Ethikrunde" im Jahre 2009 die Runde um interessierte Rechtsanwälte und Staatsanwälte erweitert. Dadurch wurde die Diskussion belebt, neue Ideen wurden eingebracht, insbesondere gab es erstmals die Sicht von außen, die den Horizont erweitert. Interessant war für mich, dass die Rechtsanwältin, die dabei anwesend war, immer wieder Fälle schilderte, in denen sich Richter nach ihrer Meinung unethisch verhalten hatten.

Das Ergebnis ist ein Thesenpapier, in dem Definitionen für ethisches richterliches Handelns gemacht werden, aber auch Wertekollisionen und Dillemata anhand von Beispielsfällen formuliert und wiederum Fragen gestellt werden.

Hier einige Beispiele für Dillemata:

- Unparteilichkeit gegenüber beiden Prozessparteien versus Verantwortung für die schwächere Partei.
- Verantwortung für die schwächere Partei versus Anspruch der Parteien auf Gleichbehandlung.
- Ausschöpfen von Aufklärungsmöglichkeiten versus verzögerte Durchsetzbarkeit von Ansprüchen.
- Umfassende Information einzelner Verfahrensbeteiligter, z.B. der Schöffen versus Beeinflussung der Unvoreingenommenheit.
- Wahrung der Zurückhaltung im Umgang mit Pressevertretern und politisch engagierten Personen versus Informationsanspruch der Presse.

Das Thesenpapier ist in den Schleswig-Holsteinischen Nachrichten in dem Sonderheft zur Ausgabe Februar 2012 veröffentlicht. Die Reaktion auf unser Thesenpapier war bei den Richtern gleich Null.

Ein wichtiges Argument für eine schriftliche Niederlegung von Vorschlägen für richterliches ethisches Verhalten, für die Beschreibung der Dilemmata und der Aufzählung der Fragen ist m.E. die Außendarstellung der Justiz. Selbst wenn die geschriebene Ethik nur wenige und eigentlich selbstverständliche Sätze enthalten sollte, lässt sich nur so das Bild der Justiz nach außen wahrnehmbar machen.

Es gibt immer noch Diskussionen darüber, ob überhaupt irgendetwas betreffend die richterliche Ethik formuliert werden sollte. In Einem sind sich alle Richter einig: Die Ethikregeln dürfen niemals verbunden werden mit disziplinarischen Sanktionen oder einer Haftung. Sie müssen völlig unabhängig von dem Disziplinarsystem sein. Die Ethikregeln dürfen nicht von Ministerien oder Gerichtspräsidenten oder gar Regierungen aufgestellt werden. Sie müssen allein von den Richtern selbst verfasst werden. Es wäre für die Zukunft erstrebenswert, wenn es Organe oder Personen innerhalb der Richterschaft gibt, die Richter beraten, die sich in einem ethischen Konflikt anlässlich ihrer richterlichen Tätigkeit befinden.

Ich persönlich halte es für sehr wichtig, sich als Richter mit der richterlichen Ethik täglich in seinem Beruf auseinander zu setzen. Das stärkt die Justiz und das Vertrauen der Öffentlichkeit und die innere Unabhängigkeit.

Wirkungen von Recht[1]

Hagen Hof

I. Vorüberlegungen

1. Wirkung – Recht – Wirkungsforschung

Die Feststellung der Wirkungen von Recht verlangt zunächst eine Klärung, was mit diesen beiden Begriffen gemeint ist. Dabei wird bewusst auch ihre Bedeutung im außerjuristischen Sprachgebrauch einbezogen, um den juristischen sachlich angemessen zu verorten. Diese Vorüberlegungen sollen dabei eine erste Groborientierung ermöglichen.

a) Bei dem Begriff Wirkung sind unausgesprochen immer drei unterschiedliche Komponenten mitgedacht: Etwas, das wirkt, etwas, das bewirkt wird, und eine Beziehung zwischen beiden.

Diese Beziehung wird häufig im naturwissenschaftlichen Sinne als *Kausalität*, als die Verknüpfung von Ursache und Wirkung angesehen. Davon unterschieden wird die Verknüpfung durch den *Zweck*, der von Menschen verfolgt und anderen Lebewesen, Phänomenen und Entwicklungen interpretierend unterstellt wird. Er zielt darauf ab, bestimmte Wirkungen hervorzurufen. Umgesetzt in tatsächliches Verhalten lässt auch er sich als ein Faktum feststellen, das Ursache sein kann und Wirkungen bewirkt.

b) Der Begriff *Recht* wird hier gleichermaßen weit gespannt verstanden. Er umfasst nicht nur Gesetze, Verordnungen, Satzungen, sondern auch das von Privaten zum Beispiel in Vertrag und Testament gesetzte Recht sowie Entscheidungen von Gerichten und Behörden.

c) Die Frage nach den Wirkungen von Recht stellt die *Kernfrage der Wirkungsforschung zum Recht* dar. Sie beinhaltet die wissenschaftliche Untersuchung der Folgen von rechtlichen Normen, von Gerichts- und Verwaltungsentscheidungen. Dabei lässt sie sich weiter auffächern in Fragen mit überschaubarer Reichweite

1 Gastvortrag, gehalten im Rahmen des Seminars „Rechtliche Gestaltung und Rechtswirkung – Strategisches Denken für Juristen“ (Prof. Dr. Hermann Hill) an der Deutschen Universität für Verwaltungswissenschaften Speyer am 13. November 2012.

wie: Was bewirken Gesetze? Warum versagen sie? Unter welchen Voraussetzungen erfüllen sie ihren Zweck?[2] Was bewirken Entscheidungen von Gerichten und Behörden? Was bewirken Verträge? Wie wirken einseitige privatrechtliche Rechtsetzung und Rechtsgestaltung? Worin kommt die Wirkung von rechtlichen Vorgaben zum Ausdruck? Insgesamt handelt es sich um ein lange vernachlässigtes Forschungsfeld.[3] Es weist ein hohes kritisches Potenzial auf, das sich insbesondere gegen die verbreitete Annahme wendet, mit dem Erlass von Gesetzen und anderen rechtlichen Regelungen wären auch die dazu Anlass gebenden Probleme gelöst.[4] Vielfach gelingt das nicht, nicht selten treten neue Probleme auf. Auch dem soll im Folgenden nachgegangen werden.

Wirkungsforschung zum Recht kann insbesondere mit Ansätzen und Methoden von Rechtsgeschichte und Rechtssoziologie,[5] der Wirtschaftswissenschaften, der empirischen Sozialforschung und der Kriminologie, partiell aber auch mit Mitteln der juristischen Dogmatik durchgeführt werden. Bei alledem überschneidet sie sich partiell mit der Gesetzesfolgenabschätzung[6] und mit Fragen der Rechtstatsachenforschung,[7] der Implementations-[8] und Evaluationsforschung.[9]

Für alle diese Fachgebiete ist festzuhalten, dass Wissenschaft im heutigen Verständnis grundsätzlich auf Feststellung allgemeiner Gesetzmäßigkeiten abzielt. Sie bleibt aber nicht darauf beschränkt. Vielmehr zählt auch zu ihren Aufgaben, in Fallstudien die Individualität einzelner Phänomene methodengerecht herauszuarbeiten vor dem Hintergrund der bisher gewonnenen und durchweg vorläufi-

2 Vgl. *Hof* (1999) S. 17–20 und die Gliederung von *Hof/Lübbe–Wolff* (Hrsg.) (1999), dort S. 9–11. Kritisch dazu *Wolff* (1999) S. 495 und *Lübbe–Wolff* (1999) S. 652.

3 Vgl. auch *Wrase* (2012) S. 325, 326, 328.

4 Ähnlich schon *Schneider* (1982) Rdn. 149: „Ist ein Gesetz verabschiedet worden, so wendet sich das Parlament anderen Aufgaben zu und interessiert sich im allgemeinen nicht für das weitere Schicksal des Gesetzes, seine Anwendung und seine Wirkungen.“ Vgl. auch *Raiser* (2007)4 S. 248.

5 Vgl. dazu insbesondere *Raiser* (2007)4 und *Röhl* (1987), neuestens *Wrase* (2012) S. 324, 325.

6 Vgl. dazu insbesondere *Böhret/Konzendorff* (Hrsg.) (2001); *Brocker* (2003); *Busse* (2003); *Konzendorf* (2000) S. 97–105; *Kretschmer* (2003); *Hensel/Bizer/Führ/Lange* (Hrsg.) (2010).

7 Vgl. *Pflüger* (1998) S. 561–568.

8 Die Implementationsforschung untersucht kurz gefasst in instrumenteller Perspektive Gesetze und die bei ihrem Vollzug absehbaren Störungen mit dem Ziel, diese zu vermeiden oder zu beseitigen. Vgl. dazu *Raiser* (2007)4 S. 248, 249 und *Röhl* (1987) S. 250, 303–307, auch *Karpen* (1992) S. 41, der Gesetzgebungslehre und Rechtsprechungslehre als „Implementationswissenschaften“ versteht.

9 Die Evaluationsforschung nimmt darüber hinaus die gesamtgesellschaftlichen Wirkungen eines Gesetzes in den Blick mit dem Ziel seiner kritischen Würdigung und Verbesserung. Vgl. *Raiser* (2007)4 S. 249 und *Röhl* (1987) S. 250, 301–303.

gen Einsichten in allgemeine Gesetzmäßigkeiten. Für sie ist immer der Einzelfall der entscheidende Prüfstein, ob er nun den einfachsten, den „Normalfall“ oder einen Grenzfall darstellt. An ihm vor allem muss sich die Einsicht in übergeordnete Zusammenhänge bewähren. Angesichts der nahezu unendlichen Vielfalt möglicher und denkbarer Wirkungen von Recht kommt diesem Spannungsverhältnis hier besondere Bedeutung zu.

Nach weiterer Klärung terminologischer und inhaltlicher Vorfragen (I 2-I 11) soll versucht werden, in einem Überblick die bisher festgestellten, möglichen und denkbaren Wirkungen von Recht in ihrer gesamten Bandbreite zu erfassen (II). Es schließt sich die Frage nach den dafür verfügbaren Methoden an (III). Dabei geht es einerseits um den Zugang von verschiedenen der soeben genannten Disziplinen her, zum anderen um die Unterscheidung zwischen Prognosen für künftige Regelungen und den Erfahrungen mit dem geltenden Recht. Auf eine Zwischenbilanz folgen Ausführungen zur Bedeutung der Wirkungsforschung zum Recht für Rechtsetzung, zur Rechtsgestaltung, zur Rechtsanwendung und Rechtskritik. Ferner wird die Institutionalisierung der Wirkungsforschung in Frage gestellt (IV). Am Schluss mündet dieser Beitrag in Rückschau und Ausblick (V).

2. Kausalität und Wirkung

Ganz allgemein sind Wirkungen in Zusammenhang mit Kausalität zu sehen. Sie sind einerseits deren „Endstation“, andererseits aber auch ihr Ausgangspunkt. Das zeigt zunächst die *Kausalkette*:[10]

a) Sie kommt aus dem Unendlichen, konkretisiert sich in Wirkungen, die ihrerseits wieder Ursachen werden und verläuft sich wieder im Unendlichen:

$$\infty \rightarrow \text{Wirkung/Ursache} \rightarrow \text{Wirkung/Ursache} \rightarrow \text{Wirkung/Ursache} \rightarrow \text{Wirkung/Ursache} \rightarrow \infty$$

Damit ist nur der einfachste Fall beschrieben. Durchweg hat jede Wirkung mehrere, also ein Bündel von Ursachen. Jede Ursache hat außerdem nicht nur eine, sondern eine oft unübersehbare Vielzahl von Wirkungen. Und jede Wirkung kann wiederum Ursache für viele andere Ereignisse, Entwicklungen oder Verhal-

10 Vgl. *Hof* (1996) S. 458 f.

tensweisen sein.[11] Durch solche Kausalketten werden Vergangenheit, Gegenwart und Zukunft miteinander verknüpft.[12]

Vor diesem Hintergrund werden *Ereignisse, Entwicklungen oder Verhalten einerseits als Ursachen für darauf antwortende Verhaltensregelung durch Recht* angesehen.[13] Die Antwort kann grundsätzlich auf zweierlei Weise erfolgen: Die rechtliche Regelung sucht die gegebene Situation zu stabilisieren oder zu ändern. Zwischen diesen Extremen lässt sich eine große Bandbreite von Mischformen lokalisieren. *Hier erweist sich Recht als eine Wirkung* der Ereignisse, der Entwicklung oder des betreffenden Verhaltens. *Zum anderen ist es aber auch Ausdruck und Wirkung der von der Recht setzenden Instanz verfolgten Zielsetzungen.*

Wenn es gelingt, die Situation nach seinen Vorgaben zu stabilisieren oder zu ändern, erweist sich das *Recht insoweit als Ursache*, die Stabilisierung oder Änderung ist seine Wirkung. Es kann aber auch Ursache dafür sein, dass seine Adressaten ihm auszuweichen, es zu umgehen suchen oder sich ihm widersetzen. In alledem treten Wechselwirkungen zu Tage, die sich mit dem gedanklichen Muster der Kausalkette nicht zureichend erfassen lassen.

b) Vor allem die Umweltforschung hat den Blick dafür geschärft, dass es Wechselwirkungen[14] gibt. Eine erste Berücksichtigung im Gesetz haben sie beispielsweise in § 2 Abs. 1 Nr. 1 UVPG[15] gefunden. Hier ist jeder der genannten Faktoren einerseits Ursache, andererseits Wirkung.

In der juristischen Methodenlehre hat diese Einsicht schon länger Tradition: Bei der Darstellungen der verschiedenen Lehren zur Auslegung findet sich immer wieder der Hinweis darauf, dass sie durch Hin- und Herblicken zwischen der entscheidungsbedürftigen Situation, dem „Fall" einerseits und der zu seiner Lö-

11 Zur „Forschungslogik von Kausalanalysen" *Rottleuthner/Rottleuthner–Lutter* (2010) S. 22–26.

12 Beispielsweise macht es noch heute durchaus Sinn, die 1632 anonym gegen die Hexenprozesse gerichtete „Cautio criminalis" des Friedrich *von Spee* zu lesen, um den menschenrechtlichen Schutzgehalt der StPO zu verstehen. Insofern wirken seine Gedanken bis heute fort.

13 *Hill* (1982) S. 69 zählt als mögliche Ursachen von Gesetzgebung menschliches Verhalten, gesellschaftliche und wirtschaftliche Entwicklungen, nationale und internationale Einflüsse, Folgen neuartiger technischer Probleme, Auswirkungen früherer Gesetze und Änderungen des Bewusstseins bzw. der rechtspolitisch empfundenen Zweckmäßigkeit auf.

14 Vgl. *Hof* (1996) S. 459.

15 § 2 Abs. 1 UVPG: „... Die Umweltverträglichkeitsprüfung umfasst die Ermittlung, Beschreibung und Bewertung der Auswirkungen eines Vorhabens auf 1. Menschen, Tiere und Pflanzen, Boden, Wasser, Luft, Klima und Landschaft, einschließlich der jeweiligen Wechselwirkungen, ...".

sung herangezogenen Norm andererseits erfolgen muss. Bei diesem Vergleich werden einerseits aus dem Sachverhalt die für die Norm relevanten Merkmale herausgefiltert, andererseits das Verständnis der Norm an den Gegebenheiten des Sachverhalts geprüft und geschärft.

Ferner sind Wechselbeziehungen zwischen verschiedenen Normen, beispielsweise zwischen Grundrechten oder von Normen der Verfassung und des einfachen Rechts zu berücksichtigen. Hierfür sind in der juristischen Methodenlehre der Grundsatz der wechselseitigen Erhellung[16] und später die praktische Konkordanz[17] entwickelt worden. Beide weiten den Wirkungsbereich[18] insbesondere von Grundrechten aus, begrenzen ihn jedoch auch durch andere Grundrechte oder durch Rechtsgrundsätze.

3. Der Zweck im Recht

Neben der Kausalität stellen Ziele und Zwecke[19] die wichtigsten Verknüpfungen zwischen Ereignissen, Entwicklungen und Verhaltensweisen dar. Das gilt insbesondere für das Recht. Nach Jhering (1818-1892) ist der „*Zweck ... der Schöpfer des ganzen Rechts.*“[20] Darin klingt ein durchaus modernes instrumentelles Verständnis von Recht an,[21] das sich beispielsweise auch darin niederschlägt, dass insbesondere im Umweltrecht viele Gesetze einleitend ihre Zwecksetzung ausdrücklich angeben.[22] Zudem hat sich in der juristischen Methodenlehre und in der Gerichtspraxis die teleologische, am Gesetzeszweck orientierte Auslegung zu einem der wichtigsten Denkmuster besonders der Rechtsprechung entwickelt.

Ziele und Zwecke sind für die hier verfolgte Thematik gleich in mehrfacher Hinsicht von Bedeutung: Zum einen sind *rechtliche Vorgaben Mittel zu dem von dem Normgeber anvisierten Zweck.* An diesem lässt sich daher der Erfolg einer Regelung messen. Darauf wird bei der Frage nach der Effektivität zurückzukommen sein. Zum anderen kann an dem eingetretenen oder nicht eingetretenen

16 Vgl. dazu *Larenz* (1983)5 S. 198, 199, 269, 306, 457.
17 Vgl. dazu insbesondere BVerfGE 28/243, 261 und *Hesse* (1995)20 Rdn. 72.
18 Vgl. unten I 10) und *Hof* (1996) 145–147.
19 Beide Begriffe werden vielfach synonym verwendet. Während allerdings Ziele eher der Antriebsrichtung des Einzelnen folgen und insofern nicht selten „Bodenhaftung“ vermissen lassen, sind Zwecke deutlicher auf konkrete Wirkungen ausgerichtet. Mit diesem Vorbehalt wird hier dem allgemeinen Sprachgebrauch gefolgt.
20 Vgl. *Kleinheyer/Schröder* (2008)5 S. 232 f.
21 Vgl. auch *Gusy* (1999) S. 289.
22 Vgl. dazu *Nusser* (2007). Diese Praxis findet sich allerdings schon bei den Reichspolizeiordnungen des 16. und 17. Jahrhunderts, die damit Anhaltspunkte bieten, sie in der ihnen zugrunde liegenden Situation zu verorten.

Erfolg und den sonstigen Wirkungen eines rechtlichen Instruments überprüft werden, *ob es richtig gewählt, gestaltet und zum Einsatz gebracht worden ist.*

In beiden Fragerichtungen sind ferner *geschlossene und offene Ziele oder Zwecke* zu unterscheiden.[23] Ein Beispiel für die Erstgenannten ist die morgendliche Fahrt zur Arbeitsstätte. Wenn der Einzelne dort angekommen ist, hat er sein Ziel und den Zweck seiner Fahrt erreicht. Demgegenüber stellt die für die heutige Ökonomie grundlegende Gewinnmaximierung eine offene Ziel- oder Zwecksetzung dar, jedes dabei erreichte Niveau kann immer noch übertroffen werden. Das bedeutet aber auch, dass ein derart offener Zweck „unersättlich" ist, so dass der Erfolg eines vom Ziel Gewinnmaximierung getragenen Verhaltens immer nur eine Durchgangsstation darstellen kann.

4. Die Akteure

Die Frage nach den Wirkungen von Recht muss die verschiedenen Akteure berücksichtigen, die Recht setzen, es anwenden und seine Wirkungen erfahren. Insofern sind zu unterscheiden:

a) Die *Normgeber* (NG)[24]

Die *Normgeber* wie beispielsweise Gesetzgeber, Arbeitgeber, Erblasser oder Stifter. Sie sind die Urheber von Normen und verfolgen mit ihnen bestimmte Zwecke.

b) Die *Normadressaten* (NA)[25]

An sie ist die Norm gerichtet, ihr Verhalten soll sie stabilisieren oder ändern. Zur Wahrung ihrer Belange werden die NA durchweg versuchen, sie belastende Wirkungen von Normen abzumildern, zu vermeiden oder ihnen auszuweichen, und ihnen günstige Konsequenzen zu nutzen. In ihrem Verhalten bilden sich so Wirkungen der an sie gerichteten Normen unmittelbar ab.

23 Vgl. *Hof* (1996) S.479, 480, 504, 509.
24 Zum Begriff des NG vgl. insbesondere *Hof* (1996) S. 114–118, 405–408, 459.
25 Zum NA vgl. dort S. 118–121, 406, 407, 409–411, 420–422, 462, 463.

c) Die *Normanwender* (NAw)[26]

In dieser Bezeichnung werden insbesondere Richter, Behördenvertreter, Staatsanwälte und Rechtsanwälte zusammengefasst. Sie werden von Exekutive oder Judikative eingesetzt oder zugelassen, um die vom Gesetzgeber erlassenen Normen um- und durchzusetzen. Auswirkungen von Normen auf die NAw werden vor allem in dem Arbeitsaufwand erkennbar, den deren Handhabung ihnen abverlangt. Einfachheit und Komplexität der Merkmale des in der Norm erfassten Sachverhaltes, Erleichterungen und Erschwerungen der Beweisaufnahme und die Durchsetzbarkeit der aus der Norm abgeleiteten Entscheidungen lassen sich insoweit bilanzieren.

d) Die *Nutznießer*(NN)[27]

Die *Nutznießer von Normen* Sie machen sich typischerweise eigentlich nicht für sie bestimmte Normen zunutze, zum Beispiel im Wege der entsprechenden Anwendung dieser Normen oder durch Mitnahmeeffekte.[28] Das Auftreten von NN zeigt an, dass der NG bei der Festlegung des Regelungsbereichs seiner Norm potenzielle NA außer Betracht gelassen hat. Wurden sie absichtlich ausgegrenzt, kann das ihrem Begehren nach Einbeziehung in den Regelungsbereich der Norm entgegenstehen und entsprechende Umkehrschlüsse von NAw begründen. Sind sie nur versehentlich unberücksichtigt geblieben, ermöglicht das Analogieschlüsse zu ihrer Gleichstellung mit den NA. Unabhängig davon wird am Auftreten von NN immer erkennbar, dass die betreffende Norm auch über den eigentlichen Kreis der NA hinaus Beachtung findet und wirkt.

e) Die *Normbetroffenen* (NB)[29]

Die *Normbetroffenen* sind diejenigen, die von Wirkungen von Normen nur mittelbar erfasst werden, wie etwa Ehefrau und Kinder des verurteilten Straftäters. Sie können sich typischerweise mit den vom Recht bereitgestellten Rechtsbehelfen und Rechtsmitteln dagegen nicht zur Wehr setzen. Sie sind der

26 Zum Normanwender (NAw) vgl. dort S. 121–123, 406–408, 459–462. *Helmrich* (1999) S. 516 und *Raiser* (2007)4 S. 238 verwischen allerdings die Unterschiede zwischen NA und NAw, indem sie diese ohne weitere Bedenken den NA zurechnen. Auf S. 239 differenziert *Raiser* allerdings NA und „Sanktionsinstanzen".

27 Zu den NN vgl. *Hof* (1996) S. 124 f., 406, 410, 411, 422, 464 f.

28 Vgl. auch Rottleuthner/Rottleuthner-Lutter (2010) S. 35.

29 Zu den NB vgl. *Hof* (1996) S. 123, 464.

„Erscheinungsort" der Neben- und Fernwirkungen und der Spätfolgen von Normen.

Alle diese Akteure agieren nicht isoliert, entscheidend für die Wirkungen von Recht ist ihr *Wider- und Zusammenspiel.* Es lässt sich in knapper Zusammenfassung umschreiben, wie folgt: Der NG erwartet grundsätzlich, dass die NA seine Vorgaben *befolgen.* Dazu bestehen auch gute Aussichten, wenn die betreffenden Normen mit den Interessen oder den Wert- und Rechtsvorstellungen der NA weitgehend übereinstimmen und von daher mit Akzeptanz zu rechnen ist.[30] Er kann den NA bestimmte Verhaltensweisen gebieten oder verbieten, ihnen Anreize für ein bestimmtes Verhalten geben, sich aber auch darauf beschränken, ihnen einen Rahmen für ihre eigenen Regelungen zu geben wie das Vertragsrecht des BGB zeigt. Die NA können seine Normen befolgen oder gebrauchen, sie aber auch umgehen, sie außer Acht lassen oder ihnen zuwiderhandeln. Dem kann der NG begegnen, indem er die Norm durch Inaussichtstellen von Vorteilen, durch Androhen von Nachteilen oder sogar Sanktionen verstärkt. Ob das gelingt, hängt letztlich wiederum von den NA ab. Das gilt selbst dann, wenn der NG Zuwiderhandeln ausdrücklich verbietet. *Verhaltensregelung auch*[31] *durch Recht erweist sich hier als ein zweiseitiges Geschäft*, bei dem es auf die Interessen des NG und des NA gleichermaßen ankommt.[32] Beide sind durch die für ihre Beziehungen konstitutive *Achse der Verhaltensregelung* verbunden.[33]

Den NAw gibt die vom NG in die Welt gesetzte Norm Orientierungshilfe für ihre eigenen Entscheidungen zum materiellen und Verfahrensrecht. Allerdings kann die von einem NG gesetzte Norm mit Normen eines anderen NG kollidieren. Auch können die NAw ungeachtet ihrer Bindung an Gesetz und Recht bei ihren Entscheidungen über die Vorgaben des NG hinausgehen oder dahinter zurückbleiben. NN können die Norm z.B. mit ergänzender Auslegung oder mit einem Analogieschluss aufgreifen, um selbst in den Genuss der darin den NA gebotenen Vorteile zu kommen. Ebenso können auch von einem NG bereits angekündigte künftige Normen von NA und NN bei deren Verhalten antizipierend berücksichtigt werden und Wirkungen entfalten. Völlig den Neben- und Fernwirkungen von Normen des NG ausgesetzt sind die NB, sie haben grundsätzlich auch keine Möglichkeiten zum rechtlichen Schutz ihrer Interessen.

In alledem wird erkennbar, dass die Wirkungen von Normen eng verknüpft sind mit ihrer Setzung und Anwendung und mit dem Verhalten der genannten

30 Ebenso *Raiser* (2007)4 S. 258–261.

31 Ähnliches gilt auch für andere Regelungskonzepte wie Erziehung, Politik und Religion, nicht aber für die Ethik, bei der ein NG fehlt.

32 Vgl. auch *Schmidt-Eichstaedt* (1999) S. 618, 619, 622, 623.

33 Vgl. *Hof* (1996) S. 193, 199, 521.

Akteure. Darauf konzentriert sich die Darstellung im Folgenden. Dazu sind zunächst die Erscheinungsformen von Recht zu umreißen.

5. Erscheinungsformen von Recht

Der Begriff Recht bezeichnet einerseits eine von Wertvorstellungen und daran anknüpfende Normen getragene *Ordnung* und andererseits in Normen gefasste *Regelungsinstrumente*, die darauf abzielen, im Verhalten der Adressaten bestimmte Wirkungen zu erzielen. Als Ordnung schafft es einen Rahmen für das Verhalten der ihm Unterworfenen, der auch den Einsatz seiner Instrumente begrenzt. Bei diesen lassen sich insbesondere folgende unterscheiden:

- Gesetz und Verordnung als die wichtigsten Beispiele für generelle Regelungen,[34]
- private Rechtsetzung durch Vertrag, Testament und Stiftungsgeschäft,[35]
- Gerichtsentscheidungen wie Urteil und Beschluss,[36]
- Verfahren, Entscheidungen und Maßnahmen von Behörden wie zum Beispiel Durchsuchung, Steuerbescheid und schlichtes Verwaltungshandeln.[37]

Die weitere Darstellung wird sich daran orientieren. Von der Norm als Ausgangspunkt der Verhaltensregelung folgt nun ein großer Sprung zu ihrem Ergebnis.

6. Erscheinungsformen der Wirkungen von Recht

Ganz generell lassen sich nun in einer ersten Annäherung Erscheinungsformen der Wirkungen von Recht zusammenstellen. Dabei führen die Perspektiven der verschiedenen Akteure zu unterschiedlichen Konsequenzen.

34 Vgl. *Hof/Lübbe-Wolff* (Hrsg.) (1999).
35 Vgl. dazu insbesondere *Hof* in *Seifart/v. Campenhausen* (2009)3 § 4 Rdn. 35, 36.
36 Vgl. *Hof/Schulte* (Hrsg.) (2001).
37 Vgl. *Hill/Hof* (Hrsg.) (2001).

a) Zu unterscheiden sind aus dem *Blickwinkel des NG* und aus der Perspektive von *unbeteiligten Beobachtern* vor allem

- Haupt- und Nebenwirkungen,[38]
- Nah-[39] und Fernwirkungen, Spätfolgen,[40]
- erwartete und nicht erwartete Wirkungen und Folgen,[41]
- erwünschte und unerwünschte Wirkungen und Folgen[42]
- und bei ihnen allen unmittelbare und mittelbare Wirkungen und Folgen.[43]

Hier ist zu berücksichtigen, dass das Recht in allen seinen Erscheinungsformen grundsätzlich ein Selektionsinstrument darstellt.[44] Es bevorzugt bestimmte Akteure und ihre Interessen oder sonstige Komponenten der Situation und blendet andere aus. Diese vom NG vorgesehene Selektion wird mit hoher Wahrscheinlichkeit verfehlt, wenn nicht die mit seinen Normen verfolgten Wirkungen, sondern andere, insbesondere unerwartete und unerwünschte eintreten.

b) Demgegenüber ergeben sich aus dem *Blickwinkel des NA* folgende Alternativen:

- Er kann die Norm befolgen,[45]

38 Als solche können auch die vor allem in der Ökonomie behandelten „externen Effekte“ angesehen werden: Es handelt sich um kostenträchtige Auswirkungen ökonomischen Handelns auf Umwelt und Gesellschaft, die nicht ihren Verursachern zugerechnet, sondern auf die Gesellschaft abgewälzt werden. Sie können allerdings über Abgaben für die Inanspruchnahme und Belastung von Umwelt und Gesellschaft den Verursachern angelastet, „internalisiert“ werden. Sie werden hier nicht weiter behandelt.

39 Vgl. *Hof* (2001 a) S. 123.

40 Die Begriffe Wirkungen und Folgen werden vielfach und auch hier synonym verwendet. Beide nehmen unausgesprochen Bezug auf eine ihnen vorangehende Ursache und meinen deren „Auswirkungen“ – ein weiteres, aber häufig wohl bewusst unschärfer verwendetes Synonym.

41 Vgl. auch *Röhl* (1987) S. 95, 96, 249. Zu ungeplanten Wirkungen der Verpackungsverordnung *Brand* (1999) S. 121–127, 132–134, und *Brand* u.a. (2002) S. 39–52.

42 Vgl. auch *Raiser* (2007)4 S. 253, 254 und *Hof* (1996) S. 457.

43 Vgl. *Röhl* (1987) S. 249 f., auch *Rodi* (2002).

44 Insofern kann es auch Innovationen ermöglichen und verhindern, vgl. *Roßnagel* (2010)2 S. 12–17, *Hoffmann-Riem* (2010)2 S. 388, 389, 395, 396.

45 Vgl. dazu auch *Rottleuthner/Rottleuthner-Lutter* (2010) S. 20, 21 und *Hof* (1996) S. 405–407, 409, 410. Die Normbefolgung wird in der Literatur auch als „Verhaltens- oder Verkehrsgeltung“ bezeichnet und dem für die Fälle, in denen abweichendes Verhalten sanktioniert wird, die „Sanktionsgeltung“ gegenübergestellt (vgl. *Röhl* (1987) S. 244, *Raiser* (2007)4 S. 239). Wegen der Unklarheit schaffenden Vermischung mit dem Begriff der Geltung werden diese Bezeichnungen hier vermieden. Vgl. auch *Hof* (1999) S. 16.

- er kann sie gebrauchen,[46] indem er z.B. den darin vorgesehenen Antrag stellt,[47]
- er kann versuchen, sie zu umgehen,[48]
- er kann sie außer Acht lassen
- oder ihr zuwiderhandeln.

Dabei deuten *Befolgung* und *Gebrauch* von Normen darauf hin, dass sie von den Adressaten Akzeptanz[49] erfahren oder jedenfalls hingenommen werden. *Umgehung* ist jeder Versuch, der Norm auszuweichen,[50] *Nichtbeachtung* zeigt eine Gegenposition an, die aber nicht publik gemacht wird, während das *Zuwiderhandeln* sich bewusst und manchmal sogar demonstrativ gegen die Vorgabe und ihre Geltung richtet.

c) Die Perspektive des *NAw* ist demgegenüber deutlich mehr durch das Instrumentarium des Rechts und der juristischen Methodenlehre geprägt:

- Er ist an die Vorgaben des NG gebunden und muss deren Anwendbarkeit in dem zur Entscheidung anstehenden Fall prüfen,
- muss sie im Zweifel auslegen, wobei ihm die Bandbreite zwischen extensiver und restriktiver Auslegung im Rahmen der anerkannten methodischen Regeln zur Verfügung steht,
- er kann den Anwendungsbereich von Normen durch Analogie und Rechtsfortbildung erweitern
- oder durch Umkehrschlüsse, teleologische Reduktion oder restriktive Auslegung verkürzen,
- sie mit anderen Vorgaben abwägen
- oder ihre Anwendung ablehnen insbesondere mit Rücksicht auf eine lex specialis oder höherrangiges Recht.

Alle diese Vorgehensweisen sind letztlich wiederum Konsequenzen aus der Norm und haben unterschiedliche Wirkungen.

46 Zum „strategischen Gebrauch der Gerichte" vgl. insbesondere *Gottwald* (2001) S. 195–200.
47 Vgl. dazu *Hof* (1996) S. 406, 408, 410–412, 421, 422.
48 Vgl. auch *Hof* (1999) S. 16. Ein instruktives Beispiel behandeln *Breunung/Treiber* (2005) in einer der seltenen Langzeitfallstudien: Ein Wirtschaftsunternehmen sucht der hohen örtlichen Gewerbesteuer durch Verlegung des Betriebs in eine kostengünstigere Nachbargemeinde zu entgehen. Diese wird schließlich von der Stadt, die ursprünglich Sitz des Unternehmens war, eingemeindet.
49 Vgl. *Hof* (1996) S. 407, 408, 412, 422, 423, zur Akzeptanz von Gerichtsentscheidungen *Würtenberger* (2001) S. 201–205.
50 Dabei wird wohl zumeist Wert darauf gelegt, dass das möglichst unauffällig geschieht.

d) Der *NN* hat demgegenüber nur eng begrenzte Möglichkeiten: Er sucht in den Anwendungsbereich der fraglichen Norm zu kommen. Dazu muss er argumentieren, er muss darlegen und beweisen, dass sein Fall dem des NA entspricht, dass die Gleichheit oder Ähnlichkeit beider Fälle nahe liegt, sie gleich zu bewerten und folglich gleich zu behandeln.

e) Der *NB* schließlich ist den bei ihm „ankommenden" Wirkungen der Norm weitgehend schutzlos ausgesetzt, wenn er nicht einen Rollenwechsel vornehmen kann.[51]

Die so umrissenen Wirkungen von Recht sind nun abzugrenzen von juristischen Begriffen und Instrumenten, die ähnlich klingen oder häufig „in einem Atemzug" mit Wirkungen angeführt werden.

7. Abgrenzung zur Unwirksamkeit rechtlicher Regelungen

Alle bisher hier angesprochenen Wirkungen sind *faktische Folgen*, die grundsätzlich empirisch festzustellen sind. Die durch ein Gericht entschiedene Unwirksamkeit etwa nach den §§ 134[52] und 138[53] BGB ist dagegen eine *normative Konsequenz*, die sich aus der Anwendung dieser Normen auf einen Fall ergibt: Sie schließen die Geltung der fraglichen, rechtsgeschäftlich vereinbarten Regelung aus. Faktisch bedeutet das, dass die Beteiligten sich an dieser Regelung nicht mehr orientieren müssen, sie können so vorgehen, als ob es diese Regelung nicht gäbe.[54] *Faktische Wirkungen solcher Gerichtsentscheidung* sind damit, dass der durch die unwirksame Norm Belastete von solcher Belastung frei geworden ist, und derjenige, den sie begünstigt hat, diesen Vorteil einbüßt.

8. Abgrenzung zur Geltung von Normen

Grundsätzlich ist davon auszugehen, dass rechtliche Normen, also insbesondere Gesetze und Verordnungen, die im ordnungsgemäßen Verfahren ergangen sind, *gelten, also zu beachten sind.*[55] Erst wenn das Bundesverfassungsgericht nach Maßgabe des § 31 BVerfGG festgestellt hat, dass eine konkrete Norm wegen Verstoßes gegen höherrangiges Recht unwirksam ist, gilt sie nicht mehr. Bis dahin hat sie nicht nur gegolten, sondern auch gewirkt, etwa indem sich Rechtsuchende an ihr orientiert haben. Genau genommen kann sie sogar nach der Ent-

51 Vgl. *Hof* (1996) S. 123.

52 § 134 BGB: „Ein Rechtsgeschäft, das gegen ein gesetzliches Verbot verstößt, ist nichtig, wenn sich nicht aus dem Gesetz ein anderes ergibt."

53 § 138 Abs. 1 BGB: „Ein Rechtsgeschäft, das gegen die guten Sitten verstößt, ist nichtig."

54 Vgl. auch *Hof* (1996) S. 479–483.

55 Vgl. *Raiser* (2007)4 S. 237.

scheidung des BVerfG weiter wirken: Man weiß nun, dass sie nicht mehr gilt und kann sich daran orientieren. *Geltung ist also einerseits ebenso wie die Unwirksamkeit von rechtlichen Normen eine normative Konsequenz. Sie stellt aber auch ein Faktum dar.* Als solches lässt sie sich den hier untersuchten Wirkungen zuordnen.

9. Effektivität und Effizienz

a) Der Begriff *Effektivität* erfasst die Relation zwischen dem mit einer Maßnahme oder Regelung verfolgten *Ziel und dem tatsächlich erreichten Erfolg*, mit anderen Worten die Differenz zwischen dem Soll- und dem Ist-Wert.[56] Dieses gedankliche Muster lässt sich grundsätzlich auch auf rechtliche Regelungen anwenden. Hier sind beispielsweise zu vergleichen die Zielsetzungen einer Straßenverkehrsbehörde zur Reduzierung der Zahl von Unfällen an einer bestimmten Kreuzung und die Veränderung der Unfallhäufigkeit infolge der von der Behörde getroffenen Maßnahmen. Ein weiteres Beispiel ist der Vergleich der vom Verordnungsgeber mit der Großfeuerungsanlagenverordnung[57] intendierten Verminderung von Emissionen mit der durch sie tatsächlich erzielten Reduzierung der Schadstoffemission. Auch lässt sich die Effektivität eines privatrechtlichen Gesetzes mindestens theoretisch[58] daran messen, in welchem Umfang davon abweichende Parteivereinbarungen getroffen worden sind.[59]

Allerdings hängt die Effektivität rechtlicher Verhaltensregelung von etlichen Rahmenbedingungen ab, die die betreffende Norm und das Verfahren ihrer Anwendung erfüllen müssen: So muss der *Sachgehalt*[60] der Norm die geregelte Situation zutreffend erfassen, ihr *Wertungsgehalt* muss die Wertentscheidungen des NG möglichst eindeutig zum Ausdruck bringen, ihr *Regelungsgehalt* die vom Gesetzgeber gewollte Regelung und die Adressaten erkennen lassen.[61] *Nicht*

56 Vgl. auch *Hof* (1996) S. 483, 484 und *Karpen* (1992) S. 54.

57 Instruktiv insofern *Newig* (2003) und (2010) S.312–314.

58 Die praktische Umsetzung kann allerdings daran scheitern, dass sich die Parteivereinbarungen nicht mit hinlänglicher Gewissheit feststellen lassen.

59 Vgl. dazu am Beispiel des Mitbestimmungsgesetzes *Raiser* (1999) S. 116.

60 In Abweichung von dem in den Rechtswissenschaften gebräuchlichen zweigliedrigen Normbegriff, der nur Tatbestand und Rechtsfolge unterscheidet und die beide verbindenden Wertungen vernachlässigt, folgt hier die Aufgliederung der Norm in Sachgehalt, Wertungsgehalt und Regelungsgehalt dem dreigliedrigen Normbegriff. Vgl. dazu *Hof* (1996) S. 76–78. Das stellt die sachlich angemessene Berücksichtigung der Wertungen sicher und ermöglicht zugleich Querverbindungen zur Politik und zu dem von politischen Erwägungen geprägten Verfahren der Gesetzgebung. Vgl. ferner *Raiser* (2007)4 S. 257.

61 Vgl. *Hof* (1996) S. 486, *Raiser* (2007)4 S. 255, 256.

zuletzt muss die Norm den Adressaten so übermittelt werden, dass sie den Norminhalt und die Zielsetzungen des Gesetzgebers erkennen und verstehen können. Gerade das wird allerdings durch die verklausulierten Formulierungen vieler Gesetze gerade nicht gewährleistet, ohne fachliche Beratung ist der juristische Laie vielfach nicht in der Lage, die getroffenen Regelungen in ihren Auswirkungen auf seinen Fall zu erfassen. Insofern stoßen rechtliche Normen häufig an vom Gesetzgeber vermeidbare *Leistungsgrenzen.*

Weitere Leistungsgrenzen einer Effektivitätskontrolle ergeben sich, wenn kein Sollzustand definiert ist. Beispiele dafür bieten *Lenkungsabgaben* wie eine Ökosteuer, die ihr Ziel dadurch erfüllt, dass ihr Anfallen von den Adressaten etwa durch Ausweichen auf andere Energieträger vermieden wird. Die Effektivität lässt sich hier nur unter Bezugnahme auf den Zustand vor Inkrafttreten der fraglichen Maßnahmen und Regelungen und daraus ermitteln, dass das Aufkommen aus der betreffenden Abgabe zurückgeht. Zum anderen liegen Leistungsgrenzen der Messung von Effektivität dort, wo Maßnahmen oder Regelungen von den Adressaten oder Dritten bei ihrem Verhalten gedanklich und in ihrem Verhalten *vorweggenommen* („antizipiert") werden. Hier lässt sich Effektivität nur daran feststellen, dass vor Ergehen der Maßnahmen oder Regelungen eine Zahl einschlägiger Streitigkeiten dokumentiert wurde, die danach nicht mehr feststellbar ist.

b) Während Effektivität den tatsächlichen Erfolg an dem ursprünglichen Ziel und Zweck und beide wiederum an dem Erfolg misst, kommt es bei der *Effizienz* auf die Relation von Aufwand und Ertrag einer Maßnahme oder Regelung an.[62] Das ist grundsätzlich eine ökonomische Fragestellung, doch bildet sie auch allgemein einen für Gegenstände und Wertungen aller Art offenen Bewertungsmaßstab. Allerdings unterliegt sie *Begrenzungen durch in Rechtsnormen geronnene Wertvorstellungen und Wertentscheidungen.* Beispielsweise wäre totale polizeiliche Überwachung der Bevölkerung zur Kriminalprävention und zur Verbrechensbekämpfung hochgradig effizient.[63] Doch ginge dabei der Schutz durch Menschen- und Bürgerrechte weitgehend verloren. Sie ziehen mit den in ihnen enthaltenen Wertungen der staatlichen Überwachung und damit auch deren Effizienz Grenzen. Ähnlich ist Folter in höchsten Grade effizient, da man mit ihr alle gewünschten Informationen aus einem Menschen herauspressen kann. Auch das geht jedoch auf Kosten der Menschenrechte und der Menschenwürde und ist daher unter dem Grundgesetz unzulässig.

62 Vgl. dazu vor allem *Eidenmüller* (1995), auch *Rottleuthner/Rottleuthner–Lutter* (2010) S. 35.

63 Zweifel daran wecken allerdings die in Hamburg mit der Videoüberwachung jüngst gemachten Erfahrungen.

Effizienz ist immer auf konkrete Ziele ausgerichtet. Eine allgemeine, von solchen Zielen unabhängige Effizienz gibt es nicht. Allerdings sind geschlossene Ziele, wie die morgendliche Fahrt zum Arbeitsplatz, und „nach oben“ offene Ziele wie die Gewinnmaximierung zu unterscheiden. Bei den geschlossenen ist Effizienz gegeben, wenn sie erreicht worden sind, Zwischenstufen lassen sich graduell erfassen. Offene Ziele sind typischerweise nicht erreichbar, der Grad der Zielerreichung ist hier wie bei der Effektivität nur durch einen Vergleich zwischen Ziel und Erfolg zu ermitteln.

Über solche Bewertung hinaus weist die Effizienz, als Gebot verstanden, einen eigenen Regelungsgehalt auf, nach dem die vorhandenen Ressourcen Nutzen maximierend und Kosten minimierend einzusetzen sind. Aufwand und Ertrag sind dabei nicht nur limitierende Faktoren, sondern in ihrem Verhältnis zueinander zugleich Vorgaben für das Verhalten der Akteure.

c) Grundsätzlich wird von rechtlichen Regelungen erwartet, dass sie effektiv und effizient sind. Das kann jedoch – wie am Beispiel von polizeilicher Überwachung und von Folter gezeigt –durch gegenläufig gerichtete Normen und Interessen begrenzt werden. Mit allen diesen Aspekten lassen sich allerdings die Wirkungen von Recht nur partiell erfassen. Insbesondere muss vermieden werden, dass die Thematik verengt wird auf Befolgung und Nichtbefolgung von Normen. Darüber hinaus ist auch das Zwischenfeld dieser Extreme, sind insbesondere das Ausweichen durch Umgehung und das Nichtbeachten von Normen zu berücksichtigen, um ein Gesamtbild der Wirkungen von Recht zu ermöglichen.[64]

Das erfordert über die bisher auf Akteure, Instrumente und Verhaltensweisen ausgerichtete Darstellung hinaus noch eine räumliche und zeitliche Eingrenzung.

10. Regelungsbereich und Wirkungsbereich von Normen

a) Der *Regelungsbereich* einer Norm umfasst das Spektrum der Phänomene, Situationen, Akteure und Verhaltensweisen, auf die sie nach dem Willen des NG angewendet werden soll.[65] Er wird von dem NG abgesteckt, kann aber im Laufe der Rechtsanwendung durch Analogieschlüsse und Rechtsfortbildung ausgeweitet, durch Umkehrschlüsse und restriktive Auslegung verkürzt werden.

b) Demgegenüber umschreibt der *Wirkungsbereich* einer Norm das Segment der Realität, in dem eine Norm Folgen hat, insbesondere den gegebenen Zustand stabilisiert oder Veränderungen gegenüber dem vorherigen Zustand

64 Vgl. auch *Hof* (1996) S. 457 f.
65 Vgl. *Hof* (1996) S. 144, 145.

herbeiführt.[66] Nach den Intentionen des NG ist er mit dem Regelungsbereich kongruent. Ob die Norm jedoch überhaupt oder mindestens die beabsichtigten Wirkungen hat, hängt wesentlich von den NAw und den NA und den sachlichen Gegebenheiten ab. Darüber hinaus kann sie aber auch Wirkungen in Bereichen entfalten, an die der NG ursprünglich nicht gedacht hat. Insbesondere ist eine Ausdehnung ihres Wirkungsbereichs möglich durch extensive Auslegung und Analogieschlüsse. Demgegenüber zielen Instrumente wie Kasuistik, Umkehrschluß, teleologische Reduktion und sonstige restriktive Auslegung auf Eingrenzung des Wirkungsbereiches von Normen ab.

Der sonst in seiner Struktur klare Verlauf der Verhaltensregelung durch Recht von der Normsetzung über Normanwendung und Normbefolgung oder -durchsetzung und Kontrolle fasert aus, in ein Büschel direkter und indirekter Haupt-, Neben-, Nah-, Fern- und Folgewirkungen, das mit zunehmender Verästelung immer unübersichtlicher wird. Dadurch ist der Wirkungsbereich im Gegensatz zum Regelungsbereich einer Norm prinzipiell unübersehbar und darum auch weithin nicht kontrollierbar. Welche Folgen seine Normen haben, kann der NG zwar an der Veränderung von Lebensumständen und am Verhalten von NAw und NA, von NN und am Schicksal von NB ablesen. Doch lassen sich so zumeist nur direkte und die hauptsächlichen, augenfälligen Wirkungen ermitteln. Nebenfolgen, mittelbare, Fern- und Spätwirkungen sind mit zunehmender Verästelung immer schwieriger auszumachen. Unabhängig davon sind solche Wirkungen immer zu erwarten, bei generellen Normen mit weitem Regelungsbereich mehr noch als bei Einzelfallentscheidungen von geringer Tragweite.

66 Vgl. *Hof* (1996) S. 145–147, auch *Röhl* (1987) S. 248.

11. Zeitliche Eingrenzung

Die Frage nach den Wirkungen von Recht weist grundsätzlich eine zeitliche Eingrenzung nicht auf. Dann ist sie allerdings letztlich uferlos und kaum mit wissenschaftlichen Methoden zu beantworten. Eine zeitliche Beschränkung der Untersuchungen ist daher unerlässlich. Sie darf allerdings nicht zu kurz ausfallen,[67] eine wissenschaftliche Momentaufnahme kann immer nur ein Segment der möglichen Befunde erfassen. Im ersten Jahr nach der Verkündung eines Gesetzes haben Feststellungen zu seinen Wirkungen durchweg keinerlei Aussagequalität, zunächst sind Gerichtsentscheidungen nicht nur einer Instanz abzuwarten, ehe eine fundierte Einschätzung möglich ist. Auch ein Zeitraum von fünf bis zehn Jahren blendet mittelbare und Fernwirkungen sowie Spätfolgen weithin aus. Immerhin indiziert allerdings die „Halbwertszeit" vieler Gesetze, die sich in Änderungen und Ergänzungen schon kurz nach ihrer Verkündung niederschlägt, dass den Gesetzgeber Rückmeldungen aus der Praxis erreichen und ihn zur Gegensteuerung gegen erkannte Fehlentwicklungen veranlassen können. Bei von ihm von vornherein befristet in Geltung gebrachten Gesetzen[68] ist eine Folgenanalyse im Rahmen dieser Frist durchzuführen.

Zudem ist bei neuen Gesetzen vielfach ein „Strohfeuereffekt" zu beobachten.[69] In der ersten Zeit ihrer Geltung werden sie viel beachtet, doch lässt diese Wirkung bald nach. Das deutet darauf hin, dass sich die Wirkungen von Recht im Zeitverlauf verändern können.

Vor der durch alle diese Vorüberlegungen gebildeten Kulisse kann nun die im Thema gestellte Frage nach den Wirkungen von Recht konkreter angegangen werden.

II. Wirkungen von Recht

1. Wirkungen von Gesetzen und Verordnungen

a) Grundsätzlich will der Gesetz- oder Verordnungsgeber mit den von ihm in die Welt gesetzten generellen Regelungen einem Ereignis, einer Entwicklung, einem Verhalten oder der Regelung eines anderen NG zuvorkommen oder darauf antworten. Im ersten Fall muss er sich dabei auf Erwartungen, Annahmen, Vermutungen, also oft noch nicht sehr konkrete Vorstellungen stützen, während er sich im zweiten auf ein konkretes Faktum wie das Urteil des LG Köln zur Beschnei-

67 Vgl. auch Rottleuthner/Rottleuthner–Lutter (2010) S. 35, 36.
68 Kritisch dazu schon *Hill* (1982) S. 37.
69 Vgl. *Dieckmann* (1980) S. 147.

dung[70] beziehen kann. In jedem Fall wird er von Vorstellungen geleitet, was mit der betreffenden Regelung erreicht werden soll. Er verfolgt dabei im einfachsten Fall ein Ziel, das mit der Vorgabe für die NA erreicht werden soll. *Er stellt sich also bestimmte Wirkungen seiner Vorgabe vor.* Darüber geben die Gesetzgebungsmaterialien, in der historischen und in der neueren Gesetzgebung oft auch Normen Auskunft, die den Zweck eines Gesetzes festlegen.[71]

Wenn die erwünschten Wirkungen tatsächlich eintreten, sieht der Gesetz- oder Verordnungsgeber sein Ziel erreicht. Allerdings kann dieser positive Effekt sich auch daraus ergeben, *dass die NA in ihrem Eigeninteresse dasselbe Ziel wie der Gesetzgeber verfolgen*, so dass die Norm tatsächlich keine Wirkung auf ihr Verhalten ausgeübt hat, oder dass sie sich durch sie lediglich in ihrem Eigeninteresse bestätigt gefunden haben. Das ist eine der schwächsten Formen der Wirkung von Normen.

Ist die Kollision seiner Intentionen mit den Interessen der NA von vornherein absehbar, wird der Gesetzgeber versuchen, dem insbesondere durch *Inaussichtstellen von Vorteilen bei Befolgung*[72] oder von *Nachteilen* und *Androhung von Sanktionen* bei Nichtbefolgung zu begegnen. Ob und wie das wirkt, hängt wiederum von den NA ab.

b) Im Übrigen liegt es nahe, bei der Frage nach den Wirkungen von Recht die verschiedenen Rechtsgebiete gesondert zu betrachten, da sie unterschiedliche Strukturen aufweisen und verschiedenartige Instrumente einsetzen:

So ist das *Zivilrecht* weithin von der Privatautonomie geprägt. Es stellt eine Rahmenordnung mit zwingenden[73] und dispositiven[74] Vorgaben dar, die den Privaten Spielraum für Willenserklärungen und Vertragsschlüsse nach Maßgabe ihrer Interessen bieten. Grenzen ziehen ihnen dabei die Festlegung gesetzlicher Pflichten und Regelungen wie die §§ 134 und 138 BGB, die entgegenstehende Vereinbarungen für unwirksam erklären, wie oben[75] dargestellt. Unter bestimm-

70 LG Köln NJW 2012, 2128. Auch hier ist die politisch geforderte Neuregelung keineswegs einfach, aber wohl doch leichter einer Klärung zuzuführen als die aktuelle Finanzkrise oder die „Rettungsschirme“ für EU–Mitgliedstaaten.

71 Ein prominentes und mehrfachen gewichtigen Änderungen unterworfenes Beispiel dafür ist § 1 Atomgesetz.

72 Solche von Ökonomen bevorzugten Anreize bieten für NN allerdings immer auch die Gelegenheit zu Mitnahmeeffekten.

73 Zu den Veränderungen in der Führungsstruktur deutscher Großunternehmen durch das 1976 erlassene Mitbestimmungsgesetz *Raiser* (2007)4 S. 238. Weitere Beispiele dort S. 246, 247.

74 Zur Durchsetzungskraft abdingbaren Rechts vgl. *Kähler* (2010) S. 431 ff., auch *Röhl* (1987) S. 247 f.

75 Vgl. I 7.

ten Voraussetzungen bekommen Private etwa durch § 119 BGB auch selbst die Möglichkeit, solche Vorgaben durch Anfechtung zu beseitigen. Zu deren Durchsetzung benötigen sie dann jedoch ebenfalls gerichtliche Entscheidungen.

Ein oft zitiertes Beispiel für weit gehende faktische Wirkungslosigkeit von Normen bietet das in den §§ 1204 ff BGB geregelte Pfandrecht an beweglichen Sachen. Es setzt voraus, dass der Pfandnehmer den Besitz der Pfandsache erhält. Das hat sich im Wirtschaftsverkehr nicht bewährt, da der Pfandgeber häufig die verpfändete Sache, zum Beispiel einen LKW noch benötigt, um seine Kunden zu beliefern. Das hat zur Entwicklung der Sicherungsübereignung durch Rechtsprechung und Lehre geführt, die das Besitzpfandrecht in der Wirtschaftspraxis weitgehend verdrängt hat.[76]

Im *Strafrecht* wird der Strafandrohung im Gesetz[77] grundsätzlich generalpräventive, also *abschreckende Wirkung* zugeschrieben. Sie scheitert allerdings vielfach daran, dass die Täter davon ausgehen, dass gerade sie nicht entdeckt werden, dass die Strafgesetze potenziellen Tätern nicht hinlänglich bekannt sind,[78] oder dass ihr Geltungsanspruch nicht durch flankierende Regelungen unterstützt wird.[79] Zudem hängt die Wahrscheinlichkeit einer Sanktion wesentlich von der Sichtbarkeit der Normverletzung und von der Anzeigebereitschaft der Opfer und von Dritten ab.[80]

Selbst die *Spezialprävention*, also die Abschreckung eines Täters durch eine frühere einschlägige Verurteilung und Strafvollstreckung versagt weithin, wie die hohen Rückfallquoten zeigen.[81]

Soweit als Strafzweck *Resozialisierung*[82] des Täters angesehen wird, scheitert sie nicht selten daran, dass er nach der Strafvollstreckung wieder in dasselbe Mi-

76 Vgl. auch *Raiser* (2007)4 S. 242 und *Röhl* (1987) S. 247, auch mit Hinweis auf die von *Nussbaum* schon 1919 angesprochene unterschiedliche Inanspruchnahme der im BGB bereitgestellten Grundpfandrechte durch die Praxis.

77 Vgl. *Hof* (1996) S. 466–468.

78 Hier wirkt sich aus, dass der Einzelne in unserer Gesellschaft in der Schule und von den Medien allenfalls sehr kursorisch informiert wird, was als strafbar angesehen wird und mit welchen Strafen zu rechnen ist. Insofern wäre an einen breiter angelegten Unterricht in Rechtskunde oder Verhaltenslehre in den allgemeinbildenden Schulen zu denken, vgl. *Hof* (1996) S. 388, 403, 468.

79 So erläutert vor allem *Röhl* (1987) S. 253, 254 das Scheitern der Prohibition in den USA im Zeitraum von 1920 bis 1932: „Weder der Bund noch die Einzelstaaten sorgten für ausreichende Stellen zur Überwachung der (Einhaltung der) Gesetzgebung, und sie weigerten sich, die dafür geforderten Mittel zu bewilligen. Die Polizei verfolgte die Verstöße allenfalls halbherzig, und ihre Tätigkeit war auch nicht hinreichend koordiniert…“ Bei der Reform des § 218 StGB sieht er ähnliche Zusammenhänge.

80 Vgl. *Röhl* (1987) S. 256, 257.

81 Vgl. *Kinzig* (2012) S. 322, auch *Hof* (1996) S. 419, 420, 468.

82 Vgl. auch *Hof* (1996) S. 470.

lieu zurückkehrt, in dem seine kriminelle Karriere begründet worden ist. Vielfach trägt die Strafhaft auch zu seiner kriminellen „Fortbildung“ bei.

Bei der *Strafzumessung* soll nach § 46 Abs. 2 StGB auch den von dem Täter verschuldeten Auswirkungen der Tat Rechnung getragen werden. Ferner sind nach § 46 Abs. 1 StGB die „Wirkungen, die von der Strafe für das künftige Leben des Täters in der Gesellschaft zu erwarten sind“, zu berücksichtigen. Hier wird dem Richter eine Prognose abverlangt, die selbst bei einiger Berufserfahrung im Einzelfall schwierig zu treffen ist. Auch eine „Haftfolgenabschätzung“, die in ihren Randbedingungen überschaubarer wäre,[83] lässt sich kaum mit hinlänglicher Verlässlichkeit treffen.

Im *öffentlichen Recht* ist insbesondere zwischen Leistungs- und Eingriffsverwaltung zu unterscheiden. Bei der *Leistungsverwaltung* tritt die Übereinstimmung der Interessen des Einzelnen und des Staates dadurch in Erscheinung, dass NA das Leistungsangebot der öffentlichen Verwaltung aufgreifen und die vorgesehenen Anträge stellen. Demgegenüber ist bei der *Eingriffsverwaltung* eher mit abweichenden oder gegenläufigen Interessen der NA zu rechnen. Beispielsweise lassen sich hohe Befolgungsraten feststellen, soweit öffentlich-rechtliche Regelungen vitalen Interessen des Einzelnen entsprechen, wie Erhebungen zur Gurtanlegepflicht[84] nach § 21 a StVO und zur Aids-Handschuh-Pflicht[85] nach § 35 h StVZO belegen. Dagegen sind Nichtbefolgung und Ausweichstrategien zu erwarten, wenn die Norm in Gegensatz zu individuellen Interessen steht. Beispiele dafür bietet insbesondere das Steuerrecht. Dabei stellt jedoch die Rechtsgestaltung im Gesellschaftsrecht in den Grenzen des § 42 AO durchaus eine legale Umgehung dar.

Im *Verfahrensrecht* sehen BGB und ZPO eine Folgenberücksichtigung durch die Gerichte nicht vor. Hier wird grundsätzlich erwartet, dass ohne Rücksicht auf mögliche negative Folgen für die Prozessbeteiligten und ihre Angehörigen das geltende Recht angewendet wird. Das schließt allerdings nicht aus, dass bei Vergleichen und sonstiger gütlicher Einigung solche Folgen einkalkuliert werden.

Immer wieder sucht der Gesetzgeber eine Beschleunigung der Entscheidungsgänge herbeizuführen, um *Gerichte und Behörden zu entlasten.*[86] Auch die ge-

83 Vgl. *Hof* (1996) S. 464.

84 *Röhl* (1987, S. 248) hat hierzu auf der Grundlage von Zeitungsberichten eine „Verhaltensgeltung von über 95 %“ angegeben.

85 *Hesse/Bittner-Wolff* haben in einer maschinenschriftlichen Studie 1991 auf der Grundlage einer eigenen Umfrage über eine fast 100%ige Normbefolgung berichtet.

86 Vgl. *Rottleuthner* (1999) S. 47–55, auch *Hof* (1996) S. 477 und *Karpen* (1992) S. 60, 62.

genwärtig wieder heftig diskutierten Absprachen in Strafverfahren[87] und die Verständigung im Steuerrecht dienen weithin dieser Zielsetzung. Werden allerdings die Berufungssummen hoch angesetzt, eine Instanz eingespart oder den Beteiligten nur kurze Fristen für ihr Vorbringen eingeräumt, kann das mit einer *Verkürzung des Rechtsschutzes* einhergehen.

Güteverhandlung und Mediation bieten weitere Möglichkeiten, die Rechtsprechung zu entlasten. Dabei ist die Güteverhandlung in erster Linie auf den anstehenden Konflikt ausgerichtet, während bei der Mediation die Parteien auch absehbare Neben-, Fern- und Spätfolgen in die Verhandlungen einbeziehen können.

Im Strafprozessrecht bleibt das vom Gesetz bereitgestellte *Adhäsionsverfahren* nach § 403 StPO noch immer weitgehend ungenutzt. Die dafür von Röhl schon 1987 angeführte Begründung, dass dieses Verfahren „den Gebühreninteressen der Rechtsanwälte und der Bequemlichkeit der Strafrichter zuwiderläuft", gilt offenbar immer noch.[88]

c) Ein gar nicht so seltener Sonderfall ist die „*symbolische Gesetzgebung*": Einerseits hat jedes Gesetz neben seiner instrumentellen auch eine symbolische Qualität.[89] Auf sie lässt sich wohl insbesondere zurückführen, dass das geltende Recht den meisten Bürgern zwar in seiner konkreten Wortfassung nicht bekannt ist, dass sie sich aber gleichwohl im Großen und Ganzen an dessen Vorgaben halten. Dabei bieten möglicherweise die in den Grundrechten, in Generalklauseln und Strafrechtsnormen enthaltenen Wertungen eine Orientierungshilfe,[90] die Akzeptanz und Internalisierung erleichtert.

Andererseits wird als „symbolische Gesetzgebung" abwertend bezeichnet, wenn der Gesetzgeber eine Norm erlässt, deren Tatbestand auf in der Praxis kaum zu erwartende Spezialfälle reduziert ist,[91] oder die zu ihrer Um- oder Durchsetzung nötige Regelungen vermissen lässt.[92] In beiden Fällen will der Gesetzgeber eigentlich nur auf Druck der Öffentlichkeit sein Tätigwerden demonst-

87 Solche Absprachen können den Eindruck erwecken, dass die Anwendung des Strafgesetzes in gewissem Rahmen zur Disposition des Angeklagten steht. Damit gerät die unbedingte Geltung des Strafgesetzes in Zweifel. Vgl. auch *Dreher* (2010) S. 336–340.

88 *Röhl* (1987) S. 247.

89 Vgl. auch *Raiser* (2007)4 S. 243–245 und *Dreher* (2010) S. 325–329, 336–340.

90 Vgl. *Raiser* (2007)4 S. 244, 245, 246.

91 So bei § 108 e StGB: „(1) Wer es unternimmt, für eine Wahl oder Abstimmung im Europäischen Parlament oder in einer Volksvertretung des Bundes, der Länder, Gemeinden oder Gemeindeverbände eine Stimme zu kaufen oder zu verkaufen, wird mit Freiheitsstrafe bis zu fünf Jahren oder mit Geldstrafe bestraft. …"

92 Als Musterbeispiel dafür wird in der Literatur immer wieder das norwegische Hausangestelltengesetz aus dem Jahre 1948 angeführt, vgl. *Aubert* (1967) S. 284 ff, *Raiser* (2007)4 S. 252, 253, *Röhl* (1987) S. 249.

rieren, aber an der bis dahin geltenden Rechtslage nichts ändern.[93] Ein Musterbeispiel dafür in Deutschland ist das 1995 erlassene Ozongesetz.[94] Nach Newig belegt es nicht nur, dass ein zentrales Element symbolischer Gesetzgebung Täuschung durch den Gesetzgeber ist, sondern dass dabei auch Selbsttäuschungen der Bevölkerung eine Rolle spielen.[95]

d) Insgesamt ist festzuhalten, dass es in der Rechtspolitik der Bundesrepublik Deutschland mehrere Wellen gegeben hat, mit denen von Politikern, aber auch von zahlreichen Wissenschaftlern eine Intensivierung der Wirkungsforschung zu Gesetzen verlangt worden ist.[96] Nach einer ersten Welle in den 70er Jahren hat die letzte von ihnen im Zeitraum von 1998-2003 stattgefunden. Dabei konnten zwei bescheidene Erfolge verzeichnet werden. Während ursprünglich Gesetzentwürfe in den damit befassten Gremien durchweg mit der lapidaren Anmerkung „Kosten: Keine“ kursierten, ist zum einen mit dem Normenkontrollratsgesetz ein *Nationaler Normenkontrollrat* eingerichtet worden, der jeden Gesetzentwurf insbesondere auf Kosten nicht nur für die Staatskasse, sondern auch für die Wirtschaft und sonstige Betroffene prüft. Zum anderen wird das *Ergebnis dieser Prüfung dem betreffenden Gesetzentwurf angehängt und damit allen weiterhin damit Befassten zur Kenntnis gebracht.* Jedenfalls ein Teil[97] der finanziell fassbaren Wirkungen von Gesetzen kann damit von allen an der Gesetzgebung Beteiligten berücksichtigt werden.

2. Wirkungen von Verträgen

Während Gesetze und Verordnungen sich grundsätzlich an die Allgemeinheit richten und damit einen breiten Adressatenkreis erfassen können, gelten Verträge nur *inter partes*. Jede Partei ist dann NG und NA in einer Person. Ihre Vereinbarungen begründen Haupt- und Nebenpflichten in der Erwartung, dass die Partner sich daran halten, weil sie den Vertrag in ihrem *eigenen Interesse* abgeschlossen haben. Diese *Erwartungen umfassen auch die von den Parteien intendierten Wirkungen des Vertrags*, also zum Beispiel das Erbringen von Leistung und Gegenleistung. Vor allem mit seinen dispositiven Regelungen stellt das BGB eine

93 Plastisch formuliert *Newig*(2010) S. 302: „Symbolische Gesetzgebung ist trotz ihrer häufig ambitionierten offiziellen Ziele darauf angelegt, substanziell ineffektiv zu bleiben.“ Vgl. dort auch S. 303, 304, 306, 307.

94 Ausführlich dazu *Newig* (2003) und (2010) S. 310–312, 314, 317–319.

95 So *Newig* (2010) S. 318, 319.

96 Vgl. auch *Hill* (2000) S. 29, 30 und *Hof* (2003) S. 12.

97 Vgl. dazu unten IV 4.

Rahmenordnung bereit, die von den Parteien durchaus angenommen wird, zumal sie sich dadurch von der Formulierung eigener Regelungen entlasten können.[98]

Allerdings bietet auch ein durch solche Normen verstärkter Vertrag keine Gewähr dafür, dass beide Partner ihn Punkt für Punkt befolgen, *auch hier sind Umgehung, Außerachtlassen bestimmter Vorgaben und Zuwiderhandeln möglich.* Dann sind die intendierten Wirkungen in Frage gestellt. Die *Rechtsordnung* bietet für solche Fälle Möglichkeiten an, dass sich der einzelne Partner durch Aufhebungsvertrag, Kündigung oder Rücktritt aus dem Vertrag befreien und für den ihm entstandenen Schaden Ersatz verlangen kann. Ergänzt werden die konkret vereinbarten Verpflichtungen noch durch *ungeschriebene*, vor allem aus den Beziehungen der Partner abgeleitete *Informations- und Rücksichtspflichten*, deren Verletzung ebenfalls Schadensersatzansprüche zur Folge haben kann. All das sind Antworten des Rechts auf Ereignisse, Entwicklungen oder Verhalten und insofern deren Wirkungen. Sie können wieder Ursache für Gegenmaßnahmen oder für eine erneute Einigung der Partner sein, wenn diese an der bestehenden Geschäfts- oder sonstigen Beziehung festhalten wollen. Das kann sogar noch geschehen, wenn der Rechtsstreit zwischen ihnen alle drei Instanzen durchlaufen hat.[99]

Eine breite Wirkung können die von einem der Geschäftspartner verwendeten *Allgemeinen Geschäftsbedingungen*[100] entfalten. Sie sollen grundsätzlich für alle einschlägigen Rechtsgeschäfte des Verwenders gelten und erfassen damit eine große Zahl von NA. Werden allerdings von einem oder von mehreren von ihnen bestimmte Klauseln einer gerichtlichen Prüfung unterzogen und aufgehoben,[101] hat das für den Verwender nicht nur im Nahbereich zu dem konkreten Geschäftspartner zur Konsequenz, dass er sich auf diese Klauseln nicht mehr berufen kann. Vielmehr muss der Verwender auch damit rechnen, dass die für ihn ungünstige Entscheidung in der Öffentlichkeit bekannt wird und andere NA daraufhin andere Anbieter bevorzugen. Das sind faktische Fernwirkungen der betreffenden Gerichtsentscheidung und der durch sie bewirkten Unwirksamkeit

98 Vgl. hierzu *Kähler* (2010) S. 432–437, der zur Erklärung der Entbehrlichkeit einer eigenständigen Regelung insbesondere das Vertrauen der Parteien in die Rechtsordnung anführt (dort S. 441–446).

99 Einzelheiten zu dem auch für die Thematik dieses Seminars wichtigen „strategischen Gebrauch der Gerichte" bei *Gottwald* (2001) S. 195–197.

100 Vgl. auch *Hof* (1996) S. 465.

101 So haben zB die Entscheidungen des BGH NJW 1989, 222 ff und 582 ff Banken und Sparkassen zur Anpassung ihrer AGB an die Anforderungen des Transparenzgebotes veranlasst.

dieser Klauseln, die selbst durch ihre Aufhebung noch fortwirken, wenn auch anders, als von ihrem NG gewollt. Nicht selten suchen Unternehmen dem zu begegnen, indem sie, wenn der Rechtsstreit in der zweiten Instanz „schwebt", eine gerichtliche oder außergerichtliche Einigung suchen. Auch das ist eine Wirkung von Recht.

3. Wirkungen einseitig gesetzten Privatrechts

Beispiele für solches Privatrecht sind neben den soeben erwähnten, aber eher den Verträgen zuzurechnenden Allgemeinen Geschäftsbedingungen insbesondere *Testament* und *Stiftungsgeschäft*. Beide können bei Errichtung einer Stiftung von Todes wegen auch miteinander verbunden sein. Davon unabhängig wird auch in der Literatur zur Stiftung unter Lebenden das Schreckgespenst der „Herrschaft der toten Hand" aktiviert, die über Jahrhunderte hinweg Lebenden vorgibt, was längst Verstorbene einmal als Zielsetzung festgelegt haben. Die Stiftung ist insofern ein gutes Exempel dafür, dass einseitig gesetztes Privatrecht dauerhaft Wirkungen entfalten kann, einige unserer heute noch aktiven Stiftungen stammen immerhin aus dem 9. Jahrhundert unserer Zeitrechnung.

Allerdings haben sich vielfach seitdem die Lebensverhältnisse so verändert, dass die in früheren Jahrhunderten getroffenen Regelungen nicht mehr „passen". Hier ist dann zunächst eine Auslegung nötig. Sind jedoch der Stiftung die seinerzeit vom Stifter anvisierten Destinatäre abhandengekommen, bleibt nur noch eine Zweckänderung oder die hoheitliche Aufhebung der Stiftung. Damit ist allerdings die Wirkung der betreffenden Stiftung noch nicht beendet, da ihr Vermögen durch den in § 88 BGB geregelten Vermögensanfall einer anderen Einrichtung mit ähnlicher Zweckbestimmung zugutekommen kann. Diese wird dann allerdings nicht mehr unter dem Namen der ursprünglichen Stiftung tätig, diese Fernwirkungen werden also im Laufe der Zeit immer schwieriger zu identifizieren sein.

4. Wirkungen von Gerichtsentscheidungen

Bei den Entscheidungen von Gerichten sind insbesondere Urteile und Beschlüsse zu unterscheiden. Letztere wirken durchweg nur auf das jeweilige Verfahren ein. Grundsätzlich gilt das auch für Urteile. Insofern unterliegen Urteile Leistungsgrenzen.[102] Allerdings können sie als Muster für künftige Gerichtsentscheidungen zu gleich gelagerten oder ähnlichen Fällen dienen und insofern als Präjudizien wirken. Davon wird in der deutschen Rechtsordnung aber sehr viel weniger Gebrauch gemacht als in dem anders strukturierten anglo-amerikanischen Recht.

Inhaltlich können einzelne Urteile weit gehende Konsequenzen und Wirkungen entfalten.[103] An erster Stelle sind insofern Urteile des *Bundesverfassungsgerichts* zu nennen.[104] So hat – zugleich ein Beispiel für gerichtliche Wirkungsprognosen – das Apotheken-Urteil des BVerfG[105] auf der Grundlage empirischer Daten der Prognose des bayerischen Gesetzgebers, dass Niederlassungsfreiheit für Apotheker zu unerwünschter örtlicher Konzentration und Konkurrenz und negativen Auswirkungen auf die Medikamentenversorgung führen könne, eine eigene Prognose entgegengesetzt, die später in einer Studie bestätigt worden ist.[106] Das Volkszählungsurteil[107] des BVerfG hat Weg weisend für die Entwicklung des gesamten Datenschutzrechts gewirkt und zu beträchtlichen Kompetenzverschiebungen bei Behörden geführt. Politische Fernwirkungen haben erkennbar die Urteile des BVerfG zum Vertrag von Lissabon[108] und zum Rettungsschirm für hoch verschuldete Mitgliedstaaten der EU. Im Übrigen gilt das Grundgesetz so, wie es von diesem Gericht ausgelegt wird. Dass viele seiner Entscheidungen sich nicht nur auf das Recht, sondern mehr oder weniger auch politisch auswirken ergibt eine Wirkungsvielfalt, die bisher allenfalls ansatzweise erschlossen ist.[109]

Eines der am weitesten tragenden Instrumente stellt die Nichtigerklärung von Gesetzen nach § 31 Abs. 2 BVerfGG dar, die Vorgaben des Gesetzgebers allgemeinverbindlich aufhebt.[110] Sie werden damit unwirksam. Auch hat das BVerfG nicht selten dem Gesetzgeber Aufträge erteilt und Wege zu deren Erfüllung ge-

102 Speziell zu den Leistungsgrenzen verwaltungsgerichtlicher Entscheidungen *Pitschas* (2001) S. 129, 131–136, 139–142, zu den „funktionell–rechtlichen Grenzen der Verwaltungsgerichtsbarkeit" *Schuppert* (1992) S. 143–152.

103 *Schöch* (2001) S. 117–120 fasst insoweit Befunde zur Bedeutung der Entscheidungsbegründung für die Wirkungsforschung, zu beabsichtigten, unerwarteten und unerwünschten Folgen gerichtlicher Entscheidungen, präjudizielle Wirkungen und Methodenfragen zusammen.

104 Vgl. *Hof* (1996) S. 477.

105 BVerfGE 7/377 ff. (Apotheken) und *Wrase* (2012) S. 329.

106 Vgl. auch *Wrase* (2012) S. 328, 329 mit Hinweis auf *Philippi* (1971) S. 57 ff.

107 BVerfGE 110/33, 57 (Volkszählung).

108 BVerfGE 123/267 ff (Lissabon)

109 Vgl. dazu auch das Forschungskonzept von *Hinrichs/Meier* (2001).

110 Vgl. dazu *Schulze-Fielitz* (2001) S. 311–318.

wiesen.[111] Die von ihm geübte richterliche Selbstbeschränkung hemmt dabei lediglich die gezielte Gestaltung im politischen Bereich. [112]

Dass auch *Untergerichte* gewichtige Entscheidungen treffen können belegt aus jüngster Zeit vor allem das Urteil des LG Köln[113] zur grundsätzlichen Strafbarkeit der Beschneidung, das intensive Bemühungen um eine Neuregelung durch den Gesetzgeber ausgelöst hat. Hinsichtlich der Folgewirkungen verwaltungsgerichtlicher Urteile hat aus juristischer Sicht Redeker einige Fallgruppen zusammengestellt, die Reaktionen des Gesetzgebers und deren Ausbleiben oder Scheitern belegen.[114] Insbesondere soziologische Forschungen zur Justiz haben außerdem gezeigt, dass die vom Recht gebotenen Möglichkeiten des Rechtsschutzes und der Durchsetzung von Recht von den eigentlich Berechtigten oft nicht genutzt werden, dass Zugangsbarrieren bestehen, die Ungleichheiten bei der Mobilisierung von Recht hervorrufen.[115]

5. Wirkungen von Verfahren, Entscheidungen und Maßnahmen der Verwaltung

Angesichts der Allgegenwart der öffentlichen Verwaltung in nahezu allen Lebensbereichen kommt ihren Wirkungen große Bedeutung zu. Dabei greift die Frage nach den Wirkungen von Recht beträchtlich über bloße Output- oder Kundenperspektiven hinaus, sie nimmt das gesamte Handlungsfeld der Verwaltung ins Visier.[116] Dabei sind insbesondere schlichtes Verwaltungshandeln, Entscheidungen und Maßnahmen zu unterscheiden.

Beim *schlichten Verwaltungshandeln* sind besonders spektakulär Fälle, in denen – wie vor kurzem in der Presse berichtet – ein Sondereinsatzkommando der Polizei die falsche Wohnung stürmt. Für die betroffenen Eigentümer oder Mieter kann das lebensbedrohend wirken.

Bezogen auf *Entscheidungen der Verwaltung* hat die Implementationsforschung gezeigt, dass vor allem bei Regelungen, die unbestimmte Rechtsbegriffe

111 Zu den Appellentscheidungen des BVerfG *Schulte* (1992).

112 Vgl. dazu insbesondere BVerfGE 36/1, 14; 59/360, 377 und *Schuppert* (1992) S. 129–143. Kritisch *Jarass/Pieroth* (2012)12 Art. 93 Rdn. 3. Zur Akzeptanz verfassungsgerichtlicher Entscheidungen vgl. *Limbach* (1998).

113 LG Köln NJW 2012, 2128.

114 Vgl. *Redeker* (2001) S. 323–328.

115 Vgl. *Röhl* (1987) S. 250, 251.

116 Ähnlich *Hill* (2000) S. 32– 36 mit Beispielen aus dem In– und Ausland. Vgl. auch *Pitschas* (2000) S. 164, 165 zum wirkungsorientierten Verwaltungsmanagement. Zur Abgrenzung von Verwaltungslehre und Rechtsprechungslehre *Püttner* (1992).

enthalten oder den Behörden Ermessenspielräume geben, bundesweit teilweise beträchtlich divergierende Rechtsanwendung stattfindet.[117]

Bei *Verfahren* etwa zur Genehmigung eines Kraftwerks, einer Abfalldeponie oder der Umgestaltung des Stuttgarter Bahnhofs ist erkennbar geworden, dass Widerstand von Nachbarn und Vertretern des Umweltschutzes ein gewichtiges Hindernis werden kann. Um lang dauernde Verzögerungen durch Widerspruchsverfahren oder Klagen zu vermeiden sind viele Behörden dazu übergegangen, ausführliche Anhörungsverfahren vorzuschalten, in denen die Betroffenen ihre Bedenken vortragen können. Nicht selten ergeben sich daraus auch Änderungen der ursprünglichen Baupläne, die alle Beteiligten zufrieden stellen.

Das Zusammenspiel von Politik, Gesetzgebung und Verwaltung lässt sich am Beispiel des *Asylrechts* belegen. Seine 1993 in Kraft getretene Verschärfung hat den Zustrom von Asylbewerbern deutlich verringert. Infolgedessen haben die innenpolitischen Auseinandersetzungen um Asylanten und Ausländer nachgelassen und an Schärfe verloren. Auch war bei der Kriminalität von Asylbewerbern und Zuwandernden ein deutlicher Rückgang zu verzeichnen.[118]

Eine Besonderheit, die sich in anderen Rechtsgebieten nicht findet, weist das *Steuerrecht* auf. Folgt der Bundesfinanzhof, das oberste Gericht in Steuersachen, bei einer Entscheidung der Ansicht der Finanzverwaltung nicht, so wird dieses Urteil entweder „totgeschwiegen" oder zusammen mit einem „*Nichtanwendungserlass*" im Bundessteuerblatt veröffentlicht.[119] Dieser bewirkt, dass das betreffende Urteil von der Finanzverwaltung nicht als Präjudiz herangezogen werden darf. Das erscheint vertretbar, wenn dem BFH Gelegenheit geboten werden soll, in einem weiteren, gleich gelagerten Fall seine Rechtsprechung zu überprüfen, sofern gegen diese sachliche Einwände bestehen. Ist die „neue" Rechtsprechung jedoch gefestigt, besteht eine Folgepflicht der Verwaltung gegenüber der Gerichtsbarkeit, die geänderte Rechtsprechung ist in die Verwaltungsanweisungen zu übernehmen.[120]

Ganz allgemein finden unter dem Eindruck knapper öffentlicher Mittel Maßnahmen zur Kosten-Wirkungs-Optimierung von Verwaltungsleistungen besondere Aufmerksamkeit.[121]

Insofern ist allerdings festzuhalten, dass sich die Frage nach den Wirkungen von Recht nicht auf die Verringerung von Kosten reduzieren lässt. Vielmehr wird allgemein die Notwendigkeit einer breit angelegten Wirkungsorientierung der Verwaltung insgesamt erkennbar.[122]

117 *Raiser* (2007)4 verweist dazu auf S. 258 vor allem auf die Einbürgerungspraxis.
118 So insbesondere *Pfeiffer/Ohlemacher* (1995) S. 274 ff.
119 So *Hüttemann* (2012) S. 289.
120 So *Hüttemann* (2012) S. 290.
121 Vgl. *Pitschas* (2000) S. 161,162.
122 So schon *Hill* (2000) S. 36, 37, zu Problemen und Chancen dort S. 37–39.

III. Methoden zur Erfassung der Wirkungen von Recht

1. Überblick

Die Erfassung der Wirkungen von Recht verlangt den Einsatz unterschiedlicher Methoden, je nachdem, aus dem *Blickwinkel welches Faches* sie geschieht, und ob es um eine *Prognose der möglichen Wirkungen eines künftigen Gesetzes* oder um die Erfassung der *Wirkungen eines bereits geltenden Gesetzes* geht. Auch stellt die Klärung der Wirkungen eines Gesetzes andere Anforderungen als die der Wirkungen von Verträgen, von einseitiger privatrechtlicher Rechtsetzung und Rechtsgestaltung, von Gerichts- oder Verwaltungsentscheidungen.

Durchweg wirft allerdings die Erfassung der Wirkungen von Recht nach den bisherigen Untersuchungen besondere *Schwierigkeiten* auf.[123] Unter Einbeziehung von möglichen Fernwirkungen und Spätfolgen wird das Forschungsfeld durchweg uferlos. Es ist daher einzugrenzen, was aber auch die Aussagekraft der Befunde beeinträchtigen kann. Oft ist nicht sicher, dass das, was positiv oder negativ als eine Wirkung bestimmter Normen angesehen wird, auch wirklich auf diese zurückzuführen ist.[124] Immerhin kann jede Wirkung auf eine Vielzahl von Ursachen, jede Ursache auf eine Vielzahl von Wirkungen zurückgeführt werden. Nicht selten führen schon die Eigeninteressen der Beteiligten zu dem mit dem einer Regelung erstrebten Ergebnis, so dass fraglich ist, ob sie dieses bewirkt hat. Auch bleiben in manchen Untersuchungen störende Variablen außer Betracht.[125] Vielfach sind die Zielsetzungen des Gesetzgebers so unklar, dass sie als Vergleichsbasis nicht verwendbar sind.[126] Zudem treten bei Untersuchungen zu solchen Wirkungen auch die Leistungsgrenzen der verfügbaren Methoden deutlicher hervor. So leiden Meinungsbefragungen grundsätzlich daran, dass sie nichts über das tatsächliche Verhalten der Befragten aussagen können,[127] und dass unklar bleibt, welchen Wahrheitsgehalt die Angaben aufweisen. Mit diesen Vorbehalten sind daher die folgenden Ausführungen von vornherein belastet.

123 Zur Kritik an neueren Arbeiten der rechtssoziologischen Wirkungsforschung vgl. insbesondere *Rottleuthner/ Rottleuthner–Lutter* (2010) S. 26–36.

124 Mitunter wird das dadurch kaschiert, dass von „Auswirkungen" gesprochen wird, vgl. *Rottleuthner/ Rottleuthner–Lutter* (2010) S. 26.

125 Vgl. Rottleuthner/Rottleuthner–Lutter (2010) S. 26.

126 So *Rottleuthner/Rottleuthner–Lutter* (2010) S. 26, 27, 32. Vgl. auch *Klose* (2010) S. 353.

127 Vgl. *Raiser* (2007)4 S. 246.

2. In Betracht kommende Disziplinen

Die *juristische Dogmatik* kann zur Wirkungsforschung nur begrenzt beitragen, beispielsweise durch Feststellung von Ableitungszusammenhängen zwischen verschiedenen Vorgaben, die die Rechtsordnung inhaltlich stabilisieren, oder zur Bewältigung von Wertungswidersprüchen, die Rechtsunsicherheit hervorrufen. Vereinzelt werden in den letzten Jahren neue Gesetze nur befristet erlassen,[128] so dass kurz vor Ablauf der Frist die einschlägigen Behörden, die Ministerien und Parlamente prüfen müssen, ob das betreffende Gesetz weiter bestehen oder auslaufen soll. Solche Befristung bietet sich vor allem bei Gesetzen an, die Leistungen gewähren, wurde aber beispielsweise auch bei dem früheren Stiftungsgesetz von Nordrhein-Westfalen praktiziert.[129]

Ein ungleich breiteres Methodenspektrum stellt die *Empirische Sozialforschung* bereit. Neben der Erstellung von Statistiken kommen vor allem Inhalts- und Medienanalysen, Umfragen und Befragungen von Experten, Gruppendiskussion, vielleicht auch teilnehmende oder verdeckte Beobachtung in Betracht.[130]

Für die *Prognose* bietet sie insbesondere Experimente, Kosten-Nutzen-Analysen, Planspiele, Praxistests und Simulationen an.[131] Mit diesen Vorgehensweisen können insbesondere die Praktikabilität der geplanten Regelungen, der mit ihnen verbundene Aufwand an Kosten, Personal und Zeit sowie absehbare Neben- und Spätfolgen untersucht werden. Die vorausschauende Einschätzung des Verhaltens der NA gelingt allerdings durchweg nur mit Einschränkungen.[132]

Zur Ermittlung der *Wirkungen von geltenden Gesetzen* kann das gesamte Arsenal der verfügbaren quantitativen und qualitativen Methoden[133] eingesetzt werden. In Betracht kommen außerdem die Auswertung von Berichten der Regierung an das Parlament,[134] der Erfahrungen von Interessenverbänden und der Rechtsprechung und ihr Niederschlag in Gerichtsentscheidungen,[135] Diskussio-

128 Vgl. auch *Schneider* (1982) Rdn. 151. Kritisch dazu schon *Hill* (1982) S. 37.

129 Die Neufassung aus dem Jahre 2010 sieht nur noch eine Berichtspflicht der Landesregierung gegenüber dem Parlament in fünfjährigem Turnus vor.

130 Vgl. dazu *Kromrey* (1998)8 bes. S. 199–240, 298–323, 323–335, 335–368, 369–373 und *Lamnek* (1995) S. 35–328.

131 Vgl. dazu *Hill* (1982) S. 75–77 jeweils mit weiteren Nachweisen. Zur empirischen Prognoseforschung vor Erlass des Mitbestimmungsgesetzes eingehend *Raiser* (1999) S. 107–110, zur Methodik dort S. 114, 115.

132 *Schmidt-Eichstaedt* (1999) S. 622, 623.

133 Vgl. *Kromrey* (1998)8 und *Lamnek* (1995)3 , jeweils a.a.O., ferner *Lamnek/Schäfer* (1999) S. 384–406, mit ausführlicher Darstellung von Problemen der Dunkelfeldforschung, S. 385–392. Methodische Desiderate zur Wirkungsforschung formuliert *Krüger* (1999) S. 489–494.

134 Dazu auch *Schneider* (1982) Rdn. 149, 150.

135 Zu Erfahrungen mit dem Mitbestimmungsgesetz *Raiser* (1999) S. 110–114.

nen in den Medien und in der Wissenschaft sowie auf Fachkongressen wie z.B. dem Deutschen Juristentag, Aktenanalysen[136] und die Auswertung von Petitionen.[137]

Allerdings hängen die Ergebnisse solcher Wirkungsforschung nicht nur von den eingesetzten Methoden ab, sondern auch von dem gewählten Untersuchungsfeld. So lassen sich beispielsweise die Wirkungen des Kündigungsschutzrechtes für gekündigte Arbeitnehmer empirisch leichter ermitteln als dessen Wirkungen auf die Einstellungspraxis von Arbeitgebern, die Wirkungen des Mieterschutzrechts auf Mieter leichter als die Auswirkungen auf die Investitionsentscheidung von Vermietern.[138] Zudem kann bei den Untersuchungen zu Wirkungen von Recht des Bundes keine Kontrollgruppe gebildet werden,[139] wie sie für repräsentative Studien empirischer Sozialforschung grundsätzlich gefordert wird.[140]

Auch die *Ökonomische Analyse des Rechts* bietet Hilfestellung zur Wirkungsforschung an.[141] Doch bleibt sie weitgehend auf ökonomische Aspekte der Effektivität von Normen und auf Fragen zu deren Effizienz beschränkt.[142]

Historische Tiefenschärfe kann die *Rechtsgeschichte* beitragen, indem sie die dem NG vorliegende Ausgangssituation von Regelungen und deren Auswirkungen beschreibt. Dabei lenkt die jüngst entwickelte *Verhaltensgeschichte* Aufmerksamkeit vor allem auf die Akteure, ihre Verhaltens-, Gestaltungs- und Regelungsspielräume, auf die Wechselbeziehungen zwischen NG und NA und – nicht zuletzt – auf die Wirkungsgeschichte von Recht.[143] Damit steht sie allerdings noch sehr am Anfang, die herkömmliche Rechtsgeschichte bedarf insofern weithin einer Umorientierung.[144]

136 So speziell für die Erschließung der Wirkungen von Rechtsprechung *Schöch* (2001) S. 120.
137 Vgl. auch *Hill* (1982) S. 81, 82.
138 So *Lübbe-Wolff* (1999) S. 650 mit weiteren Beispielen.
139 Eine Ausnahme bilden allerdings vergleichende Erhebungen zu Ländergesetzen: Sie wären beispielsweise möglich im Stiftungsrecht mit seinen 16 Ländergesetzen zu den Wirkungen der unterschiedlichen Regelungen zur Stiftungsaufsicht über Familienstiftungen, die dieser teilweise in vollem Umfang unterworfen sind, zum Teil aber nur eingeschränkt beaufsichtigt werden.
140 Vgl. *Krüger* (1999) S. 490 f.
141 Vgl. *Kirchner* (2001) S. 37–40.
142 Ebenso *Wrase* (2012) S. 329.
143 Vgl. *Hof* (2001 b) S. 228, 261–264, ähnlich auch *Markovits* (2010) S. 49–54.
144 Vgl. dazu *Stolleis* (2012) S. 213–218, *Vec* (2012) 300, 309, 310.

Für das Strafrecht ist gerade zur Beantwortung der Frage nach seinen Wirkungen die Unterstützung durch *Kriminologie, Viktimologie* und die von beiden getragene *Dunkelfeldforschung* unerlässlich.[145] Allerdings weist Schneider darauf hin, dass sich die Wirkungen neuer Strafvorschriften erst nach mehreren Jahren erkennen und auch dann kaum messen lassen.[146]

3. Erprobte Vorgehensweisen und ihre Probleme

Ist ein Gesetz erlassen, so kommt eine *allgemeine Überprüfung* in bestimmtem Turnus oder aus konkretem Anlass, wegen spezieller technischer Fortentwicklungen oder mit Rücksicht auf grundlegende soziale, wirtschaftliche oder politische Veränderungen, in Betracht. Auch kann die Legislative der Exekutive insoweit *Berichtspflichten* auferlegen. Darüber hinaus sind *Stellungnahmen aus der Gerichts- und Anwaltspraxis* aufschlussreich, da sie erkennen lassen, wo eine Norm Lücken aufweist oder besondere Anwendungs-, vor allem Auslegungs- oder Durchsetzungsprobleme erzeugt. Weiteren Informationsgewinn versprechen *Hearings* und die *fachwissenschaftliche Diskussion* sowie die deutlicher an Interessen orientierte Erörterung einer Norm oder eines Normenkomplexes wie „Hartz IV" in den *Medien.* Nicht zuletzt geben *Petitionen* nach Art. 17 GG Auskunft über zu Tage getretene Härtefälle und unvorhergesehene belastende Auswirkungen. Alle diese Informationsquellen können insbesondere die Gesetzgeber nutzen. Angesichts der Fülle der zu bewältigenden Gesetzgebungsvorhaben bleibt dafür allerdings durchweg zu wenig Zeit.

Unter den Methoden zur Erfassung der Wirkungen von Recht wird vielfach die von dem dänischen Soziologen Theodor Geiger entwickelte *Effektivitätsquote* angeführt.[147] Mit ihr hat er versucht, die Effektivität von Normen zu berechnen.[148] Ein Musterbeispiel ist die Parkuhr: Ihre Effektivität im Hinblick auf Normkonformität der parkenden Autofahrer lässt sich berechnen durch den Quotienten aus der Zahl der zahlenden Parker und der Gesamtzahl der dort parkenden Autos. Denkbar ist ihre Anwendung auch bei Geboten und Verboten, deren Befolgung eindeutig festgestellt oder verneint werden kann.[149] Soweit für den NA jedoch Verhaltens- oder Gestaltungsspielräume bestehen, Zwischenlösungen, Alternativen oder Ausweichmöglichkeiten in Betracht kommen, versagt die Effektivitätsquote wegen ihres groben Rasters von vornherein.[150] So

145 Vgl. *Schwind* (2000)10 § 1 Rdn. 14, 40, 41, § 2, § 19 und *Kinzig* (2012) S. 319–322.
146 *Schneider* (1982) Rdn. 150.
147 Vgl. *Geiger* (Ausg. 1964) S. 242.
148 Vgl. auch *Raiser* (2007)4 S. 240 und *Röhl* (1987) S. 244, 245.
149 Vgl. *Raiser* (2007)4 S. 241.
150 So auch *Raiser* (2007)4 S. 241–243, 246, *Röhl* (1987) S. 246, 300.

kann sie selbst den alltäglichen Fall nicht erfassen, dass die Geschwindigkeitsbeschränkung an einer Baustelle Autofahrer zwar zu einer Verringerung der Fahrgeschwindigkeit, aber nicht auf das gebotene Limit veranlasst.[151] Ein großer Teil des Spektrums möglicher Reaktionen von NA auf eine Verhaltensregelung wird so ausgeblendet. Zudem lässt sich die Gesamtzahl der Fälle, in denen eine Norm befolgt oder nicht befolgt wird, nur bei seltenen Ausnahmen feststellen, der „Nenner" der Effektivitätsquote bleibt also durchweg unbekannt.[152] Damit ist ihr die rechnerische Basis entzogen, sie hat allenfalls den Wert eines Wahrscheinlichkeitskalküls, in das sie von Geiger folgerichtig überführt worden ist.[153]

In einer neueren Untersuchung hat Klose festzustellen versucht, wie Antidiskriminierungsrecht wirkt.[154] Letztlich kommt allerdings seine Untersuchung hinsichtlich der Wirkungen des AGG eingestandenermaßen „zu keinem klaren Ergebnis."[155] Demgegenüber haben erste Analysen zu der 1995 eingeführten Pflegeversicherung[156] in Kombination einer schriftlichen Befragung privater Pflegehaushalte mit qualitativen Interviews mit Betroffenen und mit Expertengesprächen erste positive Befunde erzeugt, an denen weitere Untersuchungen anschließen können. Hier ist allerdings zu berücksichtigen, dass die Pflegeversicherung nicht im gleichen Maße umstritten war wie das AGG, das außerdem wohl einen sehr viel größeren Wirkungsbereich aufweist.

Angesichts der bisher geschilderten Probleme einer Wirkungsforschung zum Recht unternimmt die weitere Darstellung hier ergänzend den Versuch, sich an den Reaktionen, die dem NA angesichts rechtlicher Normen zu Gebot stehen, zu orientieren.

4. Befolgung von Normen

Ob eine Norm tatsächlich befolgt wird, ist zwar im Einzelfall mit narrativen oder mit Intensivinterviews, mit Experteninterviews und nicht zuletzt im persönlichen Gespräch festzustellen.[157] Generell angelegte Umfragen führen dabei zumeist nicht weiter.[158] Zunächst bleibt unklar, ob der NA sie überhaupt zur Kenntnis

151 Vgl. auch *Raiser* (2007)4 S. 243.

152 Vgl. *Raiser* (2007)4 S. 243, *Röhl* (1987) S. 245.

153 *Geiger* (Ausg. 1964) S. 237 ff („Verbindlichkeitskalkül"); ausführlich dazu *Raiser* (2007)4 S. 240–243 und *Röhl* (1987) S. 42, 244 ff, 300, ferner *Hof* (1996) 484 f.

154 *Klose* (2010) S. 362, 363.

155 *Klose* (2010) S. 365, 366.

156 Vgl. *Kerschke-Risch* (1999) S. 551–563.

157 Vgl. dazu insbesondere *Breunung/Treiber* (2005) S. 27, 28, *Markovits* (1993) S. 12–14, (2006), (2010) S. 44– 59, *Smeddinck/Tils* (2002) S. 30–34.

158 Vgl. auch *Klose* (2010) S. 355–360 zum AGG, *Markovits* (2010) S. 45–49.

genommen hat. Das lässt sich nur dann verlässlich belegen, wenn er beispielsweise an der Parkuhr eine den Anforderungen der Norm entsprechende Zahlung geleistet hat. Im Übrigen ist aber die Normbefolgung allenfalls daraus zu erschließen, dass es wenig Verfahren wegen Normverstößen gibt. Diese Feststellung hängt allerdings von vielerlei Unwägbarkeiten ab wie etwa von Personaleinsatz oder Personalmangel oder tatsächlich durchgeführten Ermittlungstätigkeit. Nur eine lückenlose Beobachtung von NA könnte hier Aufschluss geben, sie ist aber unter dem Grundgesetz mit Rücksicht auf die Grundrechte nicht möglich. Insofern kann eine Wirkungsforschung zum Recht allenfalls im Einzelfall, generell aber nur in einem eng umgrenzten Bereich verlässliche Aussagen zur Befolgung von Normen machen.

5. Gebrauch von Normen

Ob eine Norm tatsächlich genutzt wird ist beispielsweise dann festzustellen, wenn die in ihr vorgesehene Antragstellung erfolgt. Allerdings bleibt dann unklar, aus welchen Gründen und in welcher Größenordnung die Antragstellung und damit der Normgebrauch in anderen Fällen unterbleibt. Auch die in der Kriminologie bewährte Dunkelfeldforschung kann hier wohl nur begrenzt weiterhelfen. Bei Vorgaben wie § 985 BGB lässt sich ihr tatsächlicher Gebrauch kaum generell erheben. Auch der Gebrauch von Normen lässt sich somit zwar im Einzelfall mit Interviews und im persönlichen Gespräch[159] feststellen, nicht jedoch mit hinlänglicher Zuverlässigkeit auch generell.

6. Umgehen von Normen

Erst recht geschieht das Umgehen von Normen weithin im Verborgenen[160] und ist daher in aller Regel empirisch kaum erfassbar. Auch von generell angelegten Befragungen kann insofern keine verlässliche und wahrheitsgetreue Antwort erwartet werden. Dem sucht zwar § 22 AGG insofern entgegen zu wirken, dass die Partei, die eine Benachteiligung geltend macht, nur Indizien nachweisen muss, die eine Benachteiligung vermuten lassen.[161] Den methodischen Anforderungen

159 Vgl. auch hier *Breunung/Treiber* (2005) S. 27, 28, *Markovits* (1993) S. 12–14, (2006), (2010) S. 44– 59, *Smeddinck/Tils* (2002) S. 30–34.

160 Vgl. *Klose* (2010) S. 361.

161 Vgl. *Klose* (2010) S. 361, 362.

empirischer Sozialforschung ist damit aber noch nicht genügt. Auch hier ist festzuhalten, dass das Umgehen von Normen sich zwar im Einzelfall im persönlichen Gespräch und mit Interviews[162] feststellen lässt, eine generelle Erhebung jedoch wenig Erfolg verspricht.

7. Außerachtlassen von Normen

Gleiches gilt für die Fälle, in denen geltende Normen schlicht vernachlässigt werden, sei es absichtlich oder aus Nachlässigkeit. Das wird ebenfalls in keiner Statistik oder sonstigen allgemeinen Erhebung sichtbar. Anders ist auch hier der Einzelfall zu beurteilen. Interviews und persönliche Gespräche können hier auch mögliche Motive erkennbar machen.[163] Schwierigkeiten machen dabei allenfalls die Feststellungen, ob die Norm bewusst oder fahrlässig oder unbewusst unbeachtet geblieben ist, und die Abgrenzung zur Umgehung.

8. Zuwiderhandeln

Dagegen ist der klare und bewusste oder auch fahrlässige Verstoß gegen eine geltende Norm alltäglicher Gegenstand des Strafrechts und – unabhängig von Vorsatz oder Fahrlässigkeit – auch des Ordnungswidrigkeitenrechts. Hier hängt allerdings die Feststellung von Normverstößen weitgehend von der Anzeigebereitschaft[164] der Bevölkerung ab. Auch ist die Aufklärungsquote bei vielen Delikten unterschiedlich hoch, zum Beispiel bei Mordfällen günstiger als beim Ladendiebstahl. Insofern bestehen Schwierigkeiten, auch die klaren Normverstöße zahlenmäßig und in ihrem Gewicht zu erfassen. Immerhin kann insoweit die polizeiliche Kriminalstatistik – ungeachtet der immer wieder an ihren Angaben geäußerten Kritik – mindestens erste Anhaltspunkte liefern, die beispielsweise Rückschlüsse auf die Verbreitung verschiedener Delikte und ihre Veränderung

162 Auch hier ist wiederum insbesondere auf *Breunung/Treiber* (2005) S. 27, 28, *Markovits* (1993) S. 12–14, (2006), (2010) S. 44– 59 und *Smeddinck/Tils* (2002) S. 30–34 zu verweisen.

163 Vgl. auch hier *Breunung/Treiber* (2005) S. 27, 28, *Markovits* (1993) S. 12–14, (2006), (2010) S. 44– 59 und *Smeddinck/Tils* (2002) S. 30–34.

164 Vgl. auch *Klose* (2010) S. 360.

im Zeitverlauf ermöglichen. All das ist letztlich aber nur Kulisse für die Informationen, die mit Interviews und im persönlichen Gespräch zu dem exemplarischen Einzelfall erschlossen werden können.[165]

9. Umsetzungsdefizite

Die vor allem im Umweltrecht immer wieder beanstandeten Umsetzungsdefizite[166] lassen sich oft darauf zurückführen, dass Normen von der Exekutive nur halbherzig kontrolliert und durchgesetzt werden, zum Teil auch, weil das dafür benötigte Personal nicht bereitgestellt wird. Insofern sind die Umsetzungsdefizite nicht nur auf Nachlässigkeit oder Zuwiderhandeln von NA zurückzuführen, sondern auch darauf, dass das geltende Recht nicht ausreichend durch organisatorische Regelungen flankiert wird. Das ist einerseits im Einzelfall feststellbar, andererseits aber auch generell.

10. Rückblick und Zwischenbilanz

Die bisherige Darstellung hat ergeben, dass Wirkungsforschung zum Recht zwar grundsätzlich wünschenswert erscheint, aber doch eine große Zahl noch nicht befriedigend gelöster methodischer und organisatorischer Probleme aufwirft. Isolierte Untersuchungen einzelner Fachgebiete oder nur mit einem Teil der verfügbaren Methoden greifen dabei zwangsläufig zu kurz. Erst in ihrem Zusammenwirken lässt sich der nötige Überblick gewinnen. Auch dann ist jedoch mit großen Kenntnislücken zu rechnen, da die Wirkungen von Normen in generell kaum überschaubare Büschel von Haupt-, Neben-, Nah-, Fern- und Spätfolgen ausfasern. So ist letztlich nicht zu verwundern, dass bislang niemand die Auffassung vertreten hat, dass Wirkungsforschung flächendeckend für alle Gesetze und sonstigen rechtlichen Vorgaben durchgeführt werden sollte. Unter dem Aspekt, dass Wissenschaft allgemeine Gesetzmäßigkeiten herausarbeiten sollte, *steht damit der Sinn von Wirkungsforschung zum Recht grundsätzlich in Frage.*

Allerdings ist festzuhalten, dass alle bisherigen Untersuchungen, auch der Gesetzesfolgenabschätzung, das große Dunkelfeld der Wirkungen von Recht mindestens partiell auszuleuchten unternommen und dabei insbesondere in vielen *Fallstudien* auch weiter führende Erfolge aufzuweisen haben. Zudem sind die bei

165 Auch insofern wird daher auf die Arbeiten von *Breunung/Treiber* (2005) S. 27, 28, *Markovits* (1993) S. 12–14, (2006), (2010) S. 44– 59 und *Smeddinck/Tils* (2002) S. 30–34 verwiesen.

166 Vgl. *Hof* (1996) 418, 476; *Mayntz* u.a. (1978); *Winter* (1975).

den NA anzutreffenden Reaktionen auf Normen wie Befolgung, Gebrauch, Umgehung, Außerachtlassen und Zuwiderhandeln zwar im Einzelfall grundsätzlich auch in Befragungen zu ermitteln, ihre Erfassung allgemein mit den bisher angewendeten Methoden stößt allerdings sehr schnell an Leistungsgrenzen.

Alle diese Befunde deuten darauf hin, dass *Forschung sich hier einem Umkehrpunkt nähert*: Die für wissenschaftliche Arbeiten charakteristische Frage nach *allgemeinen Gesetzmäßigkeiten* ist bei den Wirkungen von Recht generell nicht zureichend zu beantworten. Das schließt aber nicht aus, dass die von der Wirkungsforschung bisher herausgearbeiteten Kriterien weiterhin zur Beurteilung des *Einzelfalls* verwendet werden können. Fallstudien haben sich schon bisher als das wichtigste Betätigungsfeld der Wirkungsforschung erwiesen. Auf sie muss sich Wirkungsforschung dann – *exemplarisch* und immer mit dem Vorbehalt, dass ein anderer Fall eine andere Beurteilung verlangen kann – konzentrieren.[167] Das erfordert eine *grundsätzliche Umorientierung der Wirkungsforschung, weg von der Frage nach den generellen Wirkungen von Recht hin zu der Frage nach den Wirkungen von Recht im konkreten Einzelfall einer Norm.* Sie lässt zugleich eine größere Realitätsnähe solcher Forschung erwarten. Erst wenn eine Vielzahl solcher Fallstudien neuen Überblick erfordert, kann der Frage nach den allgemeinen Gesetzmäßigkeiten und Grundsätzen durch die Wirkungsforschung mit größerer Wahrscheinlichkeit eines weiter führenden Ertrags wieder nachgegangen werden.

Als ein erster Schritt zu solcher Neuorientierung über die bisherigen Befunde hinaus soll nun abschließend unternommen werden, solche Wirkungsforschung in Relation zu den großen Aufgabenfeldern des Rechts, zu Rechtsetzung und Rechtsgestaltung, zu Rechtsanwendung und Rechtskritik zu setzen.

IV. Die Bedeutung von Wirkungsforschung für Rechtsetzung, Rechtsgestaltung, Rechtsanwendung und Rechtskritik

1. Die Bedeutung der Wirkungsforschung für Rechtsetzung und Rechtsgestaltung

Rechtsetzung erfolgt nach dem allgemeinen Sprachgebrauch in erster Linie durch den Gesetz- oder Verordnungsgeber, während als *Rechtsgestaltung* das Abfassen von Satzungen, Verträgen und Willenserklärungen durch ihm untergeordnete

167 Eingehend dazu *Lamnek* (1995)3 S. 4–34.

Normgeber in dem durch ihn gezogenen Rahmen bezeichnet wird.[168] Funktional betrachtet stellt aber auch Rechtsgestaltung in diesem Sinne Rechtsetzung dar.

Bei der Rechtsetzung durch Gesetz- und Verordnungsgeber sind Gesetzgebung und Politik eng miteinander verbunden. Insofern haben die Wirkungen von Recht für die Rechtsetzung nicht nur juristische, sondern auch eine elementar politische Bedeutung.[169] Dabei stellt sich vor allem die Frage, ob von einer geplanten generellen Regelung erwartet werden kann, dass sie die erwarteten Wirkungen hat. Hier kann ein historischer Rückblick zu ähnlichen Vorgaben der Vergangenheit hilfreich sein. Er könnte beispielsweise durch Befunde der empirischen Sozialforschung, der Rechtssoziologie[170] der ökonomischen Analyse des Rechts, der kriminologischen Dunkelfeldforschung, aber auch durch die Frage nach Konsequenzen für die Dogmatik des geltenden Rechts ergänzt werden. Bei alledem ist die Interessenlage der in Betracht gezogenen NA zu ermitteln, vor allem inwiefern sie der geplanten Regelung entspricht oder ihr zuwiderläuft. Ferner ist zu klären, inwiefern finanzielle oder sonstige Anreize oder die Androhung von Nachteilen oder Sanktionen Befolgung und Durchsetzung der vorgesehenen Regelung unterstützen oder konterkarieren können. Bei der Eingrenzung des Adressatenkreises ist auch an mögliche NN zu denken und zu berücksichtigen, welche unbeabsichtigten Wirkungen eintreten könnten.[171] Nicht zuletzt wird von dem Gesetzgeber auch eine Prognose zu den Kosten eines neuen Gesetzes erwartet.[172] Damit sind nicht nur die Kosten der Staatskasse, sondern insbesondere auch die Kosten gemeint, die absehbar bei den NA, insbesondere bei Wirtschaftsunternehmen auftreten werden. All das ist durchweg schon Gegenstand der bisher erprobten und bewährten Gesetzesfolgenabschätzung, an die daher angeschlossen werden kann.

Dagegen geht es bei der Rechtsgestaltung etwa durch Testament oder Vertrag vor allem um private und wirtschaftliche Interessen. Hier kann von den unmittelbar Beteiligten erwartet werden, dass sie diese selbst wahren. Immer ist aber auch einzukalkulieren, dass die geplanten Regelungen versagen können. Daher sind mögliche Auffangregeln zu konzipieren, unter Berücksichtigung der vom geltenden Recht gebotenen Hilfen.

Bei alledem kommt es nicht auf die wissenschaftliche Grundfrage nach allgemeinen Gesetzmäßigkeiten an. Wirkungsforschung kann sich hier auf den Einzelfall der geplanten Regelung konzentrieren und an ihm exemplarisch die bisher zusammengetragenen Befunde messen und umgekehrt. Insofern stellt jede Ge-

168 Vgl. *Breidenbach* (2012) S. 47, *Hof* (2012) S. 31, *Rawert* (2012) S. 62–67. Zur „Rechtsgestaltung durch Experimente in Strafverfahren“ vgl. *Schöch* (2012).

169 Vgl. auch *Raiser* (2007)4 S. 248, 250.

170 Vgl. dazu *Wrase* (2012) S. 328.

171 Vgl. auch *Karpen* (1992) S. 46, 47.

172 Vgl. *Karpen* (2001) S. 330.

setzesfolgenabschätzung[173] eine Fallstudie dar, die vor der Kulisse der bisher festgestellten Gesetzmäßigkeiten und Grundsätze abläuft und diese verifizieren oder falsifizieren kann.

2. Die Bedeutung der Wirkungsforschung für die Rechtsanwendung

Rechtsanwendung durch Behörden, Gerichte, Notare und Rechtsanwälte ist typischerweise auf den Einzelfall konzentriert. Nur unter Aspekten der Gleichbehandlung spielen dabei andere Fälle eine Rolle. Insofern verlangt die hier befürwortete Neuorientierung auf Fallstudien keine wesentliche Änderung bisheriger Wirkungsforschung in diesem Bereich.

Durchweg bieten sich der *Rechtsanwendung durch die Gerichte* mehrere Alternativen, die eine allein richtige Entscheidung gibt es nicht, durchweg sind mehrere Lösungen des Einzelfalles vertretbar. Ein Rückgriff auf die Geschichte, auf Soziologie, Ökonomie oder Kriminologie kommt hier grundsätzlich nicht in Betracht, der Richter muss nach geltendem Recht entscheiden. Steht im Strafprozess allerdings ein Angeklagter zum wiederholten Male vor Gericht, kann dieses seine früheren Verurteilungen bei der Strafzumessung berücksichtigen.

Behörden haben gleichermaßen mit Einzelfällen zu tun. Da es sich vielfach um gleichartige Fälle handelt, sind die Behörden durchweg an einer Verwaltungsvereinfachung durch Gleichbehandlung interessiert. Dabei bleiben sie vornehmlich[174] öffentlichen Interessen verpflichtet, müssen aber auch die Rechtspositionen Privater, insbesondere deren Grundrechte beachten. Maßgebend ist auch für sie das geltende Recht, ein Rückgriff auf Befunde anderer Fachgebiete ist ihnen grundsätzlich verwehrt, soweit es sich nicht beispielsweise um naturwissenschaftliche Vorfragen der zu treffenden Entscheidung handelt.

Rechtsanwälte und Notare haben als Organe der Rechtspflege öffentliche und die Interessen ihrer Mandanten auszutarieren. Auch für sie steht der Einzelfall im Vordergrund, wenngleich für die Erfüllung ihrer Aufgaben der Vergleich mit früheren höchstrichterlichen Entscheidungen oder mit der Behördenpraxis wichtige Argumente liefern kann.

Gleiches gilt auch für *Staatsanwälte*, die allerdings auch noch an Weisungen ihrer vorgesetzten Dienststellen gebunden sein können.

Diese kursorische Übersicht mag auf den ersten Blick den Eindruck vermitteln, dass angesichts der Ausrichtung aller dieser NAw auf den jeweiligen Einzelfall für darüber hinausgehende Fragen zu den Wirkungen von Recht kein

173 Vgl. dazu auch *Deckert* (2001) S. 184–187.

174 Ein Gegenbeispiel ist die Stiftungsaufsicht, die auch die Interessen der Stiftung zu wahren hat.

Raum ist. Allerdings ist zu berücksichtigen, dass gerade diese Fragen für den einzelnen Richter, Rechtsanwalt oder Staatsanwalt erst eine Verbindung zur Realität schaffen, die ihnen Auskunft über Sinn und Erfolg ihrer Tätigkeit geben kann. *Ohne die Frage nach den Wirkungen ihrer Arbeit stellt ihre Tätigkeit ein bloßes „Wegarbeiten" von Akten dar.* Erst wenn sie versuchen, diese Frage zu beantworten, kommen die jeweils relevante gesellschaftliche Realität und die Behandlung gleichartiger oder ähnlicher Fälle auch durch andere NAw in den Blick. Insofern ist zwar nicht eine allen fachspezifischen Anforderungen an die anerkannte Methodik genügende Wirkungsforschung zum Recht erforderlich, wohl aber eine *Verknüpfung jeder ihrer Fallbehandlungen und Entscheidungen mit der Frage, was sie in der Realität der Betroffenen damit bewirken.* Diese Verknüpfung ist für die berufliche Orientierung, für das Selbstverständnis und für die Tätigkeit aller NAw unerlässlich, wenn sie nicht zu bloßen Subsumtionsautomaten reduziert werden sollen. Sie ermöglicht ihnen zugleich eine Selbstkontrolle, mit der eine Reflektion der eigenen Tätigkeit eingeleitet wird.

3. Die Bedeutung der Wirkungsforschung für die Rechtskritik

Rechtskritik[175] setzt vielfach am Einzelfall an, erweist ihre Brisanz aber häufig an dessen Verallgemeinerung. *Sie erfasst gleichermaßen Gesetzgebung, private Rechtsetzung, Rechtsprechung und Verwaltung.* Dabei kann sie *aus unterschiedlichen Motiven* erfolgen, interessengebunden durch persönliche, politische oder wirtschaftliche Betroffenheit, ethisch motiviert, aus dem Blickwinkel der juristischen Dogmatik, von der Erfassung des Sachverhalts, seiner Bewertung, der getroffenen Regelung oder den daraus resultierenden Folgen her. *Teildiszplinen,* die dafür von ihrem Forschungsansatz her prädestiniert sind, sind insbesondere Rechtssoziologie, Kriminologie und Rechtsgeschichte, die Juristische Methodenlehre, Rechtstheorie, Rechtspolitik, Legal Gender Studies, Critical Legal Studies, ökonomische Analyse des Rechts und nicht zuletzt die Rechtsphilosophie.

Die Frage nach den Wirkungen von Recht ist für alle diese Zugänge geradezu der Königsweg unter den Vorgehensweisen der Rechtskritik.[176] Jeder ihrer Ansätze knüpft letztlich auch an Wirkungen der betreffenden Regelung an. Ist der Sachverhalt zu eng gefasst, werden Merkmale ausgeblendet, für die sie daher keine Wirkung entfalten kann. Bleibt er zu unbestimmt, hängen die Ergebnisse der Rechtsanwendung von den Intentionen der NAw und nicht von denen des NG ab. Ist sie nicht an die richtigen Adressaten oder nur an einen Teil von ihnen

175 Vgl. *Hof* (2012) S. 33, 35, 269 und dort insbesondere die Beiträge von *Koller*, *Stolleis*, *Muchura*, *Lembke*, *Morlok*, *Hüttemann*, *Görres–Ohde*, *Vec*, *Kinzig* und *Wrase*.

176 Vgl. *Hof* (2001 a) S. 125, 126 und *Wrase* (2012) S. 325.

gerichtet, bleiben andere unberücksichtigt, die dann möglicherweise die Rolle von NN übernehmen. Erweist sich das Verfahren als unzulänglich, kann es die von dem NG gewünschten Wirkungen nicht herbeiführen. Die Frage nach den Wirkungen von Recht schlägt auch hier immer wieder Brücken zu dem jeweils relevanten Sektor der Realität. Im Vergleich mit ähnlichen oder gleichartigen Fällen aus Geschichte und Gegenwart lässt sich weiter erschließen, welche Wirkungen von einer bestimmt gefassten Norm zu erwarten sind. Daran können sich Rechtspolitik, Rechtsetzung und Rechtsgestaltung orientieren. Konkrete Erfahrungen mit der betreffenden Norm, wie sie in Entscheidungssammlungen, Lehrbüchern und Kommentaren zusammengetragen worden sind, bieten weitere Orientierungshilfen für die Rechtsanwendung. Sie machen aber auch deutlich, inwiefern die Norm einer Ergänzung oder Änderung bedarf, um die vom NG gewünschten Wirkungen zu realisieren und unerwünschte zu vermeiden.

4. Institutionalisierung der Wirkungsforschung?

Die hier dargestellte Bedeutung der Wirkungsforschung für alle Bereiche des Rechts und für die Politik legt nahe, sie als *eigenständige Aufgabe einer Institution* anzuvertrauen. Als mögliche Alternativen sind eine Normprüfungsstelle bei Bundeskanzleramt[177] oder beim Bundestag, der Ausbau der wissenschaftlichen Dienste der Parlamente in Bund und Ländern,[178] das jeweils zuständige Bundesministerium[179], eine unabhängige Einrichtung nach dem Muster der Rechnungshöfe[180] oder ein universitäres Institut[181] in Betracht gezogen worden.[182] Problematisch ist bei etlichen dieser Vorschläge die Nähe zur Regierung, die eine unvoreingenommene Wirkungsforschung entweder durch Bemühungen zur Wahrung der bisher vertretenen Positionen oder zur Bekämpfung des politischen Gegners in Zweifel ziehen kann. Auch könnte eine hauptamtlich mit Wirkungsforschung befasste Einrichtung in Routinen verfallen, die ihre Befunde angreifbar machen. Letztlich ist mit allen derartigen Institutionen ohnehin eine flächendeckende Wirkungsforschung zum Recht nicht zu erreichen, auch hier sind wieder Auswahlprozesse notwendig, für die Kriterien noch zu entwickeln sind.

Gegenwärtig existiert ein Normenkontrollrat, der 2006 eingerichtet worden ist und die Aufgabe hat, „die durch Gesetze verursachten Bürokratiekosten durch Anwendung, Beobachtung und Fortentwicklung einer standardisierten Bürokra-

177 So vorgeschlagen von der Kommission „Schlanker Staat."
178 So *Helmrich* (2000) S. 483.
179 So *Schneider* (1982) Rdn. 151.
180 Vgl. *Hof* (2003) S. 13.
181 So *Strempel* (1999) S. 632–634, kritisch *Lübbe-Wolff* (1999) S. 655.
182 Vgl. dazu insbesondere *Karpen/Hof* (2003).

tiekostenmessung auf Grundlage des Standardkostenmodells zu reduzieren".[183] Abbau von Bürokratie ist damit eine zentrale Aufgabe des Normenkontrollrates, der keine eigenen Vereinfachungsvorschläge macht, sondern nur die von der Bundesregierung vorgelegten bewertet.[184] Auch werden ausschließlich Informations- und Dokumentationspflichten von Bürgern und Unternehmen geprüft, die auf Grund von Gesetzen, Rechtsverordnungen, Satzungen oder anderen Verwaltungsvorschriften des Bundes bestehen. Nur die daraus resultierenden Kosten, nicht die Kosten aus anderen staatlichen Regulierungsmaßnahmen werden geprüft. Die Aufgabenstellung des Normenkontrollrates erfasst also nur einen engen Ausschnitt aus dem Gegenstandsbereich der Wirkungsforschung zum Recht.

Wie gezeigt erschöpft sie sich auch nicht in Gesetzesfolgenabschätzung, vielmehr sind darüber hinaus auch die private Rechtsetzung sowie Rechtsprechung und Verwaltung einzubeziehen.[185] Allerdings stellen die hier dargelegten methodischen Schwierigkeiten den Sinn einer Institutionalisierung der Wirkungsforschung in Frage. Generelle Aussagen zu den Wirkungen von Recht sind über die bisher zusammengetragenen Kriterien hinaus nur mit teilweise gewichtigen Einschränkungen zu erwarten. Eine institutionelle Verankerung solcher Wirkungsforschung würde zudem ihre *Ausgrenzung aus dem normalen Aufgabenbereich des Juristen* nahe legen.

Gerade dem ist aber zu begegnen. Die Frage nach den absehbaren und möglicherweise unberücksichtigt gebliebenen Wirkungen einer Norm oder eines Regelwerks[186] muss in jedem Einzelfall von den daran Beteiligten gestellt werden, auch wenn ihnen eine Beantwortung nur partiell möglich ist. Nur so werden Juristen, als Fachleute für Verhaltensregelung,[187] ihrer Verantwortung gerecht. Diese Frage richtig zu stellen lehren und Wege zu ihrer Beantwortung zu zeigen ist eine gar nicht neue, aber vielfach vernachlässigte Aufgabe der Juristenausbildung.

Eine Institutionalisierung der Wirkungsforschung sollte daher so vorgenommen werden, dass sie in allen Lehrveranstaltungen zum Recht mit Bezug auf konkrete Normen und Regelwerke in den Lehrstoff aufgenommen wird.

183 § 1 Abs. 2 NKRG.

184 Vgl. Wikipedia, Zugriff 7.11.2012.

185 Vgl. auch *Wrase* (2012) S. 330–332.

186 Dieser Begriff umfasst alle Formen der Bündelung mehrerer Normen in Normenkomplexen wie Vertragsmustern oder Allgemeinen Geschäftsbedingungen, in Normensystemen wie dem BGB und dem GG.

187 Vgl. dazu *Hof* (2012) S. 270.

V. Rückschau und Ausblick

Die *Frage nach den Wirkungen von Recht* hat für alle Rechtsgebiete und Bereiche des Rechts elementare Bedeutung. Sie *betrifft das reale Pendant zu den Normen und Regelwerken,* auf das alle rechtlichen Vorgaben bezogen sind und auf dessen Stabilisierung oder Veränderung sie abzielen. Nach dem bisherigen Forschungsstand ist allerdings die bisher praktizierte *Wirkungsforschung an einen Umkehrpunkt* gelangt. Es kann nicht mehr darum gehen, allgemeine Gesetzmäßigkeiten zur Wirkung von Normen aus einer Vielzahl von Befunden herauszufiltern. *Vielmehr kann Wissenschaft auch darauf abzielen, in Fallstudien den jeweiligen Einzelfall in seiner individuellen Besonderheit vor dem Hintergrund allgemeiner Befunde zu erfassen.*

Das kann mit der Frage nach den Wirkungen von Recht bezogen auf den Einzelfall einer Norm oder eines Regelwerkes geschehen. Dazu können die jeweils einschlägigen Fachgebiete und ihre Methoden herangezogen werden. *Entscheidend aber ist letztlich, dass diese Frage von den an einer Verhaltensregelung im Einzelfall Beteiligten gestellt wird und erste Versuche zu ihrer Beantwortung unternommen werden.* Nur so lassen sich aus der überbordenden Fülle des Stoffes auch die Fälle herausfiltern, in denen eine mit allen verfügbaren Ansätzen und Methoden durchgeführte Wirkungsforschung zum Recht wissenschaftlichen und für die Rechtspraxis weiter führenden Zugewinn verspricht. Letztgültige Ergebnisse sind dabei für die Menge der Fälle, die den „Humus“ weiterer Wirkungsforschung bildet, nicht zu erwarten. Sie sind auch nicht erforderlich. Die Frage nach den Wirkungen von Recht schafft gerade auch in den Fällen, in denen sie noch nicht zufrieden stellend beantwortet werden kann, eine schöpferische Unsicherheit, die Behutsamkeit bei Rechtsetzung, Rechtsgestaltung und Rechtsanwendung nahe legt. Schon das ist in Zeiten ungehemmter Normenproduktion durch die EU, den nationalen Gesetz- und Verordnungsgeber, durch Exekutive und Legislative und durch Private durchaus angezeigt. Darüber hinaus *ermöglicht diese Frage* – vor allem bei Gesetzen, die Eingriffe in Grundrechte vorsehen oder denen Lenkungsfunktionen zugedacht sind – *eine grundlegende Einübung in Rechtskritik*, die für Rechtsetzung, Rechtsgestaltung und Rechtsanwendung gleichermaßen an notwendiges Korrektiv bildet. Dazu kann und sollte die Juristenausbildung beitragen.

VI. Literaturverzeichnis

Aubert, Vilhelm (1967): Einige soziale Funktionen der Gesetzgebung. In: Hirsch, Ernst E./Rehbinder, Manfred (Hrsg.): Studien und Materialien zur Rechtssoziologie, S. 284 ff.

Blankenburg, Erhard (1977): Über die Unwirksamkeit von Gesetzen. In: ARSP 1977, S. 31 ff.

Blankenburg, Erhard (1980): Mobilisierung von Recht. In: Zeitschrift für Rechtssoziologie 1980, S. 33-4.

Blankenburg, Erhard (1984): Rechtssoziologie und Rechtswirksamkeitsforschung – Warum es so schwierig ist, die Wirksamkeit von Gesetzen zu erforschen. In: Plett, Konstanze/Ziegert, Klaus (Hrsg.): Empirische Rechtsforschung zwischen Wissenschaft und Politik, S. 45 ff.

Blankenburg, Erhard (1992): Implementation von Gerichtsentscheidungen. In: Hoppe, Werner/Krawietz, Werner/Schulte, Martin (Hrsg.), S. 225-232.

Blankenburg, Erhard (2001): Implementation von Gerichtsentscheidungen. In: Hof, Hagen/Schulte, Martin (Hrsg.), S. 225-228.

Böhret, Carl/Konzendorff, Götz (Hrsg.) (2001): Handbuch Gesetzesfolgenabschätzung (GFA). Baden-Baden.

Brand, Karl-Werner (1999): Politische Steuerung, Akteursnetzwerke und Diskurskoalitionen. Zur Ermittlung ungeplanter Wirkungen der Verpackungsverordnung im Bereich der Kunststoffabfälle. In Hof, Hagen/Lübbe-Wolff, Gertrude (Hrsg.), S. 121-137.

Brand, Karl-Werner/Göschl, Alexandra/Hartleitner, Bernhard/Kreibe, Siegfried/Pürschel, Christian/Viehöver, Willy (2002): Nachhaltigkeit und abfallpolitische Steuerung. Der Umgang mit Kunststoffabfällen aus dem Verpackungsbereich. Berlin.

Breidenbach, Stephan (2012): Das „schwarze Loch" in der Gesetzgebung. In: Hof, Hagen/Götz von Olenhusen, Peter (Hrsg.), S. 43-47.

Breunung, Leonie/Treiber, Hubert (2005): Recht als Handlungsressource kommunaler Industrieansiedlungspolitik. Baden-Baden.

Brocker, Lars (2003): Zum derzeitigen Stand der Gesetzesfolgenabschätzung im Landtag Rheinland-Pfalz. In: Karpen, Ulrich/Hof, Hagen (Hrsg.), S. 28-34.

Bryde, Brun-Otto (1993): Die Effektivität als Rechtsproblem.

Busse, Volker (2003): Gesetzesfolgenabschätzung im Bereich der Regierung. In: Karpen, Ulrich/Hof, Hagen (Hrsg.) (2003), S. 51-63.

Cottier, Michelle/Estermann, Josef/Wrase, Michael (Hrsg.) (2010): Wie wirkt Recht? Baden-Baden.

Cottier, Michelle/Estermann, Josef/Wrase, Michael (2010): Einleitung. In: Cottier, Michelle/Estermann, Josef/Wrase, Michael (Hrsg.): Wie wirkt Recht? Baden-Baden, S. 7-15.

Deckert, Martina R. (2001): Praktische Durchführbarkeit folgenorientierter Rechtsanwendung – Auf dem Weg zu einer folgenorientierten Rechtswissenschaft. In: Hof, Hagen/Schulte, Martin (Hrsg.), S. 177-194.

Dieckmann, Andreas (1980): Die Befolgung von Gesetzen. Berlin.

Dreher, Jochen (2010): Zur Wirkungsweise von Kollektivsymbolik im Recht – Symbolische Macht und „Klassenjustiz". In: Cottier, Michelle/Estermann, Josef/Wrase, Michael (Hrsg.) (2010), S. 323-345.

Eidenmüller, Horst (1995): Effizienz als Rechtsprinzip. Tübingen.

Fischer, Thomas (2011):Strafgesetzbuch und Nebengesetze. München. § 108 e StGB, Rdn. 2,4-10.

Garrn, Heino: Rechtswirksamkeit und faktische Rechtsgeltung. In: Archiv für Rechts- und Sozialpsychologie 1969, 161 ff.

Geiger, Theodor (1964): Vorstudien zu einer Soziologie des Rechts. Neuwied.

Görres-Ohde, Konstanze (2012): Ethische Forderungen zur Rechtskritik. In: Hof, Hagen/Götz von Olenhusen, Peter (Hrsg.), S. 293-299.

Gottwald, Walther (2001): Antizipation der Folgen von Gerichtsentscheidungen: Strategischer Gebrauch der Gerichte. In: Hof, Hagen/Schulte, Martin (Hrsg.), S. 195-200.

Gusy, Christoph (1999): Was bewirken Gesetze? Zusammenfassende Thesen. In: Hof, Hagen/Lübbe-Wolff, Gertrude (Hrsg.), S. 289-292.

Hansjürgens, Bernd/Lübbe-Wolff, Gertrude (Hrsg.) (2000): Symbolische Umweltpolitik. Frankfurt a.M.

Helmrich, Herbert (2000): Wirkungsforschung zum Recht – Gesetzgebung, Rechtsprechung und Verwaltung. In: Hill, Hermann/Hof, Hagen (Hrsg.) S. 471-484.

Hensel, Stephan/Bizer, Kilian/Führ, Martin/Lange, Joachim (Hrsg.) (2010): Gesetzesfolgenabschätzung in der Anwendung – Perspektiven und Entwicklungstendenzen. Baden-Baden.

Hesse, Konrad (1995): Grundzüge des Verfassungsrechts der Bundesrepublik Deutschland.

Hill, Hermann (1982): Einführung in die Gesetzgebungslehre. Heidelberg.

Hill, Hermann (2000): Einführung in das 3. Kolloquium „Verwaltung als Adressat und Akteur". In: Hill, Hermann/Hof, Hagen (Hrsg.) S. 27-39.

Hill, Hermann/Hof, Hagen (2000): Wirkungsforschung zum Recht II. Verwaltung als Adressat und Akteur. Baden-Baden.

Hinrichs, Inga/Meier, Bernd-Dieter (2001): Auswirkungen der Bundesverfassungsgerichtsentscheidung vom 16. März 1994 (BVerfGE 91/1) auf die Unterbringung in einer Entziehungsanstalt gemäß § 64 StGB – Vorstellung einer Forschungskonzeption. In: Hof, Hagen/ Schulte, Martin (Hrsg.) (2001), S. 101- 116.

Hof, Hagen (1996): Rechtsethologie. Recht im Kontext von Verhalten und außerrechtlicher Verhaltensregelung. Heidelberg, S. 465-488.

Hof, Hagen (1999): Einführung. In: Hof, Hagen/Lübbe-Wolff, Gertrude (Hrsg.) (1999), S. 15-22.

Hof, Hagen (2001 a): Pointierte Zusammenfassung: Ansätze einer systematischen Wirkungsforschung zum Recht. In: Hof, Hagen/Schulte, Martin (Hrsg.) (2001), S. 123-127.

Hof, Hagen (2001 b): Zugänge zur Geschichte des deutschen Umweltrechts. In: Dorn, Franz/Schröder, Jan (Hrsg.) (2001): Festschrift für Gerd Kleinheyer zum 70. Geburtstag. Heidelberg.

Hof, Hagen (2003): Rückschau und Ausblick. In: Karpen, Ulrich/Hof, Hagen (Hrsg.) (2003), S. 12-14.

Hof, Hagen (2012): Einführung. In: Hof, Hagen/Götz von Olenhusen, Peter (Hrsg.) (2012), S. 31-36.

Hof, Hagen/Götz von Olenhusen, Peter (Hrsg.) (2012): Rechtsgestaltung – Rechtskritik – Konkurrenz von Rechtordnungen… Neue Akzente für die Juristenausbildung. Baden-Baden.

Hof, Hagen/Lübbe-Wolff, Gertrude (Hrsg.) (1999): Wirkungsforschung zum Recht I. Wirkungen und Erfolgsbedingungen von Gesetzen. Baden-Baden.

Hof, Hagen/Schulte, Martin (Hrsg.) (2001): Wirkungsforschung zum Recht III. Folgen von Gerichtsentscheidungen. Baden-Baden.

Hoffmann-Riem, Wolfgang: Recht als Instrument der Innovationsoffenheit und der Innovationsverantwortung. In: Hof, Hagen/Wengenroth, Ulrich (Hrsg.) (2007): Innovationsforschung – Ansätze, Methoden, Grenzen und Perspektiven. Berlin, S. 387-402.

Hoppe, Werner/Krawietz, Werner/Schulte, Martin (Hrsg.) (1992): Rechtsprechungslehre. Köln.

Hüttemann, Rainer (2012): Rechtskritik in der steuerrechtlichen Lehre. In: Hof, Hagen/Götz von Olenhusen, Peter (Hrsg.) (2012) S. 289-290.

Jarass, Hans D./Pieroth, Bodo (2012): GG – Grundgesetz für die Bundesrepublik Deutschland. München.

Jost, Peter-Jürgen (1998): Effektivität von Recht aus ökonomischer Sicht. Berlin.

Kähler, Lorenz (2010): Zur Durchsetzungskraft abdingbaren Rechts. In: Cottier, Michelle/Estermann, Josef/Wrase, Michael (Hrsg.) (2010), S. 431-448.

Karpen, Ulrich (1998): Gesetzgebungslehre und Rechtsprechungslehre. In: Hoppe, Werner/Krawietz, Werner/Schulte, Martin (Hrsg.) (1998), S. 29-64.

Karpen, Ulrich (2001): Die Kosten der Gesetzesausführung durch Verwaltung, Gerichte, Private als Entscheidungsfaktor bei der Gesetzgebung – Gesetzeswirkungsanalyse als Teil der Gesetzgebungslehre. In: Hof, Hagen/Schulte, Martin(Hrsg.) (2001) S. 329-335.

Karpen, Ulrich /Hof, Hagen (Hrsg.) (2003): Wirkungsforschung zum Recht IV. Möglichkeiten einer Institutionalisierung der Wirkungskontrolle von Gesetzen. Baden-Baden.

Kerschke-Risch, Pamela (1999): Die Wirkungen der Pflegeversicherung – erste Analysen. In: Hof, Hagen/Lübbe-Wolff, Gertrude (Hrsg.) (1999), S. 551-563.

Kinzig, Jörg (2012): Der Beitrag der Kriminologie zur Kritik des Strafrechts. In: Hof, Hagen/Götz von Olenhusen, Peter (Hrsg.) (2012), S. 318-323.

Kirchner, Christian (2001): Folgenberücksichtigung bei judikativer Rechtsfortbildung und Ökonomische Theorie des Rechts. In: Hof, Hagen/Schulte, Martin(2001) S. 33-43.

Kleinheyer, Gerd/Schröder, Jan (2008): Deutsche und Europäische Juristen aus neun Jahrhunderten. Heidelberg.

Klose, Alexander (2010): Wie wirkt Antidiskriminierungsrecht? In: Cottier, Michelle/Estermann, Josef/Wrase, Michael (Hrsg.) (2010), S. 347-367.

Koller, Peter (2012): Zum kritischen Potenzial der Rechtsphilosophie. In: Hof, Hagen/Götz von Olenhusen, Peter (Hrsg.) (2012), S. 200-211.

Konzendorf, Götz (2000): Gesetzesfolgenabschätzung am Beispiel eines Landeswaldgesetzes. In: Hill/Hof, Hagen (Hrsg.) (2000), S. 97-105.

Konzendorf, Götz (2003): Wirkungskontrolle von Gesetzen im Bund und in den Ländern. In: Karpen, Ulrich/Hof, Hagen (Hrsg.) (2003), S. 180-184.

Kretschmer, Gerald (2003): Zum Stand der Gesetzesfolgenabschätzung im Deutschen Bundestag. In: Karpen/Hof (Hrsg.) (2003) S. 15-27.

Krüger, Hans-Peter (1999): Methodische Desiderate zur Wirkungsforschung. In: Hof, Hagen/Lübbe-Wolff, Gertrude (Hrsg.) (1999), S. 489-494.

Lamnek, Siegfried (1995): Qualitative Sozialforschung. Bd. 2: Methoden und Techniken. Weinheim.

Lamnek, Siegfried/Schäfer, Wolfgang J. (1999): Erfahrungsinduzierte Methodenwahl ohne paradigmatische Selbstbeschränkung – zur methodischen Erfassung der Wirksamkeit von Recht. In: Hof, Hagen/Lübbe-Wolff, Gertrude (Hrsg.) (1999), S. 383-411.

Lembke, Ulrike (2012): Zwischen Herrschaft und Emanzipation: Legal Gender Studies als Rechtskritik. In: Hof, Hagen/Götz von Olenhusen, Peter (Hrsg.) (2012), S. 242-254.

Limbach, Jutta (1998): Zur Akzeptanz verfassungsgerichtlicher Entscheidungen. In: Brand, Jürgen/Strempel, Dieter (Hrsg.) (1998): Soziologie des Rechts. Festschrift für Erhard Blankenburg zum 60. Geburtstag. Baden-Baden. S. 207-219.

Lübbe-Wolff, Gertrude (1999): Schluß–Folgerungen zur Rechtswirkungsforschung. In: Hof, Hagen/Lübbe-Wolff, Gertrude (Hrsg.) (1999), S. 645-658.

Lübbe-Wolff, Gertrude (2000): Erscheinungsformen symbolischen Umweltrechts. In: Hansjürgens, Bernd/ Lübbe-Wolff, Gertrude (Hrsg.) (2000), S. 25-62.

Machura, Stefan (2012): Zum kritischen Potenzial der Rechtssoziologie. In: Hof, Hagen/Götz von Olenhusen, Peter (Hrsg.) (2012), S. 220-231.

Markovits, Inga (1993): Die Abwicklung. Ein Tagebuch zum Ende der DDR-Justiz. München – (2006): Gerechtigkeit in Lüritz. Eine ostdeutsche Rechtsgeschichte. München.

Markovits, Inga (2010): Rechtssoziologie für Außenseiter. In: Cottier, Michelle/Estermann, Josef/Wrase, Michael (Hrsg.) (2010), S. 43-59.

Mayntz, Renate/Derlien, Hans-Ulrich/Bohne, Eberhard/Hucke, Jochen/Müller, Axel (1978): Vollzugsprobleme der Umweltpolitik. Materialien zur Umweltforschung H. 4. Herausgegeben vom Rat der Sachverständigen für Umweltfragen. Stuttgart.

Morlok, Martin (2012): Aspekte der Rechtskritik. In: Hof, Hagen/Götz von Olenhusen, Peter (Hrsg.) (2012) S. 274-285.

Newig, Jens (2003): Symbolische Umweltgesetzgebung. Rechtssoziologische Untersuchungen am Beispiel des Ozongesetzes, des Kreislaufwirtschafts- und Abfallgesetzes sowie der Großfeuerungsanlagenverordnung. Berlin.

Newig, Jens (2010): Symbolische Gesetzgebung zwischen Machtausübung und gesellschaftlicher Selbsttäuschung. In: Cottier, Michelle/Estermann, Josef/Wrase, Michael (Hrsg.) (2010) S. 301-322.

Noll, Peter (1972): Gründe für die soziale Unwirksamkeit von Gesetzen. In: Rehbinder, Manfred/Schelsky, Helmut (Hrsg.) (1972): Zur Effektivität des Rechts. S. 259 ff.

Nussbaum, Arthur (1919): Das Nießbrauchsrecht des BGB unter den Gesichtspunkten der Rechtstatsachenforschung. Berlin.

Nusser, Jens (2007): Zweckbestimmungen in Umweltschutzgesetzen. Grundlagen, rechtliche Bedeutung und gesetzliche Umsetzungen. Baden-Baden.

Pfeiffer, Christian/Ohlemacher, Thomas (1995): Anstieg der (Gewalt-) Kriminalität und der Armut junger Menschen. In: Lamnek, Siegfried (Hrsg.) (1995): Jugend und Gewalt. Devianz und Kriminalität in Ost und West. Opladen, S. 259 ff.

Pflüger, Almut (1998): Rechtstatsachenforschung in der Praxis. In: Brand, Jürgen/Strempel, Dieter (Hrsg.) (1998): Soziologie des Rechts. Festschrift für Erhard Blankenburg zum 60. Geburtstag. Baden-Baden, S. 561-568.

Philippi, Klaus Jürgen (1971): Tatsachenfeststellungen des Bundesverfassungsgerichts. Saarbrücken.

Pitschas, Rainer (2001): Leistungsgrenzen gerichtlicher Entscheidungen – am Beispiel der Verwaltungsgerichtsbarkeit. In: Hof, Hagen/Schulte, Martin (Hrsg.) (2001), S. 129-149.

Pitschas, Rainer (2000): Wirkungen des Verwaltungshandelns im internationalen Vergleich. In: Hill, Hermann/Hof, Hagen (Hrsg.) (2000), S. 159-172.

Püttner, Günter (1992): Verwaltungslehre und Rechtsprechungslehre – Versuch einer Standortbestimmung. In: Hoppe, Werner/Krawietz, Werner/Schulte, Martin (Hrsg.)(1992), S. 77-86.

Raiser, Thomas (1999): Wirkungen des Mitbestimmungsgesetzes. In: Hof, Hagen/Lübbe-Wolff, Gertrude (Hrsg.) (1999) S. 107-120.

Raiser, Thomas (2007): Grundlagen der Rechtssoziologie. Tübingen.

Raiser, Thomas/Voigt, Rüdiger (Hrsg.) (1990): Durchsetzung und Wirkung von Rechtsentscheidungen: die Bedeutung der Implementations- und der Wirkungsforschung für die Rechtswissenschaft. Baden-Baden.

Rawert, Peter (2012): Rechtsgestaltung durch Private. In: Hof, Hagen/Götz von Olenhusen, Peter (Hrsg.) (2012), S. 58-70.

Redeker, Konrad (2001): Verwaltungsgerichtliche Entscheidungen und ihre Folgewirkung. In: Hof, Hagen/Schulte, Martin (Hrsg.) (2001), S. 323-328.

Rengeling, Hans-Werner/Hof, Hagen (Hrsg.) (2001): Instrumente des Umweltschutzes im Wirkungsverbund. Baden-Baden.

Rodi, Michael (Hrsg.) (2002): Recht und Wirkung. Köln.

Röhl, Klaus F. (1987): Rechtssoziologie. Köln.

Röhl, Klaus F. (2001): Wo verlaufen die Leistungsgrenzen gerichtlicher Entscheidungen? – Pointierte Zusammenfassung. In: Hof, Hagen/Schulte, Martin (Hrsg.) (2001) S. 215-223.

Roßnagel, Alexander (2007): Innovation als Gegenstand der Rechtswissenschaft. In: Hof, Hagen/Wengenroth, Ulrich (2007): Innovationsforschung – Ansätze, Methoden, Grenzen und Perspektiven. Berlin. S. 9-22.

Rottleuthner, Hubert (1999): Wirkungsforschung im Bereich des Verfahrensrechts. In: Hof, Hagen/Lübbe-Wolff (Hrsg.) (1999), S. 43-57.

Rottleuthner, Hubert/Rottleuthner-Lutter, Margret (2010): Recht und Kausalität. In: Cottier, Michelle/Estermann, Josef/Wrase, Michael (Hrsg.) (2010), S. 17-41.

Sachverständigenrat „Schlanker Staat"(1998): Abschlussbericht. Bonn.

Schmidt-Eichstaedt, Gerd (1999): Pointierte Zusammenfassung: Unter welchen Voraussetzungen erfüllen Gesetze ihren Zweck? In: Hof, Hagen/Lübbe-Wolff, Gertrude (Hrsg.) (1999), S. 617-626.

Schneider, Hans (1982): Gesetzgebung. Heidelberg.

Schöch, Heinz (2001): Was bewirken gerichtliche Entscheidungen? – Pointierte Zusammenfassung. In: Hof, Hagen/Schulte, Martin (Hrsg.) (2001), S. 117-121.

Schöch, Heinz (2012): Rechtsgestaltung durch Experimente in Strafverfahren. In: Hof, Hagen/Götz von Olenhusen, Peter (Hrsg.) (2012), S. 48-54.

Schulte, Martin (1992): Appellentscheidungen des Bundesverfassungsgerichts. In: Hoppe, Werner/Krawietz, Werner/Schulte, Martin (Hrsg.) (1992) S. 179-192.

Schulze-Fielitz, Helmuth (2001): Bindungswirkungen der Entscheidungen des BVerfG. In: Hof, Hagen/Schulte, Martin (Hrsg.) (2001), S. 311-321.

Schuppert, Gunnar Folke (1992): Selfrestraints der Rechtsprechung. In: Hoppe, Werner/Krawietz, Werner/Schulte, Martin (Hrsg.) (1992), S. 129-152.

Schwind, Hans-Dieter (2000) 10: Kriminologie. Eine praxisorientierte Einführung mit Beispielen. Heidelberg.

Seifart, Werner/v. Campenhausen, Axel (Hrsg.) (2009): Stiftungsrechts-Handbuch. München.

Smeddinck, Ulrich/Tils, Ralf (2002): Normgenese und Handlungslogiken in der Ministerialverwaltung. Baden-Baden.

Stolleis, Michael (2012): Zur kritischen Funktion der Rechtsgeschichte. In: Hof, Hagen/Götz von Olenhusen, Peter (Hrsg.) (2012), S. 212-219.

Strempel, Dieter (1999): Perspektiven der Rechtswirkungsforschung (RWF) – Inhalte und Organisation. In: Hof, Hagen/Lübbe-Wolff, Gertrude (Hrsg.) (1999), S. 627-643.

Vec, Miloš (2012): Rechtskritik als Verpflichtung – Juristische Zeitgeschichte in aufklärerisch-bürgerlicher Absicht. In: Hof, Hagen/Götz von Olenhusen, Peter (Hrsg.) (2012) S. 300-314.

Winter, Gerd (1975): Das Vollzugsdefizit im Wasserrecht. Ein Beitrag zur Soziologie des Öffentlichen Rechts. Berlin.

Wolff, Stephan (1999): Pointierte Zusammenfassung: 10 Thesen zur Wirkungsforschung aus Sicht eines sozialwissenschaftlichen Beobachters. In: Hof, Hagen/Lübbe-Wolff, Gertrude (Hrsg.) (1999), S. 495-499.

Wrase, Michael (2012): Wie wirkt Recht? Beiträge der Wirkungsforschung zu Rechtsgestaltung und Rechtskritik. In: Hof, Hagen/Götz von Olenhusen, Peter (Hrsg.) (2012), S. 324-333.

Würtenberger, Thomas (2001): Zur Akzeptanz von Gerichtsentscheidungen. In: Hof, Hagen/Schulte, Martin (Hrsg.) (2001), S. 201-210.

Autorenverzeichnis

Prof. Dr. *Hagen Hof*, ehem. Volkswagen-Stiftung, Hannover.

Erich Jung, Generalstaatsanwalt, Generalstaatsanwaltschaft Koblenz.

Johannes Keders, Präsident des Oberlandesgerichts Hamm.

Dr. *Ralf Köbler*, Ministerialdirigent, Hessisches Ministerium der Justiz, für Integration und Europa, Wiesbaden.

Erich Künzler Präsident des Sächsischen Oberverwaltungsgerichts, Bautzen.

Dr. *Brigitte Mandt,* Präsidentin des Landesrechnungshofs Nordrhein-Westfalen, Düsseldorf.

Konstanze Görres-Ohde, Präsidentin des Oberlandesgerichts Schleswig a.D., Hamburg.

Peter Götz v. Olenhusen, Präsident des Oberlandesgerichts Celle.

Prof. Dr. *Karsten-Michael Ortloff*, Vorsitzender Richter am Verwaltungsgericht Berlin i.R., Mediator.

Johannes Riedel, Präsident des Oberlandesgerichts Köln.

Dr. *Carsten Schütz*, Direktor des Sozialgerichts Fulda.

FSC
www.fsc.org
MIX
Papier | Fördert gute Waldnutzung
FSC® C083411

Kolibri 360 GmbH
Ferdinand-Jühlke-Straße 7
99095 Erfurt, Deutschland
produktsicherheit@kolibri360.de